파 리 에 서   1 년   살 아 보 기

파리에서 1년 살아보기_모든 바람이 파리로 불었다

초판 1쇄 발행일 2018년 7월 15일

지은이 레브경희 한
사　진 김토일 · 박선정 · 스테파니 김
펴낸이 허주영
펴낸곳 미니멈
디자인 황윤정

주소 서울시 종로구 부암동 332-19
전화 · 팩스 02-6085-3730 / 02-3142-8407
등록번호 제 204-91-55459

ISBN 979-11-87694-12-0 03920

가격은 뒤표지에 있습니다.
잘못된 책은 바꾸어 드립니다.

minimum

파리에서 1년 살아보기

모든 바람이 파리로 불었다

레브경희 한 지음

Prologue
나는 욕망한다, 욕망하는 나를

그해 늦가을.
가을에서 겨울로 넘어가던, 유난히 스산했던 그 계절 파리를 욕망했던 내 마음에도 우당탕 바람이 일었댔다. 바닥에 떨어진 낙엽처럼 이리 뒹굴 저리 뒹굴 주체할 수 없는 상태로 말이다.
파리에서 1년쯤 살아볼까?
_____살 수 있을까?
_____살아보지 뭐!
_____살아질까?
_____살아질 거야!
내 안의 나에게 근거 없는 용기까지 불어넣으며 끊임없이 질문과 답을 던졌던 그해 가을을 회상한다.
남들가족, 회사에게는 말이 되지 않을 수 있는 무모한 계획들을 다분히 나에게만 초점을 맞춰 이기적으로만 말이 되게 합리화하면서 몇 년 후 나의 모습을 당당하게 상상하며 덜컥 파리 생활을 시작했다.

지지리도 힘들던 방황의 순간, 반복되는 일상으로부터 그냥 무작정 벗어나고 싶은 도피였을 수도 있다. 그렇지만 그 도피를 통해 새롭게 시작되었던 파리에서의 3년이야말로 내 인생의 화양연화였다고 감사하게 말하고 싶다. 무모했지만 도전할 수 있던 용기, 부족했지만 풍요로울 수 있던 환경, 이방인이었지만 파리지앵으로 살며 느낄 수 있던 신선한 충격, 과거 내 마음의 요동과 홀연히 마주할 수 있던 여유. 파리에서의 이 모든 감정과 시간은 내 추억 속에 또 하나의 방으로 고스란히 남았다.

지인들 또는 내가 모르는 나 같은 사람들이 지금 이 순간도 현재의 모습을 살며 또 다른 욕망의 방을 키워가는 모습을 종종 본다. 나름 도피일 수도 도전일 수도 있는 저마다의 이유로 말이다. 나이와는 무관하게도 무엇인가를 집요하게 욕망한다는 건 그래도 아직은 젊다는 거다. 그렇기 때문에 끝없이 욕망할 수 있는 그 에너지가 있다는 건 도리어 잘해낼 수 있다는 반증 아닐까? 나도 그랬으니까.
인생의 주인은 오직 나이기 때문에 내가 원하고 간절히 바란다면 원하는 대로 할 수밖에 없지 않은가? 아니면 미련이라는 돌덩이가 늘 가슴을 누를 테고, 시간이 지나며 후회와 미련으로 고스란히 남을 게 빤할 테니.
이렇게 말하면 모두 나처럼 떠나라고 부추기는 것 같아 조금은 우려스럽다. 물론 어디에 있건 그곳에는 내 삶의 주인으로 살아야 할 내가 있고, 내가 선택한 나의 몫을 기꺼이 거두어야 한다.
파리에서 보낸 3년의 시간, 평범한 독자에서 필자가 되어 이 책을 준비했던 1년. 짧지도 길지도 않은 파리 시간을 이 책에 펼쳐놓았다. 그저 독자들에게 아는 언니, 옆집 아줌마, 조금 독특한 사람의 이야기로 편안하게 다가가길 바란다.

CHAPTER 1
처음 파리에서 마지막 파리까지

010	또 만나, 파리
024	바람의 방향
032	이름을 불러주세요, 제 이름은…
040	파리지앵처럼
047	프랑스 애들이 일하는 게 다 그렇지
058	진심의 종류
067	예약하셨나요?
072	백 개의 슬픔을 녹이는 작은 사치
082	새벽 5시 파리의 맨얼굴
088	이노메 짐들
094	나는 빠리의 수두 환자
103	파리지앵의 밥상이 생각을 깨운다
112	어른이 되어가는 시간

CONTENTS

PROLOGUE
나는 욕망한다, 욕망하는 나를   004

CHAPTER 2
여기는 파리니까

- 120 바게트 바게트 바게트
- 132 파리에 에펠 탑이 없다면
- 140 카페의 낮과 밤
- 150 파르타제, 더치페이, 1/N
- 156 당신을 초대합니다
- 170 나를 미치게 하는 그녀
- 184 공기 냄새로 시작하는 여행
- 198 파리에서 찾은 한식의 맛

CHAPTER 3
그래도 다시 파리

- 210 십년 전에도, 지금도, 십년 후에도… 파리
- 218 대나무 바구니에 담긴 파리
- 227 옷을 입은 사람은 나 하나뿐
- 224 누추하고 냄새나도 파리
- 242 걸어도 걸어도 파리

CHAPTER 4
파리의 어른 학생 이야기

- 260 어른 학생
- 262 기도드립니다. 부디 도와주세요!
- 270 파리, 달려 달려
- 282 안 되는 게 어딨니?
- 292 그래서 귀족 스포츠
- 298 나는 르 코르동 블루 인
- 308 최악의 막노동판, 파리
- 318 모든 여성을 천사로 만드는 그것

EPILOGUE 절대의 율동에 몸을 맡겨라 326

CHAPTER 1
처음 파리에서
마지막 파리까지

또 만나, 파리

200 rue de javel 75015 Paris FRANCE.
내가 살던 파리 집주소다. 애써 기억할 필요도 없이 당연하게 알던 한국 집주소보다 더 익숙해졌다. 택시를 이용할 때도 먼저 주소를 말해야 했고, 친구들이 놀러올 때도, 은행이나 우체국 또 학교 등 모두 공공기관 서류에는 언제나 이름과 함께 이 주소가 필요했으니까.
시간이 지나면서 얄팍하게도 내 머릿속에 한국 집주소를 밀어내고 파리 집주소가 각인되어갔다. 처음 이사해서 며칠은 골목골목 비슷한 길이 익숙하지 않아 행여나 집으로 돌아오는 길을 찾지 못할까 어찌나 신경을 곤두세우며 건물들 주소를 뚫어지게 확인하고 다녔던지….
그랬던 이 동네 모습이 긴장과 낯섦에서 편안함으로 변하고 골목 언저리에 들어섰다 싶으면 벌써 '아~ 이제 집에 다 왔구나' 하는 안도감을 익숙하게 느낄 때쯤 서서히 파리를 떠날 준비를 해야 했다.
먼 파리에 도착해 이 집을 구하기 전까지 한 달가량 친구 집에 머물렀다. 오전에는 어학원에서 프랑스어를 배우고 스케줄이 없는 오후에는 집도 알아보고 지인들과 만나 차도 마시면서 파리 생활에 관한 정보도 얻곤 했다.
4월 한가로운 오후, 여기는 파리, 자유로움이 물씬 풍기는 노천카페. 뜻은 몰라도 자연스레 귀에 들리는 프랑스인의 대화. 그리고 그 속에 함께 섞인 우리의 수다. 그 소소한 순간이 행복했다.
그런데 찬바람에 굴러가는 먼지마냥 뜬금없이 머릿속을 휙 스치는 생각.
'지금 내가 여행 온 거라면 돌아갈 날짜와 남아 있는 일정을 생각했겠지? 그런데 이제는 그럴 필요가 없네. 여긴 파리고, 나는 이제 여기서 살 거니까.'
혼자 속으로 생각하며 기분이 업되면서 그냥 배시시, 웃음이 새어나왔다.
이런저런 대화에 집 이야기가 나오자 마음은 다시 초조해지면서 '되도록 빨리 집을 구해야 할 텐데'라는 걱정으로 끙끙댔다. 집을 구하려면 현실적으로 어떤 조건이 우선되어야 하는지도 모른 채 요리조리 따져볼 합리적 이성 따윈 저 멀리 던져두고 말이다.
파리에도 동네마다 아장스Agence, 중개사무소가 많아서 다니다보면 윈도우에 새로운 인연을 기다리며 가지런히 붙어 있는 매물 사진과 프로필을 쉽게 볼 수 있다. 월세는 얼마고 몇 제곱미터에 방은 몇 개인지, 몇 층이고, 엘리베이터가 있는지, 중앙난방인지 개별난방인지, 가구가 있는지 없는지 등등.
물론 내가 그걸 다 이해해서 조목조목 따질 수는 없었지만 일단 가격대가 비슷하고 사진의 느낌뿐이지만 이거다 싶으면 적극적 자세로 돌변, 안에서 나를 이상하게 보건 말건 윈도우 앞에 오래도록 서서 모르는 단어를 스마트폰 사전에서 찾고 그래도 모르면 친구에게 전화해 읽고 묻고 하던 기억이 생생하다.
파리에서 집 구하기는 한국과 많이 달랐다.
일례로 집이 마음에 들고 모든 조건이 맞는다고 해도 집주인 혹은 대리하는 아장스에서 입주희망자의 조건을 심사한 후에야 집을 얻을 수가 있다. 물론

조건이라는 것이 그 사람의 인간성 내지 품성을 보는 건 절대 아닐 테고 자본주의 논리로 '월세를 낼 능력이 되느냐 안 되느냐' 일 테지만, 심사라는 것 자체가 좀 웃기고 당황스러웠다. 그런데 이야기를 들어보니 파리에서는 세입자가 집세를 밀린다고 해서 집주인이 막무가내로 쫓아낼 수 없다고 하니 입장을 바꿔 생각해보면 이해가 되지 않는 것도 아니고, 여기 룰이 그렇다니 뭐 별 수 있나.

고로 나 또한 심사를 거쳐야 한다는 것이다. 신분이 명백한 직장인이 아닌 학생이라 온갖 서류며 학비영수증으로 월세를 낼 수 있다는 입증 아닌 입증을 했고, 결국 며칠 후 다른 사람들과의 경쟁에서 고맙게도, 내가 선택되었다. 그렇게 해서 15구의 집과 인연을 맺게 되었다.

760일!

만 2년 1개월! 봄, 여름, 가을, 겨울, 봄, 여름, 가을, 겨울 그리고 다시 봄. 이 동안 이 집에서 어떻게 지냈지?

이 말이 파리에서의 삶을 회상하게 한다. 보통 파리라고 했을 때 가장 먼저 무엇이 떠오르는지 물으면 에펠탑, 개선문, 루브르, 샹젤리제, 센강 등 설명하지 않아도 알 수 있는 것들이겠지만 내게는 200 rue de javel 75015, Paris FRANCE. 내 집이었던 이곳이 가장 먼저 생각날 테고 나중에는 아련해질 것이다.

이사한 첫날 밤 침대에 누웠다. 창밖에는 에펠탑에서 쏘아내는 불빛이 일정한 간격으로 돌아가며 비췄다. '아! 여기가 파리구나' 세삼 낯설었다. 침대에 누워 있자니 조용한 방이 약간 무섭기도 하고 스토리 없는 많은 생각이 얽히고설켜 쉽게 잠이 오질 않았다.

음악을 틀고 다시 누워 있자니 '이제부턴 진짜 파리에서 나 혼자 사는 거구나'라는 생각과 동시에 묘한 기분이 들었다. 이쯤 되면 '그럼 어떻게 의미 있

게 잘 살다 돌아가지'라는 고민도 해봄직한데 고민은커녕 그 상황이 왜 그리 좋던지. 옛말에 죽은 마누라 장례 치르고 화장실 가서 실실 웃는다는데 뭐 그런 기분인가? 암튼 그냥 실실 웃음이 나는 것이 좋더라. 혼자라서 좋은 것인지, 파리라서 좋은 것인지, 앞으로 일을 하지 않아도 되어서 좋은 것인지, 하여간 아주 좋았다.

아마도 누구의 엄마, 누구의 마누라, 무슨무슨 실장님이 아닌 홀연히 다시 나로 살 수 있다는 것이 좋았겠지.

나로 살고 싶은 이기적 리스트
배려가 지나쳐 내 감정이 상처 입는 일 따윈 하지 않을 거야.
어휴~ 이런 지랄스러워가 낫지 착하다는 소리 따윈 못 들어도 상관없어.
내가 날 속이지 않고 내 마음이 원하는 대로 살 거니까 그리 알아.
여기선 하고 싶은 일만 해볼 거고 하기 싫은 일은 미련 없이 NO!
내 맘대로! 내 멋대로!

행여나 어디 가서는 말도 못 꺼낼 수많은 이기적 리스트를 되새기며, 못 해봐서 한 맺힌 시한부 인생을 사는 것처럼 파리 생활을 다짐했다. 물론 돌이켜보면 정말 그리 살진 못했지만 그래도 나답게, 나에게 더 집중하면서 살겠다는 의도였으니 그걸로 치면 나름 그렇게 생활했던 것 같다.

하루에 삼시세끼! 일찍 자고 일찍 일어나기! 이 버거운 통념 따위 지킬 필요가 없다. 스케줄에 따라 내가 알아서 할 뿐이다. 스케줄 없는 날에는 늦게 일어나서 배고프면 먹는 식사가 곧 아침이자 점심이 되기도 했고, 늦게까지 깨어 있다가 새벽에야 잠자리에 들면 그 시간이 곧 취침시간이 되는 거고, 집에 먼지가 쌓여도 내가 괴로우면 치우고 아니면 같이 뒹굴고, 조용하니

책 읽고 싶을 때는 나 편한 자세로 마음껏 읽고, 듣고 싶은 음악을 하루 종일 틀어도 누구 하나 뭐라 할 사람 없으니 말이다.

어디 좋았던 것만 말한다면 한두 가지겠느냐 만은 막상 뚜껑 열어 들여다보면 너 나 할 것 없이 다 그렇듯 동전에도 앞뒤가 있고 좋은 것이 있으면 안 좋은 것도 있는 것처럼. 인생은 양면이 존재한다는 것을 어쩜 그리도 꼭 되짚어주는지 새삼 처절히 알게 되었다.

씩씩하게 잘 지내던 어느 날. 여느 때처럼 장을 보고 무거운 가방과 짐을 들고 돌아오는 길이었다. 매일 다니는 익숙한 동네라 여기가 프랑스 파리인지 아니면 '파리시 마포구'인지 인식하지 못할 정도로 하루의 긴장이 풀려 걷고 있었다. 그런데 그날따라 카페며 길거리에 왜 그리 다정한 연인과 가족이 많이 보이던지. 서로 웃고 이야기하며 걷고, 카페테라스에서는 서로가 눈을 맞추며 열심히 대화하는 모습이 당시 내 모습과 대조되면서 순간 쓸쓸해졌다. 느끼는 대로 보인다고 그때 내 눈에는 그렇게 보였다.

'무거운 짐도 없이 어쩜 저리 심플하지? 서울에서는 저 모습이 내 일상일 텐데.' 뚜벅뚜벅 걸어 현관 비밀번호를 누르고 들어와 곧장 엘리베이터를 탔다. 엘리베이터 안에는 오늘따라 웃으며 인사 나눌 사람이 아무도 없고 엘리베이터 안 거울에 비친 내 모습도 괜스레 초라해 보였다. 엘리베이터 문이 열리고 대문을 바라보니 한국사람은 상상도 못할 그 오래된 나무 대문마저 그날따라 구질해 보였다.

파리의 일반 아파트는 오래된 건물이라 대문은 그냥 하나의 나무판이고 우리나라에는 흔한 전자번호키는 상상도 못 하고 옛 방식 그대로 열쇠를 쓴다. 예전에는 그조차도 운치 있었는데 그날은 대문 앞에서 열쇠를 오른쪽으로 두 번 돌려 문을 열고 들어선 집은 공기마저 우울했다. 이런 얄팍한 마음이라니.

가방과 짐을 툭 던져놓고 옷도 갈아입지 않은 채로 발코니로 나가 담배를 하나 피웠다. 담배를 끊은 지 꽤 오래 되었는데 그날은 피우고 싶었다. 불을 붙이고 한 모금 쭉 빨아 후~ 하고 내뿜으니 약간 어지러웠지만 나쁘지 않았다. '그냥 그런 날도 있는 거지'라는 무책임한 탄식으로 애써 스스로를 위로하니 그런대로 짧은 시간, 생각이 다시 리셋되었다. 그리고 내 안의 내게 말해주었다.

'그래 하염없이 좋기만 하겠니? 혼자라서 좋으니까 지금처럼 외로울 때도 있는 거지. 이렇게 외롭고 쓸쓸한 감정도 얼마 만에 느끼는 거야. 이 감정도 서울에 돌아가서 생각해보면 소중한 경험일 테니까 처절하게 느껴.'

보통 때였다면 당장 남편이나 친구에게 전화해 수다라도 떨며 그 순간을 모면했겠지만, 그날은 내 마음의 외로움을 고스란히 안은 채 그저 살짝 내려두었다. 파리의 밤과 할로겐 조명으로 조금은 센티한 집안의 공허와 함께.

돌이켜 생각해보면 파리 생활은 혼자라 가끔은 고독했고, 혼자라 미치도록 좋았던 그런 시간이었다. 시간이 지나도 마음 한켠에 붙어 떨어지지 않을 추억이다. 가끔은 그 기억의 조각을 끄집어내 마음대로 퍼즐을 맞추며 좋았다. 하겠지. 추억이라는 건 언제든 내 방식대로 미화되는 거니까. 왜 그렇지 않나. 절절히 사랑하다 헤어진 연인에 대해 어떤 건 좋았고 어떤 건 지긋하게 싫었지만, 훗날 생각해보면 그래도 그렇게 함께한 수많은 이야기가 추억이라는 이름의 포장과 사고의 알맹이들로 마음의 방 하나쯤은 만들 수 있는 것처럼 말이다.

4월이 벌써 다 갔다. 이젠 정말 서울로 돌아갈 준비를 시작해야 한다. 엄두를 내지 못해 계속 미루던 작업을 적어보았다. 막상 적어보니 끙끙대던 마음보다는 그 무게가 한결 가벼워졌다.

사용하던 가구며 물건 정리

물류회사 예약

아장스에 편지 발송

핸드폰, 인터넷 해지

집 보험 중지

은행 방문

우체국 주소 이전

전기, 가스 해지

이사 준비 도구 구입

이삿짐 센터 예약

그리고… 두려운… 짐 싸기

들어왔을 때처럼 나갈 때도 똑같은 상태로 집을 비워야 하기 때문에 괜스레 시작도 전에 심란한 마음만 커져갔다. 한국에서야 이삿짐 센터에서 포장부터 정리까지 다 해주지만 여기서는 내가 일일이 박스에 담아서 포장해 놓아야 했다.

집 안을 쭉 살펴보았다. 언뜻 보니 금방 쌀 수 있을 것 같았다. 기껏해야 책과 주방용품, 옷과 신발뿐이었으니까. 물론 싸다보면 끝없이 나올 테지만 짐이 많건 적건 내가 해야 하는 건 고민이 아니라 행동이었다. 짐을 싸는 건 힘든 노동이지만 그 노동이 파리 생활이 끝나감을 느끼게 하리라는 것을 알고 있었다.

일주일가량 짐을 쌌나보다. 가구가 채 빠지지 않은 집에 짐 박스를 늘어 놓으려니 공간이 좁아 제대로 걸어 다닐 수조차 없었다. 별수 없이 낑낑거리며 두세 개씩 위로 쌓으며 '아이고 허리야' 하는 순간 허리를 삐끗했는지 도통 다리가 펴지지 않았다. 노동도 요령이 있어야 다치지 않고 수월하게 해낼 텐데 나는 그마저도 없었나 보다. 고작 박스 두세 개 올리려다 허리를 다쳐 어쩔 수 없이 파스를 붙이고 침대로 가서 그대로 누웠다.

맞다. 짐을 싸기 전에는 무척 울적하고 섭섭할 것 같았다. 그래서 친구들이 도와준다는 것도 굳이 마다하고 조용히 혼자 파리 생활도 돌이켜 음미하며 정리하고 싶었다. 그런데 막상 짐을 싸다보니 음미는커녕 그냥 빨리 끝내야 할 노동일 뿐 그 어떤 의미도 느끼지 못할 정도로 고되기만 했다.

눈을 떠보니 밖은 벌써 깜깜했다. 핸드폰을 보니 새벽1시가 조금 넘은 시간이었다. 오후4시경에 잤으니까 아주 밤잠을 잔 거나 다름없다. 일어나 화장실에서 볼일을 본 후 생각할 필요도 없던 뒤처리(?) 행위에 저절로 '으으' 하는 소리가 나는 걸 보니 허리가 깨끗이 나은 건 아니었다. 좀 웃기긴 하지만 가끔 허리 상태를 화장실에서 담박에 알아내곤 했다. 만일 '으으' 소리 없이 자연스럽게 처리하고 나올 수 있다면 그건 건강한 허리다.

새 파스를 붙이고 바게트에 버터와 잼을 듬뿍 바르고 커피도 준비했다. 이걸 빠른 아침이라 해야 하나, 늦은 저녁이라 해야 하나? 눈에 보이는 거실 상황은 이랬다. 두세 개씩 쌓아올린 박스들, 테이블 위에 던져놓은 박스테이프와 가위며 장갑, 굴러다니는 펜과 종이, 바닥에는 싸다말고 널브러진 물건들. 바게트를 질근질근 씹으며 본 모든 박스는 들끓던 내 욕망 덩어리가 아니었나 싶다. 법정 스님은 "필요에 따라 살되 욕망에 따라 살지는 말아야 한다"고 했는데 살다보니 그 순간의 욕망은 어쩜 그리도 불쑥 용솟음쳐 필요가 되었던 건지.

계속 짐을 싸야 하는데, 생각이 복잡해졌다.

'저 많은 짐이 꼭 필요해서 가져가는 것인지, 아니면 사용하던 거니까 그냥 가져가는 것인지, 그것도 아니면 앞으로 필요할 거니까 가져가는 것인지?'

필요하다 생각하니 꼭 있어야 할 것 같고, 없어도 될 것 같다 생각하면 버려야 할 것 같고 도통 모르겠다.
'내가 다시는 안 산다, 안 사! 지름신이 아무리 유혹해도 안 사. 저것 봐. 뭐가 저리도 많은지 한두 번만 사용한 것도 많잖아. 미쳤지….'
자책과 후회, 노동에 지쳐 깨달은 반성? …반성은 아니다. 돌이켜보면 그 물건을 사고 그 순간 느꼈을 쾌락은 그리 나쁜 것만은 아니었으니까. 또 나중에는 그것을 통해 회상할 수 있는 추억도 조금은 있을 테니까. 데카르트의 "나는 생각한다, 고로 존재한다"가 21세기 바바라 크루거Barbara Kruger에 의해 "나는 소비한다, 고로 존재한다"로 변용되었는데, 나는 바바라 크루거에게 한 표다.
그렇게 박스는 열 개가 훌쩍 넘어갔다. 파리에서의 내 필요와 욕망과 함께. 사용했던 가구들이 실려가는 날, 아침부터 분주했다. 이 집에서 함께했던 것들인데 이렇게 가는구나. 이리저리 분리해서 재빨리 밖으로 나가는 모습을 보니 마음이 슬펐다. 함께했던 추억을 다 곱씹지도 못했는데 채 한 시간도 되지 않아 치워지다니. 4층 발코니에 서서 아래를 내려다보았다. 가구를 실은 차가 떠난 후에도 한참을 포커스도 없이 멍하니 뭔가 미련을 잡고 싶은 심정으로 말이다.
가구가 모조리 빠져나가고 그 다음 물류회사를 기다리는 박스들만 덩그러니 놓인 빈집이 이렇게 아련할 줄은 몰랐다. 나는 아직 거기 있지만 나는 그곳에 없었다. 아니, 나는 그곳에 있었다. 파리라는 곳에 왔고, 텅 빈 집에 처음 들어왔던 때처럼, 저 박스들마저 보내면 그날의 모습이겠지. 나에게는 이 집이 곧 파리고, 프랑스 속 작은 한국이었다. 고독했지만 행복했던 시간과 내 마음을 고스란히 남겨둔 그런 곳.
파리! 나는 그곳에 없지만 나는 그곳에 있다.

흔히 긍정의 힘을 얻기 위해 이런 말을 많이 듣고 또 한다.
"상상하면 이루어진다. 꿈은 이루어진다."
생각해보면 나 또한 막연히 파리 생활을 상상했고, 또 살아보고 싶다고 꿈꾸었다. 그리고 그것이 꿈이었건 상상이었건 이렇게 훌쩍 떠나와서 살았다. '이루어졌냐?'고 묻는다면 궁색하지만 일단 살아보았으니 '이루었다'고 말할 수 있겠다.
내가 상상하고 꿈꾸는 순간 어느새 한 발은 벌써 그곳을 향한 발걸음을 떼고 있었다. 그래서 나는 이 뻔한 긍정의 메시지를 또 믿고 싶어졌다. 서울에서 파리로 떠나올 수 있었던 것처럼.

> 떠난다는 것은 소극적 도피가 아니라
> 보다 높은 이상을 위한 적극적인 추구이다.
>
> ─〈산에는 꽃이 피네〉 중에서

그렇다. 내가 추구할 이상이 서울에서 날 기다릴 테니까 이곳에 왔던 것처럼 높은 이상을 안고 또다시 떠나려 한다. 못다 한 아쉬움을 이곳 파리에 남겨두고.
아 비앙 또 파리 À bientôt Paris. 잘 있어 파리, 우리 다시 만나.

Tip À (très) bientôt! (곧) 다시 봅시다(작별인사)

01
사용하던 가구며 물건 팔기

일반적으로 유학생은 한인 사이트(프랑스 존)에서 물건을 사고판다. 대부분 중고로 사고 중고를 되팔다보니 가격은 엄청 싸지만 물건의 상태는 좋지 않다고 들었다. 생면부지의 사람과 단지 사고판다는 목적 하나로 연락하고 만나서 물건을 주고 돈을 받아야(혹은 반대의 경우도 있고) 하는데 내가 성격장애가 있는지 영 불편하다. 그래서 나는 주위 지인을 통해 알아보았다.

02
물류회사 예약하기

짐은 선박으로 부쳤다. KFL이라는 회사를 통해 이 주 전쯤 예약했다. 짐은 틀의 크기가 가로×세로 1m×1m인 큐빅 단위로 부치는데, 한 큐빅 안에는 보통 대·중·소의 종이 상자 13개 정도가 들어 있다. 가격은 처음 한 큐빅은 720유로고 두번째부터는 260유로로 내려간다. 물론 무게는 상관 없고 부피만 재기 때문에 1m×1m 안에 들어가는 물건이면 통관에 문제가 없으면 다 보낼 수 있다.

전화로 예약한 후 약속한 날짜에 박스를 받고 선금(30%)을 지불한다. 짐을 포장한 후 약속 날짜에 맞춰 픽업해가고 픽업한 짐을 확인한 후 최종 금액을 알려준다. 일하시는 분이 한 명이기 때문에 차에 짐을 실을 때까지 잘 지켜보아야 한다. 내 경우 집에서 짐을 내려 차에 실기 전 현관에 모두 모아 두었는데 속상하게도 그 사이 짐 하나를 분실했다. 프랑스에서는 늘 있을 수 있는 일이니 주의해야 한다.

03
아장스에 편지 발송하기

프랑스에서는 세입자가 집을 나가려면 3개월 전에 우편으로 몇 월 며칠에 집을 나가겠다는 편지를 아장스에 보내야 한다. 아장스에서는 그 편지를 받고 새로운 세입자를 위해 집을 다시 내놓기 때문이다. 편지 양식은 아장스에 요청하면 주니까 받아서 잘 읽어본 후 이름과 날짜, 주소, 사인 등 해당하는 것만 고쳐 작성 후 우체국에 가서 등기로 보내면 된다.

04
인터넷, 핸드폰 정지하기

프랑스에도 여러 통신사가 있다. 나는 SFR이라는 통신사를 사용했는데 이곳은 한달 전에 전화해서 핸드폰과 인터넷을 언제까지 사용할 것인지 알려야 한다. 전화로 해지할 것을 요청하고 접수되면 이 주 후 바코드 스티커와 보낼 곳 주소리스트를 우편으로 보내주는데 처음 인터넷을 설치했을 때 집에 부착했던 스톱박스며 기기들을 박스에 담아 바코드를 붙여 집에서 가까운 주소지로 보내면 된다. 만일 기기가 누락되면 175유로 가량 지불해야 하기 때문에 처음 설치할 때 잘 보고 모조리 그대로 보내야 안심이다.
통신사에서 기기를 받고 나서 사용일 수에 맞추어 금액을 정산한다.
나는 집을 뺄 때까지도 바코드가 오지 않아 확인해보니 접수는 잘 되었는데, 반송할 우편물이 안 온 거다. 프랑스에 살고 있는 언니에게 처리해달라고 부탁했고, 내가 떠나온 후에도 몇 번이나 전화하고 난리쳐서 보냈단다. 그 일로 팬스레 엄한 사람만 고생시켰다. 역시 프랑스다, 싶을 정도로 신뢰할 수 없으니 미리미리 체크하고 확인해야 한다.

05
전기와 가스 해지하기

전기(EDF)와 가스(GDF)는 집을 나오는 당일에 전화로 해지를 통보하면 된다. 미리 계량기를 보고 사용량을 적어놓고 상담원이 물으면 알려주고, 아장스에도 알려주면 된다.
사용료는 계량기에 적혀 있던 수치만큼 환산해서 자동이체되거나 청구서를 받고 지급한다.

06
집 보험 해지하기

프랑스에서는 자기 이름으로 집을 계약할 경우 세입자는 누구나 1년에 한 번씩 집 보험을 들어야 한다. 나의 경우 MMA라는 보험회사에 가입했는데 금액은 130유로 정도였다. 1년에 한 번 자동으로 돈이 인출되니까 미리 아장스에도 보낸 집을 뺀다는 편지를 가지고 찾아가서 해지해야 한다.

07
입주 시의 집 상태와 임대 해지 시의 집 상태 비교, 확인하기(L'état des lieux)

집을 계약하고 입주할 때 아장스와 내가 함께 집의 상태를 점검하고 일일이 체크하는 것을 말한다. 아장스에서는 항목별로 체크한 후 계약서와 함께 나에게 전달하고, 내가 집을 뺄 때 들어올 때와 같은 상태인지 확인한다. 만약 파손되거나 문제가 생긴 것이 있다면 변상해야 한다.

바람의 방향

"나 회사 그만두고 파리 갈까 봐."
"왜? 여행 가게? 아, 나도 여행 가고 싶다~"
"나 파리 가서 살까 한다고. 그래서 지금 무진장 고민이라고."
"그니까 왜요? 뭐 때문에 가시냐고요?"
"공부도 하고 몇 년 살아보려고."
"뭐?"
"왜?"
"얘가 자다 봉창이라고 갑자기 뭔 소리야?"
"말했잖아 공부도 하고 몇 년 살면서 새로운 삶을 준비해볼까 한다고."
"남편하고 같이?"
"아니 나 혼자"
"혹시? 너희 부부 뭐 문제 있어?"
"아니 전혀."
눈을 크게 뜨고 조금은 격앙된 목소리로 묻는다.

"근데 왜?"
나도 쏘아붙였다.
"에이 씨! 너 내 말을 제대로 들은 거 맞아?"
잠깐의 싸늘함 뒤 툭 던지듯 묻는다.
"미친 거 아냐? 장난 해? 그게 현실 가능하고, 말이 된다고 생각해? 야! 우리 나이대의 일하는 여자들 잡고 다 물어봐라. 그게 가능만 하다면야 남편이고 자식이고 다 필요 없고 얼씨구나 떠날걸. 곰탕도 안 끓여놓고 간다 할 거란 말이다. 근데 그게 맘처럼 되냐고. 현실과 이상의 갭이 채워질 수 있냐고요. 그래 간다 치자, 니가 20대도 아니고 나이가 몇인데 별 탈 없이 공부 잘하고 오라는 법이 어딨어. 혼자 살다 병 안 들면 다행이지. 어휴~"
계속 한숨만 내쉬었다.
"야! 인생의 설대석 고민을 하는 〈햄릿〉에서도 '어떤 행동을 하려 할 때 모든 사정과 결과에 대해서 지나치게 깊이 생각하면 아무것도 할 수 없다'잖아. 그러니까 일단 지르고 수습하면 되지 않을까? 인생은 조금은 무식해야 용감해질 수 있는 거라던데."
"그래서 가신다고?"
"응."
"너는 어쩜 그리 이기적이냐?"
내 말이 미처 끝나기도 전에 폭풍 질문에, 닥치지도 않은 걱정에, 한숨에, 날 위로한답시고 팔 걷어붙이고 말리려는 시늉이다.
'그럼 그렇지 직장생활 안 하는 싱글이 디테일한 내 맘을 알겠냐?'
괜히 짜증이 나면서 알 수 없는 서러움에 눈물을 찔끔거리며 한마디 던졌다.
"야! 친구라는 게 정말 이러기야! 내 말 좀 들어보라고. 다 떠나서 너 내 절친이니까 내 편에서 생각해보라고, 좀!"

찔끔거리는 내 모습을 보고 조금 미안했던지 마음 착한 친구는 배시시 웃으며 나를 달랜다.
"그려그려 알겠어. 미안해 말해봐."

절친 딩구는 고등학교 때부터 친구였고, 별일 없이도 심심하면 하루에 몇 번이고 전화해서 귀가 저리도록 수다를 떨다 정작 중요한 이야기는 만나서 다시 하자며 낄낄거리며 끊는 그런 허물없는 가족 같은 친구다. 남편에 대한 불만이나 시댁을 싸잡아 이야기할 때 또는 회사에서의 뒷담화거리나 힘들어 죽겠다는 징징거림까지도 다 받아준다. 물론 듣다가 싫은 소리도 아주 따박따박 잘하긴 해도 결국에는 내 편이다. 우리는 몇 시간 동안 내 계획에 대하여 심층토론했고, 딩구도 내 고집에 결국에는 박수를 보냈다.
파리에 가겠다고 마음을 굳힌 건 아마도 그때쯤이었을 거다.
살다보면 회사 일에 치이고 반복되는 일상에 지치고 내가 뭘 하고 있는 건지, 왜 사는지, 그러다 꾸물꾸물 뭔가가 올라오는 기분. 왜 그런 거 있지 않나. 아무도 모르게 속으로만 생각하며 고민만 하다 도망가고 싶을 때, 스멀스멀 올라오는 마음 속 탈출에 대한 집착들. 그런데 알량한 용기가 없어서 확 저지르지도 못하고 다시 그 미련 속에서 허우적대면서도 버리지 못하는 것들.
내가 그랬다. 배고프지도 않으면서 밥 때가 되면 밥을 먹는 것처럼 내 오랜 직장 생활은 특별히 맛있게 먹을 수 있는 메뉴가 아니라 영혼 없이도 먹을 수 있는 그냥 그런 것이었다. 일도 하기 싫고, 지금 생활에 짜증도 밀려오고, 웃을 일도 없고 다 싫은 거지. 그러니 일도 생활하는 것도 제대로 될 리 있었겠나.
주위 사람들은 내가 무슨 생각을 하는지 왜 그러는지 알 리 만무하고, 아니 그들이 알 필요도 없긴 하지만, 그렇게 주위에 민폐 아닌 민폐를 조금씩 뿌리며 서로의 염증을 키워가고 있었다. 마음이라는 건 참 묘해서 내가 주인이니 내 멋대로 더 강하게 내가 하고픈 대로 흘러가버리는데 그 속도가 어찌나 빠른지 걷잡을 수조차 없더라.
'그까짓 게 뭐라고. 내 마음을 내가 잡을 수 없다니 말이 돼? 이건 네 이상일 뿐이지 현실은 아니잖아. 허우적거릴 거면 미련을 버리든지. 뭐야, 도대체.'
내 안의 나와 지긋지긋하게 싸우면서도 그렇게 하루하루 내 마음은 파리로만 흐르고 있었다.
그러던 어느 날, 문득 이런 생각이 들었다. 그래도 내가 이 사회 속에서 이성적 사고와 객관적 상황 판단을 하며 밥 먹고 살았는데, 내 인생에 있어서 중요한 결정을 달랑 마음과 싸우며 남에게 찌질하게 불편을 주고, 이것도 저것도 아니게 생활하는 쇼라시가 싫나고. 이선 너 이상 아니다 싶어 일목요연하게 생각을 정리하고 메모지에 적기 시작했다.
'왜 지금 파리에 가고 싶니?'
'내가 직장생활을 꽤 오래 했는데 지금 하고 있는 디자인이 대한민국에서 늙어서까지 하기에는 좀… 긴 인생 생각했을 때 미리 다른 걸 준비해야 할 것 같아서. 내가 늙어서까지 할 수 있고, 거기다 좋아할 수 있는 일을 해야지.'
수많은 독백은 날 위한 변명일 뿐 진짜 솔직한 마음은 '그냥 가고 싶어'였다.
'일이 하기 싫어 도망가는 건 아니고?'
'도망은 아니고… 지긋지긋하니 그게 그거지. 맞아, 그게 지금은 제일 커.'
정답이다. 그때는 왜 그리도 일하기 싫었는지 그저 벗어나고픈 생각뿐이었다. 부부 사이에 문제가 있는 것도 아니고, 어디서 크게 배신을 당한 것도 아니고, 마음 잡고 다른 생각 없이 일하면 일도 그냥 해나갈 수 있는데 말이다.
천국에서도 천사의 타락은 있다는데, 뭐 특별할 것 없는 타락 같은 거였다.

그러니 내가 하던 일 모조리 정리하고 불현듯 파리로 가서 공부하겠다는 게 이유 없는 천사의 타락과 뭐가 다르겠는가? 내 해석대로라면 그 착하디착한 천사님도 계획 짜고 타락한 건 아닐 테고 한 마음은 착하게 또 한 마음은 타락으로 흘렀을 텐데 타락의 마음이 더 크게 흐르니 그리 된 걸 테지.
16세기 프랑스 철학자 몽테뉴도 그러지 않았던가.
"한 마음에 각기 다른 충동이 공존할 수 있다."
천사의 타락이건 비겁한 변명이건 내 마음이 원하고 흐르는 대로 하기로 결심했다.
"어떻게 살 것인가? _ 그것은 실천궁행의 문제로다."
왜 이 글이 생각났는지는 모르지만 고등학교 국어교과서에서 봤던 이 글을 생각하니 내가 이렇게 지지부진 행동할 것이 아니라 일단 뭔가 저지르고 그 다음은 추스르는 편이 낫겠다 싶어, 가장 먼저 겁도 없이 회사에 사직서를 냈다.
12년을 일한 직장은 집보다 더 편한 곳이었다. 크게 의미를 두지 않고 내밀었던 명함의 사회적 소속감도 나의 위치도 이걸로 끝이구나.
'이제 난 진짜 백수네. 시원섭섭하다는 표현이 이럴 때 쓰는 거구나.'
남편과 나는 내가 20대 초반 어린 나이에 만나 오랜 연애 끝에 결혼했다. 그래서 그런지 다른 집은 부인이 남편을 아들 키우듯 한다는데 우리 집은 그 반대다. 항상 칠칠맞은 나를 자식처럼 챙겨주고 걱정해주고 엄마처럼 따뜻하게 위해주는 쪽은 남편이다. 내가 원하는 거면 뭐든 다 해주려 하고 항상 자식보다 나를 먼저 생각해주는 남편이라 내가 파리로 공부하러 가겠다고 하면 당연히 이해해주고 밀어주리라는 기대로 그리 어렵지 않게 이야기를 꺼냈다.
남편은 내 이야기를 다 듣고 잠시 머뭇거렸다. 익히 조금씩 서로 이야기했

던지라 회사까지 그만둔 상황에서의 대화는 예전의 대화와는 사뭇 다르게 진지하고 구체적으로 흘러갔다. 남편에게 조심스럽게 물었다.
"자기야 내 얘기 어떻게 생각해?"
남편은 맥주를 한 모금 들이키며 억지로라도 평정심을 지키려 애썼다.
"여자도 엄마라는 역할 아내라는 역할을 떠나 한 사람으로서, 자아가 강할수록 무언가 계속 도전하고 싶은 꿈은 당연히 있겠지."
그 한마디가 나오기까지의 짧은 순간이 숨 막히게 길게 느껴지면서 오로지 찬성인지 반대인지만을 가늠하려고 자꾸 눈치만 살폈다.
"그걸 이해 못 하는 게 아니라 우리 현실에서 그게 가능한지를 따져봐야지."
막연한 나와 달리 이성적 사고로 이것저것 조목조목 물었다. 현실적 문제며, 가서 무슨 공부를 할 것인지, 몇 년을 체류하다 올 것인지, 비용은 얼마나 드는지 등등.
물론 나 또한 남편의 말을 이성적으로는 다 이해할 수 있지만 순간 머릿속을 지나가는 질문은 하나였다.
'그럼 이건 찬성이야, 반대야?'
그후로 한 달가량의 시간이 흐르고 그동안 정리하며 고민했던 것들을 가지고 다시 구체적인 인생계획표를 만들기 시작했다. 방황과 타락의 선에서 꿈만 꾸는 계획이 아닌 현실 가능한 진짜 계획을.
'인간이 백 살까지 산다고 해서 호모헌드레드라는 신조어도 생겼는데, 그렇다면 내가 늙어서도 할 수 있는 일이 뭐가 있을까? 여태껏 20년 가까이 디자이너로만 일하느라 디자인 말고는 할 줄 아는 게 없는데.'
쓸쓸히 고민하며 그래도 즐겁게 했던 일들을 꾸역꾸역 복기하다 문득 번뜩이는 생각 하나. 평소에도 시간이 날 때면 집에서 베이킹을 즐기고 지인들에게 예쁘게 포장해주는 걸 좋아했던 기억. 그때는 우습지만 가끔은 '아~

파리 가서 디저트 공부하고 싶다'고 생각도 했는데. 그 찰라의 순간.
'이거였구나, 이거였나봐!'
유럽뿐 아니라 가까운 일본만 보더라도 디저트 문화가 많이 보편화되었으니 분명 우리나라도 곧 디저트 시장이 확산될 거라는 생각에 꼭 해야겠다는 불끈거리는 욕망이 물밀듯이 올라왔다. 게다가 디저트라면 기술을 요하는 일이고 디자인 감각도 필요할 테고 또 내가 좋아하는 무한 관심 분야니 더없이 좋을 거라는 근거 없는 믿음이 날 더욱더 용감하게 이끌었다.
'그래 내가 디자이너로 이때껏 살았는데 이제 와 설렁탕집을 할 거니 팥죽집을 할 거니. 그래도 조금은 잘할 수 있는 일을 해야지.'
스스로 위로도 하며 마치 오래 생각한 양 디저트 쪽으로 생각이 굳어갔다.
그러는 사이 남편의 동의는 얻었지만 내가 유학 간다는 사실을 안 시댁과 친정 식구들에게 닥치지도 않은 무수한 걱정의 말과 끝내 내키지는 않지만 반대할 수 없는 표정을 뒤로 한 채, 동의랄 것도 없이 그저 통보만을 남기고 파리로의 유학준비를 하나씩 해나갔다. 물론 격려를 아끼지 않던 가족도 많았다. 하지만 이러나저러나 마음 한구석이 불편한 건 어쩔 수 없었다. 내심 두렵기도 했지만, 그래도 강한 척 잘 해나갈 수 있는 척하며 남편과 가족에게 대수롭지 않게 대했다. 그리고 그 과정들은 내가 일할 때처럼 맹렬하고 억지로가 아닌, 부드럽고 자연스럽게 흘러갔다.

이름을 불러주세요, 제 이름은…

그리고 프랑스에서 '몇 살이세요?'는 없었다. '이름이 뭐예요?'만 있을 뿐! 파리에서 만난 외국 친구들과 '그래도 우리가 친하다' 할 정도로 관계가 깊어지기 전까지는 서로가 이름밖에 몰라도 충분히 친구가 될 수 있었다. 여기서 친구라 함은 오가다 마주치면 잠깐 멈춰 안부인사며 짧은 대화도 나누고 가끔은 서로 문자도 주고받고 밥까지는 아니지만 커피 정도는 마시는 사이를 말한다.

내게 몇 살인지, 결혼은 했는지, 아이는 있는지 등의 질문을 하는 사람은 거의 없었다. 다분히 개인적인 질문은 예의에 어긋난다고 생각해서이기도 하고, 어느 정도 시간이 흘러도 내가 내 이야기를 꺼내기 전에 먼저 묻지 않았다. 그들에게 중요한 것은 나와 그들의 관계에서 만들어져가는 스토리고, 그런 것이 쌓여가며 자연스럽게 서로 알아가는 식이었다. 애초에 그들에게는 친밀감을 빨리 갖기 위해 서로 가지고 있는 것 그러니까 같은 학교, 같은 나이, 같은 동네, 같은 취미 같은 식의 공통분모 찾기 따위는 관심 밖의 일이었다. 그러니 나 역시 한동안은 그들의 이름만 알 뿐 애써 그 이상의 것을 물을 필요가 없었다. 그들은 나에게 나는 그들에게 내 이름만으로 나였을 것이다.

어학원 다닐 때다. 나는 가톨릭대학교에서 운영하는 'ILCF^Institute de Langue et Culture Francaise'이라는 곳에 다녔다. 이곳도 일반 학교처럼 학기제로 운영되는데 주당 수업시간에 따라 한 반에 15명 정도의 학생과 요일에 따라 두 명의 담임교사가 한 학기 동안 바뀌지 않고 매일 같은 교실에서 수업을 진행했다.

처음 수업에 들어가면 으레 출석을 부르는데 학기 초에는 내 이름 때문에 몇 번이나 결석처리가 되었다. 수업 시작 전 선생님은 이름을 부르며 최대한 빨리 출석을 체크한다.

"에드와르도, 이다, 에바, 방상, 마리아, 에릭…."

서마나 사기 이름이 불리면 손을 들거나 대답으로 출석이 확인된다.

그 다음은….

"콩~우위 안."
그것도 아주 떠듬떠듬 불렀다.
'나야? 내 이름이야?'

맞는 것도 같고, 아닌 것도 같아서 그냥 대답하지 않고 머뭇대다 수업을 시작하면 그날은 영락없이 결석이다.

'아니, 딱 봐도 한국 학생은 몇 안 되는데 되묻지도 않고 그냥 넘어가다니.'

이런 일이 종종 있다 보니 이대로는 안 되겠다 싶어 학기 초에 정확히 내 이름을 몇 번씩 알려주기도 했다. 그런데 프랑스인에게 내 이름 발음이 어려운 건지 단 한 번도 내 이름은 정확하게 내 이름대로 불리질 못했다.

Kyoung Hui. Han. 내 이름을 라틴문자로 표기하면 이렇다. 그나마 '경'은 그럭저럭 발음하지만, '희'와 '한'은 도통 알아들을 수가 없다. 프랑스어에서 H발음은 묵음이라 '희'는 '위'로 '한'은 '안'으로 발음되니까 내 이름을 붙여서 부르면 '콩 위 안' 아니면 '콩 우위 안'이 대부분이었다. 정말 가관이더라. 들을 때마다 기분이 묘하게 상했다. 그것도 좋은 마음으로 열심히 공부하려고 간 학교에서 학구열을 불태우기도 전에 마음이 상하는 상황이라니. 이해는 하지만 이대로 보낼 수는 없었다.

선생님들도 몇 번의 수업으로 내 얼굴은 기억하지만 이름을 기억하지 못하니 복도에서 만나면 '봉주르 경희' 해야 하건만 '봉주르 으~음' 하고는 웃음으로 끝을 흐렸다. 그럼 내가 먼저 '경희'라고 했지만, 이상한 이름이 돌아왔다. 물론 나 역시 외국 사람들의 이름을 얼굴과 같이 외우려니 무척 힘들었다. 얼굴은 알겠는데 그 이름이 입에서 맴돌 뿐 이 사람인지 저 사람인지 정확히 생각나질 않으니 말이다.

한번은 수업시간에 질문이 있어 선생님을 불러야 했는데 둘밖에 안 되는 선생님들의 이름을 내가 계속 바꿔 불렀다는 것을 알게 되었다. 월, 수, 금 선생님은 '산드라' 화, 목 선생님은 '클레흐'였는데 '산드라'한테 '클레흐'라고 하고 '클레흐'에게 '산드라'라고 한 것이다. 그래도 클레흐 선생님은 사람이 좋아 내가 '산드라'라고 해도 그냥 이해하고 웃으며 넘어갔던 것이다.

산드라 선생님 수업시간에는 '클레흐'라고 몇 번 불러도 쌩, 하니 뒤도 돌아보지 않고 못 들은 척했다. 나는 영문도 모른 채 못 들었나 싶어 '클레흐'라고 다시 불렀다. 물론 산드라 선생님은 나를 돌아보지 않았다. 옆자리 친구가 말해주기 전까지 나는 산드라가 산드라인 줄도 몰랐던 것이다. 순간 어찌나 미안하고 또 한편으로는 창피한지 정신이 번쩍 들었다.

도대체 처음 내 뇌에 이 두 사람이 어떻게 인지되었기에 그렇게 철썩 같이 두 사람을 매번 바꿔 불렀단 말인가. 그래도 그들은 발음하기 어려운 내 이름을 이상하게라도 불렀건만 나는 생판 다른 사람을 매번 바꿔 부르고 있었다니, 아량이 그리 넓지 않고 까칠했던 프랑스 여선생이 얼마나 기분이 상했겠는가.

그후로 산드라 선생님을 부를 때는 나도 모르게 목소리가 작아졌다. 혹시나 또 실수할까봐 옆 친구에게 확인하고서야 소심한 태도로 '산.드.라'라고 들릴까 말까 할 정도로 부르곤 했다. 그것도 꼭 불러야 할 때만.

그렇다고 그 일로 산드라 선생님이 수업시간에 내게 짜증을 내거나 내 차례에 나를 빼고 시키는 일은 단 한 번도 없었지만, 괜스레 나만 느끼는 쌩한 기운 때문에 수업시간에 더 긴장했다. 이후로도 누군가의 이름을 자연스럽게 부르기까지는 어느 정도의 시간과 나만의 암기방법이 필요했다.

상내의 이름을 기억하는 데 시긴과 노력이 드는 것은 그들도 마찬가지였다. 라틴문자로 된 이름이나 그나마 발음이 쉬운 이름은 잘 기억하는 반면, 발음이 어려운 이름은 많이 힘들어했다. 물론 내색하지 않으려 애를 썼지만 말이다. 그래서 아예 자기 이름에서 쉬운 한 글자만 골라서 부르게 하는 친구도 있었다. '경' '보' 간혹 김씨 성의 남자는 '킴'으로. 그 친구들도 그러길 원했겠느냐 만은 어쩌겠는가, 외국에서 살면서 그들 머릿속에 인지되고 불리려면 간단하고 외우기 쉬운 방업을 찾을 수밖에. 그러나 나는 그러기는 싫었다.

'아니, 엄연한 내 이름이 있는데 왜 이름 중 한 자를 싹둑 잘라 불려야 돼? 그렇다고 발음도 안 되고 한두 번 말해서 기억도 못하는 이름을 고집할 수도 없고. 매번 이상한 발음에 대꾸하기도 싫고.'

한 번도 고민해보지 않던 이름에 대해 생각해보게 되었다. 이름 없는 사람은 없고 그냥 그렇게 누군가 불러줬고 그게 나였으니 당연히 나였는데 새삼 파리의 일상에서 '이름 그리고 나'라는 존재의 의미까지 거슬러가게 되었다. 생각해보면 이름은 세상에 나와 부모님께 받은 가장 큰 선물이며 게다가 공평하기까지 하다. 다 하나씩이니까. 또 이름은 사는 내내 혹은 죽어서도 불리니 싫건 좋건 감사할 일이라는 생각이 들었다. 그러나 파리에서는 그 감사함을 잠깐 마음 깊이 넣어두기로 했다. 파리에 내 의지로 불현듯 왔고, 파리에서 사는 동안만큼은 누구보다도 내 마음에 귀 기울이며 살겠다고 다짐하지 않았던가. 그렇다면 '내가 내 의지대로 나에게 주는 새로운 이름 또한 값진 선물이겠구나'라는 생각이 들었다. 지금 여기 파리가 선물인 것처럼.

파리에서 내 이름은 'Lev KyoungHui. HAN'이다. 보통 파리에서 알게 된 친구들은 그냥 'Lev레브'라고 부른다. Lev는 히브리어로 '마음'이라는 뜻인데, '내 마음이 원하는 대로 그렇게 살 수 있다면—살고 싶다'는 내 인생 콘셉트와 잘 맞는 것 같아 그렇게 정했다.

그후로 파리에서 알게 된 외국 사람들에게 나를 소개할 때는 언제나 Lev였고 그들도 한결 수월하게 기억했고 나는 Lev로 불렸다. Lev가 지금까지 불리던 호칭과는 확연히 달라 누군가 친근하게 Lev라고 부를 때 그 순간 'Lev=나'라는 인식이 조금은 낯설고 새로웠다. 물론 그들에게 Lev라고 했으니 당연히 그들에게 나는 Lev였을 테지만 'Lev=나'가 되기까지 스스로에게 부여한 수많은 심상을 되새겨야만 했다. 하루에도 한두 번씩 이웃이나 지인들과 마주칠 때 그들에게서 수도 없이 들었던 말 속에는 언제나 내 이름이 들어 있었다.

"안녕, 레브?"
"레브, 잘 지내?"
"레브, 오늘 바쁘니?"

 "좋은 저녁 보내, 레브."
"다음에 또 보자, 레브."

'근데 이게 뭐?'라고 생각할 수도 있겠지만, 내가 지금껏 익숙하게 듣던 이름이 아니라 어색하고 간질간질했다. 그런데 이름이 불리는 대화에는 왠지 모를 그 이상의 친밀감과 따뜻함이 묻어 있다는 듯한 착각과 함께 '그래 내가 여기 있구나'라는 생각이 들게 했다.

누군가 내 이름을 불러준다는 건 내가 여기에 또 거기에 잘 있다는, 존재 자체에 대한 확인이라는 생각이 들었다. 이상하게도 늘 오가는 같은 길을 혼자 걷다보면 아주 가끔은 일상에 젖어 이곳이 파리인지 서울인지 헷갈릴 정도로 아무 생각 없을 때도 있기 때문이다. 서울에서는 이런 생각을 한 번도 해보지 않았다. 그런데 왜 그런 생각이 들었는지는 몰라도 오가는 대화 속에 따뜻하게 불리는 이름은 서로가 아주 오래 전부터 알고 지내온 듯 묘하게 안정감을 주는 것 같아 좋았다.

누군가 내 이름을 불러준다는 건 '내가 지금 여기 잘 있다'는 자존감을 일깨우는 거였다. 그리고 나를 바라봐주는 타인이 있기에 내가 지금 이 순간 잘 살아야 할 의미를 준다. 그렇게 우리는 알게 모르게 서로에게 저마다의 의미 있는 꽃이 되며 사는 거겠지.

파리지앵처럼

가을이 막 시작되려는 9월 무렵 아는 언니와 집 근처 카페에서 늦은 점심약속이 있었다. 9시경 잠이 깼는데도 침대에서 일어나지 않고 뒹굴뒹굴 그대로 있고만 싶은 그런 날이었다.
'그래 오늘은 특별히 해야 할 것도 없고 오후에나 약속이 있으니까 조금만 더 있다 일어나야지.'
내 게으름을 정당화시키니 마음이 한결 편해졌다. 해가 중천에 떠있는 아침이나 벌건 대낮에 창문을 활짝 열어놓고 침대에 덩그러니 누워 아무 생각 없는 뇌 상태를 유지하면서, 그러니까 머릿속은 진공 상태처럼 멍하게 만들고 창밖으로 보이는 하늘을 맥없이 보는 걸 좋아한다. 날 좋은 날 시체처럼 누워 있으면 맨살에 느껴지는 어린 바람의 촉감과 바깥 공기의 냄새가 콧구멍 속으로 슬며시 들어와 예민하게 후각을 자극한다. 아주 기분 좋게.
그 높고 희끗희끗 푸른 하늘을 계속 보고 있으면 하얀 뭉게구름이 아주 천천히 모였다 흩어졌다 하는데 그렇게 한참을 보다보면 내 몸이 어린 바람의 옷을 입고 하늘을 둥둥 떠다니는 구름인 양 정신 상태는 흐릿흐릿 몽롱

한 상태가 된다. 그러다 다시 잠이 들곤 하는데, 잠이 들락 말락 하는 그때 그 무중력 상태의 몽롱함이 좋다. 사람마다 참선수행이나 힐링하는 법으로 이러저러한 것이 있다고들 하는데 해본 적이 없어 잘은 모르겠으나, 내게는 이 행위가 참선이고 힐링이다. 또 자꾸 끌리고 중독성이 강한 걸 두고 마약 같다고 표현하는 것처럼 뭔지는 몰라도 이런 상태의 기분 아닐까 싶을 정도로 매혹적이고 달달하다.

그날도 그러다 잠이 들어버려서 약속시간 30분 전에야 눈을 떴다.

"아이고, 내가 미친다, 미쳐."

혼자 구시렁대며 허겁지겁 세수만 하고 입고 자던 늘어진 연분홍색 반팔 티셔츠빈티지 스타일이라 목선에 구멍도 군데군데 있다 위에 대충 손에 잡힌 회색 스웨터 하나 껴입고 혹시나 감기 들까 스카프로 목을 두르고 허겁지겁 약속 장소로 퉁겨 나갔다. 물론 나는 조금 늦게 도착했고 언니는 노천카페에 앉아 저 멀리서부터 뛰어오는 내 모습을 보고 있었다.

"언니, 제가 좀 늦었어요. 미안미안요."

언니는 웃으며 말했다.

"어머 얘, 너 이젠 제법 파리지앵 같애."

"……."

파리에는 '파리지앵' 뉴욕에는 '뉴욕커'라 불리는 그 도시 사람들. 나도 파리에 오기 전에는 파리지앵에 대한 막연히 멋진 그림이 있었더랬다. 예전에 달콤하기만 했던 짧은 여행에서 만난 파리. 여행은 그 자체로 긍정 이미지라 그 순간 다른 문화가 시야에 들어오면 대체로 신비롭고 매혹적이다. 내가 열렬히 사모하는 그 사람이 뭘 해도 내 눈에는 다 좋아 보이는 것처럼 말이다.

그리고 수많은 매체를 통해 봤던 그 도시, 파리. 예술과 낭만 그리고 로맨스에 대한 직접적인 내레이션이 없었음에도 벌써 머릿속에는 '파리, 파리지앵, 예술, 낭만 그리고 로맨스의 도시'라는 이미지가 지워지지 않게 각인되었다. 파리지앵에 대한 이런 생각도 말이다.

화려한 치장 없이도 멋이 묻어나는 옷차림, 한 손에 바게트를 들고 걸어가는 사람들, 추적추적 내리는 비를 고스란히 맞으며 잔 추위와 비를 막으려고 트렌치코트 옷깃을 바짝 여미는 남자, 노천카페에서 에스프레소 한 잔 놓고 책을 보는 노신사, 센강 언저리에 걸터앉아 입맞추는 커플, 그 앞을 지나가는 바토 무슈Bateaux Mouches, 센강을 다니는 유람선 공원에 앉아 와인을 마시는 사람들.

물론 파리지앵의 모습이 내 생각과 크게 다르지는 않았지만 새롭게 알게 된 것은 나를 스쳤던 많은 파리지앵에게서 풍기는 냄새였다. 그건 '진한 향수 냄새, 식사하며 마셨을 와인냄새, 옷에 밴 찌든 담배냄새'였다. 파리의 인도는 두 사람이 나란히 걷기에는 좁은 길이 많다. 특별한 룰은 없지만 많은 사람이 한 번에 지날 때는 알아서들 양보하며 별 다툼 없이 한 줄로 앞 사람의 발걸음 속도에 맞춰 걸을 수밖에 없다. 그 모습은 마치 유치원생이나 초등학교 저학년생이 지도선생님을 따라 한 줄로 걷는 것처럼 보인다. 그러다 보니 반대편에서 오는 이와 스치는 그 짧은 순간, 동물적인 내 후각이 마시는 들숨과 함께 반응한다.

'여기가 프랑스지. 그리고 지금, 이 도시에서 나도 잠시 생활하고 있구나, 그들처럼 행동하며. 그렇다면 나는 파리지앵인가? 이방인인가?'

답 없는 독백이다.

살아보니 파리라는 도시는 사람에 대한 배려가 곳곳에 참 많다. 크고 자극적인 건물들이 숨 쉴 수조차 없게 즐비하지도 않고, 사람보다 차가 먼저인 그런 얌통머리 없는 길도 많지 않아서 거리를 꽤 걸어도 피곤하지 않다. 거리 곳곳에는 하염없이 걷다 앉아 쉴 수 있는 벤치도 많고, 동네마다 가까이에 공원도 많다. 내가 살던 동네만 하더라도 지도를 보면 집 주위에 크고 작은 공원이 대략 열 개는 되었다. 파리도 서울만큼 인구 밀집도가 굉장히 높을 텐데 말이다.

그러니 이런 환경의 도시에서라면 돈과 시간이 많지 않아도 여유는 누릴 수 있고 그것이 그들의 일상이다. 그곳에서 그 일상을 살아가는 사람이 파리지앵이고. 그런 소소함에서 느꼈던 파리지앵 개개인의 삶에는 '배려, 여유, 자유로움' 같은 것이 배어 있어 말로는 다 표현 못 할 부러움을 품었다.

그들은 햇빛 좋은 날에는 공원에 앉아 샌드위치나 샐러드로 점심을 해결하고 그대로 누워 일광욕을 즐기는가 하면 책도 보고, 잠도 자고, 운동도 하고, 심지어 윗옷을 훌렁 벗고 물구나무 서는 식스펙의 오빠들도 있다.

유독 내 눈에 들어온 한 사람. 그는 직장인 같았다. 잔디에 철퍼덕 앉아 유난히 쭉 뻗은 다리를 길게 꼬고 재킷은 옆에 벗어둔 채 타이를 느슨하게 풀고 샌드위치와 콜라를 먹으며 나처럼 멍하니 하늘도 보고 사람들도 구경했다. 다행히 나랑은 눈이 마주치지 않아 나는 그를 계속 볼 수 있었다. 잠시 그렇게 있더니 그는 그냥 그대로 누워버렸다. 한참을 봐도 뒤척임이 없는 걸 보니 쉬는 게 아니라 짧고 깊은 잠을 자는 것 같았다. 반짝이는 구두 앞코에 햇빛이 반사되어 이마 위에 포개진 그의 팔에 나도 모르게 시선이 머물렀다. 그러면서 괜한 오지랖이 발동하기도 했다. 묘한 연민과 함께 저러다 점심시간이 끝나는 것도 모르면 어쩌나 하는 우려까지. 다행히 내 우려와 달리 그는 잘 일어나서 두 팔을 크게 벌려 기지개까지 켜고 재킷을 툭툭 털며 공원 밖으로 걸어갔다. 그렇게 그들은 도시로부터 자기 방식대로 배려와 위로를 받으며 산다.

한국에 살면서 서울이라는 도시에서 위로를 받아본 적이 있던가? 나는 파리에 있는 순간에도 더더욱 그들의 자유로운 모습과 여유가 부럽기만 했다. 파리지앵의 모습과 같은 시간 한국에서 미친 듯 열렬히 움직이며 살아가는 사람들의 모습이 대비되며 알지도 못하는 그들에게, 그리고 이전에 그곳에서 똑같은 생활을 했던 내게 마음 한구석이 저릴 만큼 연민이 밀려왔다. 그리고 배려 없는 한국 도시에 화가 나 애먼 남의 나라 허공에다 이방인의 목소리로 한마디 휙 던졌다.

"에이 쌍!"

집으로 돌아가는 길에 빵집에 들러 바게트를 사고, 슈퍼마켓에서 야채며 우유도 사고 성당 앞 과일가게에 들러 과일까지 사니 봉투 가득 한 짐이다. 한쪽 어깨에는 가방을 메고 양손으로 봉투를 부둥켜안고 걷는데 봉투 위로 불뚝 튀어나온 바게트를 보자니 늘 있는 일상이었음에도 그 순간 한 컷의 사진이나 영상을 본 것처럼 '어 이러니까 딱 CF 속 한 장면이네'라는 생각이 들면서 웃음도 나고, 이 상황의 내가 파리지앵 같다는 생각이 들었다.

그 모습이 스스로에게도 낯선 걸 보면 아직도 이방인임을 인정할 수밖에 없지만 그래도 보내온 시간에 물들지 않을 수 없듯이 소극적이지만 내 라이프 스타일도 변해갔다. '문화는 학습되어진다'더니 나는 그렇게 시간을 삼키며 나도 모르게 아주 조금씩 파리 생활에 물들며 학습되어갔다. 밥 대신 바게트를 먹고 웬만한 비에는 우산도 없이…. 파리지앵 그들처럼 말이다.

내가 파리에서 파리지앵인지 이방인인지는 나만 느끼는 다분히 개인적인 감정에서 비롯되었다. 어떤 날은 파리지앵으로 어떤 날은 이방인으로 순간순간 내 감정이 나에게 읊조리는 것을 들었을 뿐이다.

'이방인'이라는 단어 자체가 쓸쓸하다. 그리고 서글프다. 내가 이 단어를 되새기며 이해하게 된 건 아마도 고등학생 시절 필독서라 해서 읽었던 까뮈의 〈이방인〉 때문이었을 것이다. 당시에는 제목도 영 마음에 들지 않고 억지로

겨우 다 읽고도 전혀 이해가 되지 않아 짜증만 났던, 또 이상한 주인공이라 생각했던 뫼르소의 무관심을 이제 조금 이해할 수 있다. 어느 도시에 살든 어떤 집단에 속해 있든 우리는 누구나 이방인일 수 있다. 그 속에서 그들의 삶을 단지 움직이는 피사체로만 인식하고 무관심하다면 말이다. 그곳이 아무리 내 나라고 내 직장일지라도 무관심 앞에서 나는 영원히 이.방.인이다.
그렇다면 '나는 파리지앵인가, 이방인인가?'
답할 차례다.
돌이켜보니 그곳에서 나는 파리지앵의 삶을 탐했던 이방인이었다.

프랑스 애들이 일하는 게 다 그렇지

오늘로써 벌써 일곱 번째 방문이다.
도대체 똑같은 서류를 몇 번을 제출하고 이곳을 더 방문해야 하는지.
'프랑스 애들이 일하는 게 다 그렇지.'
별반 새롭거나 놀랄 일도 아니지만 참을 수 없는 나의 분노게이지가 정점을 찍고도 계속 넘실댔다. 프랑스 국가에서 지원하는 사회보장제도 중 외국유학생들에게도 혜택이 있는 알로카시옹Allocation, 주택보조금이 있다. 대부분의 유학생은 그냥 '알로'라고 한다. 이 보조금을 신청하려면 C.A.F.라는 곳에 온라인으로 접수하거나 직접 방문해 신청서를 작성하고 요구하는 서류를 내면 심사 후 매달 일정금액이 신청인의 통장으로 들어온다.
대부분의 유학생이 유학 초기에 신청하는데 나는 1년이 훨씬 넘어서야 신청했다. 그것도 주위 친구들의 성화에 못 이겨, 나만 바보같이 남의 나라에서 이렇게 돈을 쓰면서도 버젓이 받을 수 있는 혜택을 못 받는 것 같아 그럼 늦게라도 해볼까, 라는 생각에 신청했다. 그런데 이게 이렇게 나를 바짝바짝 약을 올릴 줄은 상상도 못했고, 다른 친구들은 아무 문제없이 매달 통장에 찍히는 C.A.F.의 공돈이 우습게도 나의 승부 근성을 더 자극했다.
일반적인 경우 알로를 신청하면 별 무리 없이 바로 처리되는데, 나는 명확한 이유도 모른 채 계속 문제가 되었다. 그래서 르 꼬르동 블루에서 같이 공부하는 언니 동생들과 만날 때면 나의 알로는 빠지지 않고 등장하는 화젯거리였다.
온라인으로 신청서를 작성했는데, 한 번 해보면 어려울 게 없지만 처음에는 생소한 단어들이 어찌나 복잡하던지 꽤나 힘들었다. 게다가 제출해야 하는 서류는 뭐가 그리 많은지. 그렇게 모든 서류를 준비하고 우체국에 가서 등기로 붙이면 끝이라 생각했건만 나의 알로는 무려 7개월 동안이나 괴롭혔다.
프랑스는 아직도 공식문서는 편지로 주고받는 경우가 많다. C.A.F.에서 서류 중 하나가 누락되었으니 다시 보내라는 편지를 보내오면 나는 서류를 준비해서 다시 우편으로 보내는 식이다. 당연히 시간이 몇 배로 걸렸다. 나도 처음 한두 번은 우편으로 처리했는데 무엇 때문인지 누락되었던 서류를 매번 다시 보냈음에도 나의 알로는 내 통장에 찍히는 법이 없었다. 그후로도 대문 앞에 C.A.F.라고 도장 찍힌 우편물을 보는 게 한두 번이 아니었다. 연애편지도 아닌 우편물을 주고받기를 수차례.
"젠장 이게 뭐람? 이번엔 또 얘들이 어떤 서류를 내라는 거니?"
우편물을 받을 때마다 지칠 대로 지쳐 체념한 채 봉투를 열어보곤 했다. 역시나 너무나 공손하게 쓰인 공문서에는 내가 세 번이나 보냈던 같은 서류가 없다는 거였다. 그 순간 치밀어 오르는 후끈한 분노의 열기가 뒷목을 달구었다.
"이런 미친 것들 일을 똥구녕으로 하는 거야!"
그대로 있자니 도통 화가 풀리지 않아 엄한 지인에게 전화해 내 얘기만 폭풍처럼 쏟아냈다. 내 이야기를 다 들은 지인의 한마디.

"얘, 여기 프랑스잖니."
"아~ 이노메* 프랑스!"
C.A.F.뿐만 아니라 여기서 살다보면 이런 일이 허다하다는 건 나보다 먼저 와서 오래 살고 있는 사람들에게 익히 들어 알고 있지만, 왜 하필 나냐고!
내일은 프랑스어 실력이 되든 안 되든 서류를 직접 들고 찾아가 무조건 따져볼 요량으로 그동안 받고 보냈던 우편물이며 증거 서류들도 챙기고 할 말도 미리 간단히 적어놓고 말하는 연습도 해봤다.
'내가 이렇게 증거 자료가 다 있으니 니들은 내일 다 죽은 줄 알어'라며 이를 질끈 물었다. 그러면서도 그 비장함 속에 섞인 불안감 때문에 마음이 완전히 편치는 않았다. 이유는 내 언어실력으로 묻고 따질 말을 연습했다 해도 그걸 그냥 읽기만 할 수도 없고 혹시나 상대방이 하는 말을 제대로 알아듣지 못해 또 해결되지 않으면 어쩌나 하는 생각 때문이었다.
다음날 아침부터 서류를 챙겨 C.A.F.에 도착했다.
허걱! 내 앞으로 번호표를 받기 위해 줄을 선 사람이 족히 서른 명이 넘었다. 그래도 어쩌겠는가, 기다려야지. 그렇게 줄을 서서 기다리자니 '아, 이러다 또 점심시간에 걸리는 거 아냐? 애들 일하는 속도가 세월아 네월아 할 텐데.' 빨리 해치우고 싶은 마음에 조급함만 쌓였다. 멍하니 서서 내 앞에 서있던 사람들이 한두 명씩 사라지는 속도를 시간과 대비해 계산해가며 내 차례가 올 시간을 따져보고 핸드폰만 만지작거렸다. 드디어 한 사람만 지나면 내 차례다.
유리막으로 방어벽이 굳게 쳐진 창구 안 상담원의 인상을 살폈다. 이왕이면 인자해 보이는 중앙의 직원에게 가고 싶다고 계속 되뇌는데, 다행히도 내가

---

* 파리에서 살면서 내 심사가 뒤틀릴 때 프랑스는 이노메 나라다. 남편이 얄미워 친구들과 서로 남편을 싸잡아 폭풍 욕할 때면 이 인간, 그 인간 하듯이 나오는 무관한 지시명사처럼 말해야 속이라도 시원하다.

생각했던 그 상담원에게 가라는, 아주 뚱뚱한 흑인 경비원아저씨의 수신호를 받고 그에게로 향했다. 마음에도 없는 가식적인 미소를 가득 머금고 말이다.
가련한 눈빛과 입꼬리에 걸친 어색한 미소를 절대 무장해지하지 않고 상담원에게 내 서류며 지금까지의 자초지종을 아주 천천히 설명했다. 그런데 지금까지의 모든 오류를 한 번에 다 해결해줄 것 같던 인상의 직원이 내 이야기를 다 듣고 준 건 나와 같은 가식적인 미소와 달랑 손톱만한 번호표 한 장이었다.
그곳에서는 간단한 서류만 접수하고, 상담할 것이 있으면 대기의자에 앉아 기다렸다 순서가 되면 안에 있는 창구 직원에게 다시 말하라는 거였다.
'아, 진짜. 그럴 거면서 왜 내 말을 다 듣고있냐고요. 그리고 왜… 아, 정말!'
짜증은 났지만 어쩌겠는가! 생각해보면 그 직원은 그가 해야 할 일을 성실히 했을 뿐인데. 의자에 앉아 머릿속으로는 조금 후에 있을 법한 가상의 시나리오 대사를 읊으며 그렇게 또 두 시간을 기다려 내 차례가 되었다. 그렇게 오전 내내 지루하게 기다렸는데 그 성과는 고작 상담원과 내 서류를 놓고 5분 정도 대화한 게 다였다. 내가 4분 그가 1분.
그 직원도 어눌한 내 말이 답답했을 테지만 그래도 잘 참고 들으면서 동시에 컴퓨터로 내 기록을 살핀 후 하는 말은 이랬다.
"아, 그러세요. 우리가 하는 일이 분리되어 있어서 지금은 유감스럽게도 답변을 드릴 수가 없네요. 일단 서류가 누락되었다니 오늘 그 서류를 제출하고 기다리시면 될 거예요."
가져갔던 서류를 놓으며 '네 알겠습니다'라는 어쩔 수 없는 수긍의 한마디와 마음 가득 부정의 돌덩어리를 안고 돌아나올 수밖에 없었다. 그렇게 몇 시간을 기다려 달랑 5분 이야기하고 결국에는 똑같이 서류만 내고 돌아오는 길, 왜 자꾸만 얼마 뒤면 분명 똑같은 우편물을 받을 거라는 불길한 예감만 드는 걸까?
불길한 예감은 빗나가는 일이 없다더니만 역시나 그후로도 약이 오를 대로 올라가며 7개월 동안 같은 일을 반복했다.
지긋지긋한 C.A.F.의 회전문. 건조한 뚱뚱이 흑인아저씨. 회전문 안에 썩은 나무처럼 서서 마음속으로 빌어본다.
"정말이지 여기 올 일이 오늘 이후로 두 번 다시 없기를. 오늘 상담원이 제발 똑똑한 사람이어서 그동안의 내 노고를 한 번에 끝내주길. 감정 상해 싸우지 말았으면. 이곳을 나갈 때 웃으며 가볍게 나가기를. 제기랄!"
내 프랑스어 구사력은 5, 6세. 그런데 감정 센서는 40대. 이런 사태가 일을 요꼴로 만들었나 싶어 내 자신이 한심했다.
내 차례다.
똑같이 자초지종을 설명하고 기다렸다. 머쓱히 서있는 나와 유리 하나를 맞대고 꼿꼿이 앉아 있는 상담원 사이에 잠깐의 침묵이 흘렀다. 여자 손 치고는 크고 굵은 손목으로 머그컵을 들어 짧게 한 모금 마시더니 흐트러짐 없이 딱 있던 자리에 내려놓는데, 그 순간 그녀에게서 묻어나는 포스가 장난이 아니더라.
'아, 이 상담원 좀 무섭고 차갑다!'
찰나의 느낌이 너무도 생생하게 온몸에 훅하고 들어왔고, 나도 모르게 고개가 옆으로 삐딱하게 바닥을 향해 떨구어졌다. 아마도 그 순간 누군가 내 꼴을 봤다면 잘못해서 선생님 앞에 불려간 학생 같았을 것이다. 아직 그녀의 목소리도 못 들었는데 말이다. 마침내 들은 그녀의 어투와 목소리는 내 상상만큼 무게감이 느껴지진 않았다. 오히려 지극히 평범해서 그녀의 외모와는 전혀 어울리지 않는다는 생각에 실망스럽기까지 했다.

'별꼴이 반짝반짝이지 나도 웃긴다. 웃겨. 찢어지는 목소리건 콧소리건 나랑 무슨 상관이라고. 그냥 나는 오늘 내 일을 잘 끝내고 가는 것만 생각하자.'
그녀는 모니터를 보며 크고 굵은 오른손으로 마우스를 움직이며 말했다.
"여기 보니 당신이 말한 대로 서류들이 다 있네요."
나는 C.A.F.로부터 받은 우편물을 내밀며 확인했다.
"그럼 이 서류도 제출했는데 확인되나요?"
"네, 1월 8일 날짜로 확인되네요."
사람의 감정이란 두드리면 두드릴수록 울림이 더 크고 넓게 퍼지는 북소리처럼 이런 상황이 한두 번이 아니니 그다지 놀라울 일이 아니었음에도 매번 기가 막히고 어처구니가 없어 감정이 또 상했다. 나는 얼굴의 모든 근육을 다 써가며 관조적 태도를 내뿜으면서 지적했다.
"그 서류는 내가 12월 중순경에 직접 여기 와서 제출한 거라고요."
그녀도 여기서 확인되는 것만 알 수 있지 다른 건 모른다며 일격을 날렸다.
"다른 서류는 다 확인됐으니 됐습니다 그런데 집세화인서가 8월까지뿐이네요? 지금 2월이니까 지난 1월까지 내신 영수증만 제출하시면 되겠네요."
"뭐라고!!!"
정말 이런 상황에 욕이라도 실컷 퍼부을 수 있다면 그렇게 하고 싶었다. 그런데 할 수 없었다. 아니 못한다.
'아!!! 진짜 싸우고 싶다. 너랑, 아니 여기 제일 높은 사람이랑.'
내가 서류를 제출한 게 9월이니 당연히 8월까지만 있을 테고, 그동안 엄한 서류를 가져오라 해서 시간이 흘렀다. 이해는 하지만 또 서류를 내야 한다는 말에 분노게이지가 머리를 뚫을 기세였다.
그런 내 마음을 읽었는지, 빨리 처리하기 위해서 그러는 거라고 했다. 내가 여기서 되도 않는 내 프랑스어 실력으로 화를 내고 싸워야 하는지, 얼른 집

으로 달려가 서류를 챙겨 오늘로 말끔히 끝내야 하는지? 갈등! 갈등! 갈등! 여기에 두 번 다시 오고 싶지 않고, 꼴딱 넘어갈 정도로 화가 났지만 격한 감정에 이끌려 일을 망치지 않도록, 현명하게 생각해서 꾹 참고 집에 갖다 오기로 했다. 그리고 그녀에게 내가 지금 다시 서류를 챙겨올 테니 다시 번호표를 뽑지 않고 그녀에게 바로 오겠다는 확인을 하고서야 그곳을 나왔다.
"그래, 내 나라가 아닌 외국에 살면서 이럴 수도 있지. 내가 말이 안 되니 고생일 수밖에. 인정하자, 인정해."
C.A.F.에서 집까지는 걸어서 30분 거리다. 마음을 비우며 뚜벅뚜벅 걸어가는데 이게 웬일인가, 생각지도 못했건만 내 눈에 번쩍 보이는 곳이 있었다. 바로 내가 사는 집을 관리하는 아장스였다. 아장스는 C.A.F.에서 조금 빠른 걸음으로 5분 거리에 있다. 그 순간 머릿속을 스치는 깨알 같은 아이디어.
'그래, 집까지 갈 필요 없이 아장스에 가서 부탁하면 되잖아. 나에게 이런 행운이 있을 줄이야.'
조금 전의 분노는 어디로 가고 오히려 해피하기까지 했다. 그렇게 아장스에서 집세영수증을 받아 여직원 앞으로 가서 밝게 웃으며 건넸다.
"이젠 정말 모든 서류가 다 된 거 맞죠?"
"네, 다 있으니 걱정 마세요. 그런데 집이 가까운가 봐요? 빨리 오셨네요?"
"아뇨. 엄청 먼데 날아갔다 왔어요."
웃는 척 입꼬리를 살짝 올려 비아냥거리며 말하고 그 길로 나와버렸다. 그리고 정말, 그 여직원과의 만남을 끝으로 두 번 다시 가지 않았다. 물론 이 싸움의 끝은 해피엔딩 나의 승리였고, 한 달 후 내 통장에는 C.A.F.에서 보내준 2000유로가 조금 안 되는 돈이 한 번에 입금되었다. 프랑스 일반인의 한 달 월급 정도의 큰돈을 받은 것도 기뻤지만, 가만히 생각해보면 외국에 살면서 말을 제대로 못해 그저 참을 수밖에 없는 부당한 경우들에 더 오기가 났던 것 같다.
'이건 돈이 아니라 이상한 프랑스 애들과 투쟁해서 얻은 결과야!'라는 생각이 들었고, 이 일은 두고두고 잊을 수 없는 에피소드 가운데 하나가 될 것이었다. 그런 돈을 막 쓸 수가 없었다. 그래서 어떻게 사용할지 고민했다.

- 그동안의 마음고생을 보상할 만한 것!
- 무조건 남김없이 한 번에 다 쓸 것!

이 두 조건을 정하고 며칠 뒤 가방을 챙겨 헝가리 부다페스트로 떠났다. 부다페스트 공항에 도착해서 끝없이 이어질 것만 같은 강변을 따라 숙소로 가는 차창 밖은 온통 오렌지 빛 은은한 야경이었다. 그 풍경은 그동안 지지리도 화가 나 상처받은 내 감정을 위로했고, 더해서 프랑스에 살며 모래알처럼 작아 그 하나하나의 무게는 느끼지도 못했던 상처들이 쌓여 끝내 돌멩이가 되었던 그 모든 상처마저 가져가버렸다.

진심의 종류

내가 정의하는 멋진 사람은 이렇다.
'미안해, 고마워' 두 단어를 타인에게 진심으로 말할 수 있는 사람.
파리에서 사람들과 부대끼며 삶의 지침 N.154로 추가시킨 고마운 교훈이다.
프랑스어 중에 '파르동Pardon'과 '메르시Merci'라는 말이 있는데, 만일 당신이 프랑스를 여행한다면 이 두 단어를 가장 많이 듣게 될 것이다. 어렴풋한 기억을 떠올려보면 여행책자에도 이 정도는 알고 가야 한다고 친절히 안내하는 말이었던 것 같다. 파르동과 메르시를 사전에서 찾아보면 이렇다.

   Pardon 1. 죄송합니다 2. 실례합니다, 괜찮으시다면 3. 뭐라고요?
   Merci 감사, 사례, 감사의 말

맞다. 아주 정확하게.
메트로나 도로, 슈퍼마켓, 공원 등 사람들이 오가는 곳 어디서건 서로 살짝 부딪히거나 상대방의 발이라도 밟으면 누구든지 먼저 파르동, 하며 미안합니다, 라고 말하고, 먼저 앞질러가야 한다든지 양해를 구해야 하는 경우도 파르동, 하며 실례합니다, 라고 한다. 메르시 역시도 눈곱만큼 작은 친절에도 항상 하는 말이다.

처음에는 프랑스의 이런 매너가 무척이나 좋아 보였다. 사람들이 이리 친절하고, 항상 웃으며 먼저 미안하다 말하니 나와 직접적인 관계가 없는 타인 때문에 아침부터 불쾌해서 기분 망칠 일도 없거니와 불쾌하다는 감정이 올라오기도 전에 상대방이 미소로 미안하다 하는데 얼마나 좋은가 말이다.

서울에서는 지하철이나 마트같이 사람이 많은 곳에 가면 으레 한두 번씩은 자기밖에 모르는, 아니 아예 개념 없는 인간들 때문에 싸움이라도 날까 딱히 말은 하지 않지만 기분 상하는 일이 종종 있었기 때문에 자꾸 비교되면서 그 모습이 더 좋게 보였던 것 같다. 좋은 건 빨리 따라 하고 싶은 것처럼 나 또한 프랑스 매너 문화에 익숙해져갔다. 내가 본 모습저럼 프랑스인이라면 모두가 다 그렇게 매너가 철철 넘친다고 착각하면서 말이다.

내 입장을 디테일하게 설명했더라면 해결될 문제가 프랑스어를 모국어처럼 유창하게 할 수 없어서 어렵게 꼬인 경우가 종종 있었다. 분명 상대방이 실수했음에도 사과는커녕 자기들 입장에서만 말이 되는 이상한 궤변을 줄줄이 늘어놓아 억울하기도 했다. 그럴 때마다 프랑스인의 그 좋던 매너는 어디까지가 진심이고 가식인지 의문이 들었고, 새삼 타인과 내가 일직선상에 놓이지 않았을 경우에만 그 알량한 매너가 충족되는 경우가 더 많다는 걸 알아버렸다.

프랑스건 한국이건 사람의 됨됨이에 따라 다르겠지만, 프랑스라는 남의 나라에서 이방인으로 살다보니 몇몇 프랑스인 때문에 유독 프랑스 애들이 더 자기 실수를 쿨하게 인정하려 들지 않는다고 믿어버리게 되었다.

피에르 에르메Pierre Hermès에서 스타주Stage : 실습, 연수를 할 때의 일이다.

나는 르 꼬르동 블루를 졸업하고 운 좋게도 디저트를 하는 사람이라면 누구나 동경해서 한번쯤 일해보고 싶은 피에르 에르메에서 12월부터 1월까지 2개월 동안 인턴으로 일하게 되었다. 이 시기가 일 년 중 가장 바쁜 연말연초라서 20명가량의 셰프는 24시간 3교대 근무를 해가며 미친 듯 일해야 했고, 나 같은 실습생도 디저트를 만들기 위한 가장 기초적이고 잡다한 일을 쉴 틈 없이 해야만 했다.

그렇게 한 보름쯤 일을 했을 때인데 직원 중 한 여자아이와 문제가 생기고 말았다. 지금은 그 아이 이름도 기억나지 않을 정도로 희미해졌지만 그때 그 불쾌한 감정은 아직도 사그라지지 않는다.

그곳에서 일하는 20명가량의 직원 구성은 평균연령이 20대 후반 정도, 남녀 비율은 8 : 2다. 그러다 보니 분위기는 거칠 대로 거칠고 몇 안 되는 여자들도 힘이 장사고 웬만한 남자 저리 가라 할 정도로 팔뚝 두께가 살벌했다. 게다가 각자 맡은 일을 제시간에 끝내야 하니 기계처럼 말도 없이 미친 듯 일만 한다.

그 분위기며 알아듣지 못하겠는 남자아이들의 은어 섞인 빠르고 거친 말투며, 뭐든 시키는 일은 빨리빨리 정확하게 해야 하는 상황에 이미 나는 어수선하기만 했고, 학교만 졸업했지 아무것도 모르는 코 찔찔 흘리는 어린애처럼 시키는 것도 한 번에 딱딱 못 하니 주눅이 들 수밖에 없었다.

하루는 그 여자아이의 지시에 따라 일해야 하는 날이었다. 그런데 내게 일을 시킬 때 말투가 딱히 뭐라 할 순 없지만 그 미묘한 감정과 행동이 분명 나를 못마땅해 하고 있다는 듯 퉁퉁거리곤 했다. 왜 그런 사람 있지 않은가, 괜스레 사람 눈치 보게 만드는 인간들.

그래서 그 여자아이와 어쩔 수 없이 한 팀이 되어 일을 해야 하는 경우를 제외하고는 아예 그녀에게서 멀리 있으려 했다. 말이 통하지 않아도 기운으로

세계 최고의 파티시에 피에르 에르메와 함께

서로 느끼는 것인지 그 아이도 내가 자기를 별로 내켜 하지 않음을 알고 있는 듯했다. 영악하게도 그곳에서는 내가 자기보다 약자라는 것도. 그래서 그랬을까? 그 아이는 그때부터 묘하게 나를 건드리기 시작했다.

많은 사람이 한 공간에서 일을 하니 물건을 꺼내거나 움직일 때 서로 부딪치는 것은 당연하다. 그럴 때면 누가 먼저랄 것 없이 웃으며 파르동 하고, 만약 내 옆에 있던 물건을 부탁받아 건네줄 때는 너무나 당연히 메르시라고 한다. 그런데 그녀는 내가 있는 곳의 물건을 가져가야 할 때 절대 먼저 그 흔한 파르동을 하지도 않는데다, 오히려 매번 신경질적인 행동으로 나를 툭툭 밀치거나 슬쩍 치며 가져가곤 했다. 간혹 내가 싫은 내색이라도 하며 노려보면 그제야 눈을 옆으로 깔고는 마지못해 파르동이라고 겨우 한마디 던지곤 했다.

처음 몇 번은 그냥 너무 바빠서 그랬겠지, 생각하며 넘어갔는데 어느 날 보니 나와 같은 스타쥬 생인 중국아이에게는 웃으며 파르동, 메르시라고 하는 것이다. 그 찰나의 순간에 나는 그 아이 얼굴에서 보았다, 천사와 악마를. 내게 그녀는 그저 못된 악마처럼 느껴졌으니까. 대놓고 드러내진 않았지만, 분명 그녀는 나를 괴롭혔고, 나를 밀칠 때면 보란 듯이 중국아이에게는 더 상냥하게 대하며 희열을 느끼는 듯했다.

그럴 때마다 들었던 생각이 이런 상황에서는 내 감정이라는 것도 딱 내 언어 수준만큼만 느껴지고 말면 좋으련만, 내 언어 실력은 묻고 따지기에는 한참 부족한 어린애인데 불쾌한 감정은 내가 살아온 인생만큼이나 강하게 알아채버리니 이게 미치고 환장할 노릇이었다.

'말 못하는 내가 참자. 아니, 미친년한테는 똑같이 해줘야 해. 아, 일도 힘들어 죽겠는데 왜 저 돌아이 때문에 이런 스트레스까지 받아야 해. 제기랄!'

별별 생각을 다하며 그 여자아이가 내쪽으로 오는 것 같으면 나도 모르게 신경이 쓰이고 기분이 나빠져 긴장했다. 그러면서도 매번 이렇게 이유도 없이 마냥 당할 수만은 없다는 생각에 계속 벼르던 중, 그 여자아이가 내 옆 서랍을 열면서 일은 터져버리고 말았다.

그녀는 예전과 다름없이 '네가 여기 있어서 귀찮다'는 듯 나를 휙 밀며 파르동이라고 했고, 그 순간 내 감정은 탄산이 가득 찬 맥주병을 한동안 흔들었는데 미처 예상 못한 타이밍에 뚜껑이 열려서 주체할 수 없을 정도로 줄줄 넘쳐흐르는 거품 같았다. 주위의 작업과 사람들의 움직임이 멈췄고, 오직 그 아이에 대한 분노만 느껴지는, 완전히 돌아버린 상태가 되었다. 매너나 이성 따위는 아예 던져버리고 그녀가 내 주위를 떠나기 전에 그동안 차곡차곡 쌓였던 분노가 그 공간을 다 울릴 정도의 한국말로 터져나왔다.

각자 일로 바삐 움직이던 모두가 깜짝 놀라 일제히 멈추고 적막만이 흘렀다. 그 여자아이 얼굴에서 순간적으로 당황한 기색을 억력히 보았나. 나 또한 내가 만든 그 분위기에 몹시 당황했고, 이대로 더 큰소리를 냈다가는 퇴출될 텐데, 하는 걱정과 어차피 벌어진 일 주워 담긴 틀렸구나, 하는 생각이 엇갈리면서 그 짧은 순간에 어떻게 해야 할지 엄청나게 갈등했다. 하지만 그때의 내 감정은 '여기서 쫓겨날 때 쫓겨나더라도 이대로 나갈 수는 없다'였다. 그동안의 부당함은 따져야 했고, 무엇보다 그 미친년에게 똑같이 해주고 싶었다. 결정 끝, 복수 시작이다.

"너 나한테 왜 그러는데! 넌 에티켓이 뭔지도 몰라? 내가 매번 너한테 이러면서툭툭 치며 파르동이라고 하면 넌 어때! 기분이 어떠냐고! 좋아? 괜찮은 거지?"

나는 비아냥거리며 그 아이의 뺨 아래의 어깨인지 가슴 주변인지를 기분 나쁘게 툭툭 치며 흥분해 말했고, 그 아이는 아주 당황해하면서도 아닌 척 오히려 기가 막히다는 듯 그 두꺼운 팔뚝으로 팔짱을 끼고 삐딱하니 서서 도

도한 태도로 나를 노려보았다. 내가 예상했던 대로.
'너도 알량한 프랑스인이니까.'
마음속으로는 '흥분하지 말자 흥분하면 지는 거야. 이것들처럼 조곤조곤 할 말을 해야 해'라고 몇 번이고 되뇌어도 주위에 삼삼오오 몰려든 사람들 때문인지 격한 감정 때문인지 내 목소리는 떨렸고, 눈에는 금방이라도 쏟아져 흐를 것처럼 눈물이 맺혔다. 눈물이 맺힐수록 더 악이 오르며 이를 악물고 내가 오늘 어찌 되든 저 미친년에게 기필코 사과를 받고야 말겠다고 생각했다. 그 사이 우리 주위에는 더 많은 사람이 몰려들었고, 책임 셰프까지 왔다.
"도대체 왜 이렇게 시끄러워! 너랑 너, 무슨 일이야?"
상하 구조가 강한, 소위 노가다 현장에서는 책임 셰프의 한마디 한마디는 명령이나 다름없기 때문에 순식간에 정적이 흘렀다. 상황을 설명하려니 떠듬떠듬 말을 제대로 못하는 데다가 억울한 마음이 앞서 울컥 눈물이 났다. 격한 감정 때문에 어떻게 설명했는지는 잘 기억나지 않지만 그래도 꾹 참고 자초지종을 설명했다.
그 다음에는 그 아이가 뭐라고 한참을 이야기하는데, 결국 자기는 쟤가 왜 그러는지 모르겠다. 쟤가 오늘 좀 피곤해서 예민한 것 같은데 별거 아니라는데, 그 꼴이 너무 얄밉고 어처구니가 없어서 정말 후려갈길 수만 있다면 그대로 뺨이라도 한대 날리고 이곳을 박차고 나가고 싶었다. 하지만 그건 마음일 뿐 나는 그냥 기도 안 차다는 듯 노려만 보았다. 셰프는 그런 내 꼴을 보고 물었다.
"그래서, 넌 어쩌겠다는 거야?"
나는 당당히 말했다.
"난 당연히 이 자리에서 저 아이한테 사과를 받아야만 해."
셰프도 기가 막히다는 듯 잠깐 고개를 숙여 고민하다가 짜증스럽게 그 아이

한테 말했다.
"야, 사과하고 빨리 끝내."
그런데 그 미친년은 사과는커녕 뭔 설명이 그리도 긴지 한참을 설명하고 또 설명하는데 셰프가 말을 딱 잘라버리며 격앙되게 말하고는 쌩, 나가버렸다.
"사과하고 끝내라니까!"
물론 그 상황에서 셰프의 말은 거스를 수 없는 명령 아닌 명령이라는 걸 바보가 아니라면 모두 알 만한 분위기였고, 그 아이가 동의하지 못하더라도 나에게 사과하고 이 일을 종료해야만 한다는 것 또한 모두가 알았다.
그 사건은 그렇게 찝찝한 사과를 받고서야 일단락되었다. 그런데 어찌 되었건 사과를 받았음에도 억울함이 가시지 않아 곧장 화장실로 달려가 펑펑 울었다. 부당했던 상황을 말로 다 표현하지 못하는 내 언어의 무능함과 이미 알고 있었지만, 그들에게는 존재 가치도 별로 없는, 잠깐 머물다 갈 귀찮은 스타쥬 생이라는 내 입장이 여실히 드러난 것 같아 더 눈물이 났다.
이후로 그 여자아이는 그런 짓을 두 번 다시 하지 않았고, 나도 부당한 일에 마음 상하는 일이 생겨도 '이런 곳은 원래 이런가 보다'라고 생각하며 계약 기간이 끝날 날만을 기다리며 일했고, 시간은 지나갔다.
반대로 진심으로 사과하고 고마움에 감사할 줄 아는 의외의 프랑스인을 만날 때도 있다. 사소한 실수에도 기꺼이 먼저 사과하는 모습에 절로 그 마음을 느낄 때는 오히려 내 마음이 숙연해진다. 그리고 두고두고 그 사람이 참으로 멋져 보인다.
머리로는 알고 있어도 미처 깨닫지 못했던 나의 모습을 타인을 통해 비춰보듯 나 역시도 미안할 때 고마울 때 진심으로 제대로 말하고 살았는지 생각하게 된다. 어떤 순간, 마음은 있었지만 나로 인한 타인의 상처보다는 내 알량한 자존심 때문에 해야 할 때 하지 않았거나 혹은 타이밍을 놓쳐 하지 못

했던 기억들이 스쳐가면서 결국에는 타인의 마음에 멍울을 남긴 건 나도 그 여자아이와 다를 것이 없다는 생각이 들었다.

얽혀 살다보면 서로에게 실수도 할 수 있고, 서로의 생각과 맞지 않을 때도 있다. 내가 나에게 또 그들에게 바라는 것은 미처 하지 못했던 그 한마디 때문에 서로의 마음 한 귀퉁이에 멍울로 남지 않도록 미안할 때 정말 미안하다고, 고마울 때 진심으로 고맙다는 용기 있는 말 한마디 건넬 수 있는 멋진 사람이고 싶다.

예약하셨나요?

프랑스에서 일부 목적을 갖는 발걸음에 예약은 특별할 것 없는 절차다. 아파서 병원을 갈 때도, 모처럼 밥다운 밥을 먹고 싶어 레스토랑을 가야 할 때도, 은행담당자를 만날 때도 예약을 하지 않고서는 좀처럼 쉽게 되는 것이 없다. 살다보면 다급하게 처리해야 할 일이 있기 마련인데 미리 예약하지 않으면 다급한 일도 그저 개인적 문제로 치부된다. 물론 따져보면 다 개인적 문제이긴 하다.

파리에 살면서 내가 여러 번 낭패를 본 건 단지 이런 예약문화가 어디서부터 어디까지 행해져야 하는지 잘 몰라서이기도 했고, 이 정도 일을 예약까지 해야 하나, 라는 순간순간의 문화 마찰 때문이기도 했다.

이들에게는 당연한 문화가 나에게는 거추장스럽고 불편했던 것은 어쩌면 당연하다. 왜? 나는 그렇게 안 살아봤으니까 말이다. 한국에서야 정기적으로 다녀야 하거나 큰 질병이 아니고서는 길을 가다가도 아프다 싶으면 바로 들어갈 병원이 널려 있고, 식당도 그냥 마음에 드는 곳에 들어가서 먹을 수 있다보니 굳이 예약 없이도 편히 살 수 있다.

하지만 파리에서는 아파서 곧 죽을 것 같아도 예약을 하지 않았으면 병원 문도 열어주지 않을 뿐 아니라, 병원 안은 구경도 못 하고 밖에 있는 인터폰을 통해 예약하고 다시 오라는 말을 들을 수 있을 뿐이다.

허리를 삐끗했을 때의 일이다. 전날 특별히 무거운 짐을 든 것도 아니고 넘어진 것도 아닌데 아침에 침대에서 일어나려는 순간 옴짝달싹할 수 없는 것이 허리를 펼 수도 없었다. 겨우겨우 몸을 옆으로 돌리며 힘껏 숨을 몰아 후, 내쉬며 간신히 일어나서 파스를 붙이고 학교에 갔다. 통증 때문에 똑바로 펼 수 없는 상태로 수업 내내 딱딱한 의자에 앉아 있으려니 고역도 그런 고역이 없었다.

걸을 때마다 욱신거리고 울려서 허리에 올려놓은 손을 떼지도 못하고 집으로 돌아오는데, 불현듯 번뜩이는 것이 집 바로 앞에 있는 물리치료실이었다. 프랑스는 정형외과에서 물리치료를 하지 않는지 전문적으로 물리치료를 하는 곳이 따로 있다. 그곳도 물론 당연히 예약을 해야 하겠지만 혹시나 운이 좋아 예약을 취소한 사람이 있다면 내가 할 수도 있지 않을까, 라는 기대를 갖고 어차피 바로 집 앞이니까 가보자라는 생각으로 향했다.

마침 밖에서 담배를 피우고 있던 직원 두 명이 내가 문을 열려고 하자 무슨 일이냐고 물었다. 한 손은 허리를 잡은 채 곧 죽을 것처럼 아파하며 예약은 안 했는데 허리가 아파서 물리치료를 받아야 할 것 같은데 혹시 오늘 가능한지 물었다. 역시나 대답은 '할 수 없다'는 말과 함께 '예약하고 다시 와야 한다'였다.

익히 알고 있던 사실에 허탈해하며 점심시간이 끝나길 멍하니 기다렸다. 다행히 대기자가 없어 바로 예약을 하며 내가 치료실 앞 4층에 사는데 혹시 예약을 취소한 사람이 있으면 언제든 좋으니 전화를 주면 5분 안에 내려오겠다고 차마 달려오겠다고는 못 했다 신신당부까지 했다. 메모지에 전화번호와 이름도 남기고 말도 안 되는 이 주 뒤의 예약을 잡고 서글픈 마음으로 귀가했다. 한국 같으면 얼른 정형외과나 한의원에 가서 물리치료를 받든가 침을 맞으면 금방 나을 텐데 파리에서 할 수 있는 것은 고작 한국 파스를 붙이고 전기장판에 누워 온도를 올리는 것뿐이니 답답하기만 했다.

'이노메 나라는 갑자기 아픈 사람은 어떻게 살까? 이 주 뒤 예약이면 그 전에 다 낫지! 아가들이 열이 올랐다 내렸다 하면 그땐 어째? 그래도 예약하고 일이 주를 기다리나? 엄청 아프면 응급실이라도 가겠지만 그것도 아니고, 그렇다고 참기에는 고통스럽고. 진짜 뭔가 이상한 시스템이다.'

대낮에 병자처럼 누워 혹시나 올지 모를 전화 때문에 잠도 못 자면서 '그노메 예약! 지겹다 지겨워'라며 구시렁거렸다.

집 앞 물리치료실에서는 당연히 5시가 넘도록 전화는 오지 않았고, 다행히도 이틀 후쯤에는 허리도 정상으로 돌아왔다. 물론 허리가 다 나아서 그곳에 다시 가야 할 이유도 없었지만 나도 이 주 후의 예약은 까맣게 잊어버리고 있었다.

파리에는 우리나라처럼 친절한 문자알림서비스 같은 것은 절대 있지도 않을 뿐더러 만일 내가 이 주 후에 병원 예약을 깜빡 잊고 가지 못했다면 또다시 예약을 잡고 또 그만큼 기다려야 하기 때문에 웬만해선 처음부터 안 가고 만다. 때문에 중요한 업무는 수첩 메모는 필수고 핸드폰 알람이고 달력이고 다 체크해놓고 신경 쓰고 또 체크한다.

예로 은행업무 같은 경우 한국에서는 본인이라면 그 자리에서 해결될 간단한 일이라 '이 정도는 뭐'라는 생각에 직접 창구로 찾아가도 해결되는 일은 거의 없다. 으레 담당자와 약속을 잡고 예약을 하고 며칠을 기다린다. 프랑스 은행에서는 제일 처음 구좌를 열 때 담당자가 정해진다. 그 담당자가 나에 관한 모든 은행 관련 자료를 가지고 있기 때문에 용건이 있으면 메일이

나 창구를 통해 내 담당자와 만날 약속을 미리 정한 후에 업무를 본다. 예약 당일 담당자와 만나 악수하고 인사하고 담당자 방에 들어가 앉아 기다리기까지 했는데, 3분이면 끝날 간단한 일이라 연구스러울 때가 수두룩하다.

바로바로 해결해야 하는 개인 입장에서는 '이 얼마나 소모적인가? 융통성이라고는 없어도 너무 없는 거 아닌가?'라는 생각은 들지만, 그만큼 정확하고 확실하기 때문에 조금 불편해도 이것저것 따지고 확인해야 성이 풀리는 이들에게 예약은 일상의 한 부분이다. 단지 그렇게 살아오지 않은 나의 불편은 다분히 개인적인 것이고, 이곳에서의 서투른 일상이라고 느낄 뿐이다.

예약이라는 시스템은 좋은 점이 더 많다. 말 그대로 미리 정한 약속이기 때문에 그 시점에서 변동이 있지 않는 한 그리 행해지는 것이 당연한 일이고 또 일하는 사람 입장에서나 행하는 사람 입장에서도 계획되지 않은 일 때문에 어수선하고 번잡스러울 일 없어 계획적이고 합리적이기 때문이다.

우리네 식당이 생각난다. 예약을 받지 않으니 좀 유명하다 싶으면 언제 차례가 올지도 모르면서 길게 줄서서 기다리는 수고쯤은 당연히 겪어야 하고, 식당 안에서 식사를 하고 있는 사람은 밖에서 기다리는 사람들 때문에 눈치가 보여 빨리 먹고 나가야 할 것 같은 기분마저 드는 경우도 있지 않는가.

그렇다면 '프랑스에서 식사하려면 모두 예약해야 하는 거냐?'고 물으면 그건 아니다. 비스트로Bistro나 브라스리Brasserie라고 해서 우리네 카페처럼 간단한 식사나 음료를 먹을 수 있는 곳은 특별히 예약이 필요하지 않다.

예약 문화가 다 좋은 건 아니겠지만, 그래도 '미리 정한 약속'이기에 좀 더 합리적인 삶을 계획할 수 있지 않을까? 서로 꼬리에 꼬리가 물려 자를 수 없는 문화가 아니라 미리 약속으로 계획했고 확실하기 때문에 불편해도 민폐가 되지 않는 그런 문화 말이다. 여행도, 일도 예약된 대로.

저 앞의 인생도 내 마음이 원하는 대로 예약되면 얼마나 좋을까?

백 개의 슬픔을 녹이는 작은 사치

옆집 할아버지는 그냥 봐도 족히 팔순을 훌쩍 넘기셨지 싶다. 내가 외출할 때나 잠깐 쓰레기를 버리기 위해 문을 열고 나오면 유독 그 할아버지 내외와 자주 마주친다. 할아버지는 언제나 같은 복장을 하고 계시는데, 검정에 가까운 짙은 네이비 슈트에 흰 셔츠 그리고 넥타이까지 매고 왼쪽 가슴에는 무슨 훈장인지 금장으로 된 배지를 세 개나 달고 한 손에는 지팡이를 든 것이 아주 권위적인 느낌이다.

파리의 아파트는 대부분 몇 백 년된 건물로 외형과 골조는 옛날 그대로 두고 필요에 따라 조금씩 건물 내부와 각자의 집을 리모델링한 곳이 많다. 내가 살던 건물도 마찬가지여서 복도 폭이 세 걸음이면 족할 정도로 좁다. 때문에 문밖을 나왔을 때 옆집 사는 이웃과 만나기라도 하면 그 거리가 워낙 가까워서 모른 척을 하래야 할 수가 없다. 게다가 같이 엘리베이터를 기다리기라도 하면 1층 큰 현관문을 빠져나갈 때까지 어색한 대화를 나눠야 하는 상황도 있다.

옆집 할아버지의 캐릭터에 대해 잠깐 설명하자면 이렇다.

몇 번 마주쳐 가볍게 인사만 했던 내게 다짜고짜 퉁명스럽게 물으셨다.
"네가 일본사람이니? 한국사람이니?"
한국사람이라 했더니 한국의 남북 분단을 어떻게 생각하느냐고, 자기는 이렇게 저렇게 생각한다며 알아듣지도 못하는 나를 붙잡고 설명하시곤 했다. 또 교황께서 한국을 방문할 거라는데 알고 있느냐고 물으시며 장황히 설명하셨는데 내가 알아들은 말은, 아니 단어는 교황, 방문, 영광, 남과 북…. 역시나 너는 그것에 대해 어떻게 생각하느냐는 질문이었다.
내 짧은 언어 실력도 문제지만 할아버지의 알아들을 수 없는 어투도 곤욕이었다. 정작 본인 말씀만 하시지 어차피 내 말은 듣고 싶어 하지도 않는 눈치고, 나 또한 설명할 수도 없거니와 하고 싶지도 않았다. 만날 때마다 신문이나 뉴스 이슈로 말을 걸고 꼭 '그래서 너는 어떻게 생각하느냐?'로 끝맺는다. 물론 나는 귀 기울여 듣는 척 고개를 끄덕이다 어정쩡한 미소로만 답했다.
그렇게 1년 가까이 지냈으니 나는 옆집 할아버지가 당연히 나를 알고 계신다고 생각했다. 어느 날 집 근처 횡단보도 앞에서 옆집 할아버지와 나란히 서게 되었다. 간단히 장을 보고 오시는 길인지 한 손에는 슈퍼마켓 비닐봉지를 들고 계셨다. 그 순간 '아~ 아는 체를 해야 해 말아야 해' 고민하다, 그래도 웃으며 먼저 인사를 건넸다. 속으로는 '이 할아버지 오늘은 또 무슨 이슈를 던지실까?' 걱정하면서. 그런데 웬걸 나를 못 알아보시는 건지 인사도 받지 않으셨다.
'참 이상한 할아버지시네. 잘못 봤나? 아닌데… 저 옷 그 할아버지 맞는데.'
머쓱함과 의아함에 갸우뚱하며 할아버지를 앞질러 집으로 걸어왔다.
다음날! 어제 일은 까맣게 잊으신 척, 예전과 똑같은 패턴으로 내가 인사를 건네면 잠시 후 할아버지의 일장 연설이 시작되었다. 나중에 알게 된 사실이지만 옆집 할아버지는 약간의 알츠하이머를 앓고 계신 것 같았다. 가끔씩 옆집에서 들려오는 괴성은 할아버지가 혼자 고래고래 지르는 소리였고, 밖에서는 사람을 못 알아보시는지 영 딴 사람이다. 그래도 내 앞에서는 언제나 흐트러짐 없는 옛날 프랑스 남자의 전형적인 권위를 풍기며 허세를 잔뜩 부리셨다. 친절한 구석도 없고, 만날 때마다 이상한 질문에 잘난 척만 할 뿐 웃는 모습은 한 번도 본 적 없고, 말로 표현 못 할 묘한 허세 때문에 할아버지가 불편하고 싫었다.

쌀쌀한 바람이 있던 날. 외출하려고 문을 나서니 옆집 할머니 할아버지 내외분도 외출을 하시려는지 엘리베이터 앞에 서계셨다. 그때 할아버지가 할머니의 코트를 여며주시며, 한쪽 목부분이 접힌 노란 스웨터 안으로 말려들어간 진주목걸이를 가지런히 꺼내주시는 의외의 모습을 보고 뭉클해졌다. 할머니는 할아버지의 그런 따뜻한 손길이 익숙했던지 할아버지에게 미소만 보내셨다.

'헐! 저 할아버지에게 저런 모습이 다 있었다니.'

엄마 말씀이 여자는 나이가 들어도 예쁘게 꾸미는 여자이고 싶다셨는데….

'그래 할머니도 여자구나'라는 생각이 들며, 서로 사랑하면서 다정하게 늙어가는 노부부 앞에서 숙연한 마음마저 들었다. 할머니는 연세가 있으셔서 아이처럼 작고 마르셨음에도 그 순간 할아버지 눈에도 내 눈에도 끝없이 사랑으로 보살피고 싶은 여인으로 보였으니까.

지금 생각해보니 가끔은 걸음도 편치 않던 할아버지가 꽃을 사들고 다니셨던 이유가 아마도 할머니를 사랑하고 여자로 느끼며 살게 해주기 위해서라는 생각이 들었다. 언젠가 우연히 보았던 노란 튤립 한 다발을 들고 오시던 할아버지 모습이 할머니의 노란 스웨터와 오버랩되었다. 항상 마음에 들지 않던 할아버지의 다른 면을 본 것 같아 괜스레 미안해져 두 분께 말이 필요 없는 따뜻한 미소만을 전했다.

살다보면, 간혹 마음이 찌릿해지는 아름다운 장면이나 풍경을 볼 때가 있는데, 그 날 엘리베이터 앞에서 그분들의 모습이 그랬다.

파리에서 꽃을 든 사람을 보는 일은 흔하다. 의미 있는 날 사랑하는 여자친구를 위해 묵직하게 포장한 꽃을 두 손으로 고이 모시고 가는 멋진 남자, 슈퍼마켓에서 파는 꽃 한 다발을 시장바구니에 넣고 집으로 향하는 여자, 옆집 할아버지처럼 나이 지긋하신 노인이 지팡이를 짚고도 한 손에는 꽃을 든 모습, 그리고 꽃가게에 갈 때마다 누군가에게 선물할 것처럼 근사하게 포장해 와서는 꽃병에 꽂고 그 꽃이 시들기 전까지 두고두고 행복해하는 나 같은 사람.

아무튼 이유가 뭐든 서로에게 꽃을 선물하고 자신을 위해 꽃을 사는 일은 어쩌면 파리지앵의 일상 같다. 나 역시 특별한 날이 아니어도 나를 위해 꽃을 사면서 꽃을 좋아하는 친구가 생각나 꽃을 선물하기도 한다. 그리고 내 집을 찾는 지인이 음료보다는 꽃을 들고 오기를 바라기 때문에 간혹 지인의 집을 방문하거나 친구에게 선물할 일이 있으면 자주 꽃을 선물한다. 그들은 음료나 다른 선물을 더 좋아할지 모르지만.

파리에서 살기 시작한 지 얼마 지나지 않았을 때는 파리의 물가를 제대로 체감하지 못해서, 꽃값이 50유로라면 그 50유로가 비싼 것인지 싼 것인지 도통 감을 잡지 못했다. 그러니 꽃값뿐만 아니라 밥값이며 커피값 게다가 작은 쇼핑까지 10유로, 20유로, 30유로… 100유로 이하는 개념 없이 썼고, 결국에는 그런 작은 돈이 모여 지출이 엄청나게 늘었다. 사실 여태껏 가계부의 필요성을 느껴본 적이 없는데, 지출에 대한 내 지론 때문이었다.

'내가 사치를 하는 것도 아니고 내가 쓰는 돈은 다 써야 할 이유가 있기 때문에 쓰는 건데 뭘 구태여 일일이 가계부까지 써가며 자세히 알아야 하나, 다 아는데.'

문제는 내가 버는 돈이라고는 한 푼도 없이 남편이 보내주는 돈으로 산다는 데 있었다. 매달 특별히 기억날 만한 큰 물건을 산 것도 아닌데 그 금액이 계속 늘어만 가니 이렇게 개념 없이 살다가는 답이 없겠다 싶은 마음에 스마트폰 앱을 다운받아 가계부를 쓰기 시작했다. 하루의 지출 항목과 금액을 적고 그게 모여 주 단위로 분류되어 한눈에 파악하게 되자 파리의 물가도 자연스레 알게 되었다. 그렇다고 당장 절약하며 산다기보다 돈을 쓸 때 한 번 더 생각하면서 조금씩 불필요한 소비를 줄여갔다.

파리에서 몇 년 체류할 생각이었으니 불필요한 소비는 처음부터 하지 말아야 했다. 여행 온 사람처럼 돈을 써대는 행동에 급 점검이 필요했다. 그렇다면 불필요한 소비란 무엇일까? 새삼 생각해봤다. 일단 정의부터 정리했다.

불필요한 소비 없어도 살 수 있는 것, 필요에 의해 소비하는 것이 아니라 기분에 따라 소비하는 것, 필요할 것 같아 사는 것.

선명하게 정리를 하고도 '그래, 근데 어떻게 딱 필요한 것만 소비하고 살겠는가? 좀 과장되긴 하지만 그렇게 살다가는 트렌드도 모르고 친구도 없이 지지리 궁상떨며 도시에서 원시인처럼 살아야 하지 않을까' 하는 마음이 들었지만, 내 소비패턴의 문제는 점검해보기로 했다.

우선 A4 용지에 세로로 선을 쭉 그어 좌우에 각각 '필요한 소비'와 '불필요한 소비'라고 적었다. 어차피 나의 불필요한 소비를 색출하기 위한 목적이니 내가 정한 정의에 대입해가며 지출 항목을 적어 나가는데, 밸런스가 안 맞아도 너무 안 맞았다. '내가 그토록 불필요한 지출을 하며 살았다는 건가?' 절망감이 들기도 했지만, '그래도, 그래도 이건 명확히 따지면 불필요한 소비지만 필요한 것이기도 한데'라는 애매모호한, 양보할 수 없는 항목들도 있었다. 그 순간 우습게도 만약 남편이라는 인간이 이런 논리로 하나씩 따져 묻는다면 더럽고 치사해서 대판 싸우고 족히 100일은 입을 닫아버릴 것 같다고 생각했다. 나 혼자 북 치고 장구 치고 해도 이리 짜증이 슬슬 올라오는데 말이다.
"그럼, 불필요하면 사치인가?"
명료하게 사치다. 하지만 어쩌겠는가? 일상 속 작은 사치가 일상을 더 풍요롭게 하는데 말이다.
삶의 이유는 행복하게 잘사는 것이고, 잘산다는 것은 정신적으로 또 물질적으로 풍요로운 삶이라고 생각한다. 자본주의사회에서 풍요는 아끼고 절약해야 만들어지는 것이겠지만 나의 일상은 가끔, 종종, 자주 작은 사치가 있어야 행복하니, 힘들다. 물론 '적당히'라는 정답을 아주 잘 알고 있지만, 삶은 얼마나 아이러니한가.

> 나에게는 한 개의 기쁨이 천 개의 슬픔을 사라지게 할 테니까
> ―류시화, 〈나의 상처는 돌, 너의 상처는 꽃〉 중에서

내 멋대로 류시화 시인의 이 구절을 같은 맥락으로 해석하고 싶다. 내게는 천 개까지는 아닐지라도 백 개의 슬픔을 녹아내리게 하는 '한 개의 기쁨'이 몇 있다. 그것이 한 개가 아니라 늘 문제지만…. 그 중에서도 단연 나를 유혹하는 것은 '꽃'인데 만약 하루에 세 끼를 먹어야 한다면 나는 두 끼만 먹고 한 끼를 먹는 대신 꽃을 사고 싶다. 물론 그 비용이 한 끼의 값으로는 어림도 없지만 마음은 늘 그렇다. 어찌 보면 누구에게는 50유로의 꽃값이 든든한 한 끼 밥값일 수 있겠지만 나에게는 그 값 이상의 행복을 준다.
파리의 꽃집은 사시사철 어쩜 그리도 형형색색 예쁜 꽃이 많은지 일단 꽃집

에 들어서는 순간, 이름도 모르는 꽃들이 내뿜는 향기와 자태에 나도 모르게 흥분돼 그 유혹을 이길 수가 없다. 내가 메인 꽃을 고르면 플로리스트가 그 꽃과 어울리는 서브 꽃이며 식물로 더 풍성하고 예쁘게 묶어주고, 게다가 잘 차려입은 옷처럼 근사한 포장까지 마치면 입이 벌어질 정도로 정말정말 황홀하다.

집에 가져와 꽃병에 꽂고서는 일상에서 오가며 스치듯 눈으로 보고 마음으로 느끼다보면 그렇게 행복할 수가 없다. 또 외출하고 아무도 없는 집에 들어왔을 때 꽃이 없는 집은 왠지 건조하고 쓸쓸한 반면, 꽃이라도 있을 때는 그 향과 사랑스러운 색 때문인지 분위기가 한층 밝아 보여 내 마음까지 환해진다.

꽃 중에서도 하얀 백합을 무척 좋아한다. 굵직하고 길게 쭉 뻗은 강인한 생김새며 하얀 꽃과 널찍한 초록 잎의 컬러 조화가 군더더기 없어 좋다. 그러나 뭐니 뭐니 해도 백합의 매력은 단연 향이다. 그 향은 새벽 공기에서 나는 풀 내음과 천연의 달달한 꽃향이 섞여 사람을 편안하고 기분 좋게 만든다. 꽃가게에도 많은 꽃이 있지만 특히 백합 향은 가게 공간 전체에 퍼질 정도로 기분 좋게 강하다. 그래서 꽃을 살 때 눈으로는 이 꽃 저 꽃을 보고 고르지만 결국에는 백합 향에 이끌려 백합을 고르게 될 정도로 중독성이 있다.

어찌 되었건 나의 꽃 소비는 사치일 수 있지만 작은 사치로 내 일상이 풍요로우니 어쩌겠는가, 사치인 걸 알면서도 좋은 걸. 그러니 '꽃을 사는 행위가 내 일상에 불필요한 소비일까, 필요한 소비일까?' 고민하지만, 매번 꽃을 살 때는 고민 없이 지르고 만다. 그게 나다.

나는 오늘도 행복한 소비를 위해 꽃을 사고 의기양양 집으로 향하는 나를 상상해본다. 아~ 행복해!

새벽 5시 파리의 맨얼굴

많은 사람이 매일 'M'이라는 지하세계로 들어간다. 그곳은 세계의 축소판이라는 생각이 들 정도로 다양한 인종의 사람이 오가고, 나도 매일 그곳으로 들어가 나오는 많이 다르지만 별반 다르게 살지 않을 그들과 섞여 그들과 같은 존재로서 작은 세계의 구성원으로 함께 살았다.

파리를 걷다보면 곳곳에서 'M'이라는 글자나 'METRO'라고 쓰인 표지판을 볼 수 있다. 지금은 M이라는 약자보다는 빨간 바탕에 하얀 글씨로 METRO라 쓴 곳이 더 많지만, 20년 전 처음 파리로 출장 갔을 때는 M이라는 노란색 글자뿐이었던 것 같다. 우습게도 그 사인이 맥도널드인 줄 알았던 적도 있었더랬다. 낯선 곳에서 달달한 햄버거를 상상하며 애타게 맥도널드를 찾고 있어서였는지 몰라도 사실 멀리서 언뜻 보면 컬러며 타이포그래피가 진짜 맥도널드처럼 보였다. 한국지하철의 출입구와 비교하면 꽤나 작기 때문에 당시에는 M이라고 쓴 작은 통로가 지하철 출입구일 줄은 정말 몰랐다.

M 혹은 METRO는 파리 시내 및 교외 일부에 노선을 가진 도시철도를 말한다. 쉽게 말해 우리네 지하철과 같다고 보면 된다. 파리를 다니는 노선은 14

호선물론 3호선과 7호선의 지선이 있긴 하지만까지 있고, RER^{Réseau express régional, 수도권 고속 전철}이라고 해서 교외로 나가는 기차가 메트로와 연결되어 있는데 A, B, C, D 네 노선이다.

파리는 도시도 작고 메트로도 아주 잘 되어 있어서 메트로 타고 30분 정도면 웬만한 시내는 다 다닐 수 있는데다 많이 걷지 않아도 메트로를 쉽게 탈 수 있다. 그러다 보니 조금만 걸어도 M이나 METRO를 많이 보게 된다.

파리지앵은 승용차가 있어도 파리의 엄청난 주차난 때문에 출퇴근에는 웬만해서는 차를 가지고 다니는 일이 없고, 그냥 조금 불편하더라도 그리 길지 않은 시간이라 속 편히 메트로를 이용한다. 그래서 사람들로 꽉 차 발 디딜 틈 없는 출퇴근 시간대의 메트로 풍경은 우리네와 별반 다르지 않다. 그 시간대에 사람들로 터질 듯한 메트로를 한 번이라도 타본 사람이라면 영화 속 낭만과 로맨스로 그려졌던 파리 메트로는 어디에 있나 싶을 정도로 이질감이 밀려올 것이다.

상상해보면 알겠지만 파리의 메트로는 아직도 오래된 열차가 많아서 물론 요즘은 넓고 쾌적한 라인도 있긴 하지만 우리나라 지하철과는 비교도 안 될 정도로 내부 공간이 좁고 열악하다 아침 출근길의 오래된 메트로 안은 정말 괴롭다.

사람들 틈에 끼어 겨우 몸을 지탱하고 서서 기다란 봉 하나에 여러 손^{거인의 손처럼 커다란 검은 손, 젊은 아가씨의 하얀 손, 주름이 노인임을 말해주는 손 등}들이 주르륵 말려 있는 봉을 나 역시 잡고 가는데, 키 큰 남자들 틈에 끼기라도 하면 그 봉을 잡고있는 손만 보여서 이 손이 저 사람 손인지 저 손이 이 사람 손인지 도대체 알 수가 없다. 그러니 그 시간대 파리 메트로의 낭만과 로맨스는 없는 게 당연하다. 그래도 그나마 다행이었던 것은 아침 메트로 배차 간격이 3분 정도로 짧아 오래도록 붐비진 않았다.

수업 때문에 시내 중심의 오페라 역으로 가기 위해 사람이 많아도 정말 너무 많은 러시아워에 몸을 싣고 매일 아침 전쟁을 치르며 다녔다. 다행히 며칠 지나서는 그 시간대를 10분만 피해도 조금 수월하다는 걸 알게 되었고 요령도 생겨 편해졌다.

수업이 끝나고 돌아갈 즈음이 되어서야 오전 내내 나를 감싸던 긴장감이 맥없이 풀리면서 아침에는 볼 수 없던 꾸미지 않은 원초적 파리 냄새와 분위기를 느끼곤 했다. 왜 '원초적'이라고 표현하느냐면 언뜻 보는 파리는 영화 속 잘 짜인 각본처럼 낭만과 로맨스 그리고 그 도시 특유의 분위기에서 느껴지는 그 이상의 운치로 대변되는데, 묘하게 같지만 다른 그 느낌은 원초적이라는 말 말고는 뭐라 설명하기 힘들다. 물론 파리에는 낭만과 로맨스 그리고 그 이상의 운치가 있지만 그곳에서 필터링 없이 그때그때 내 눈과 귀로 들어와 가슴에 조금씩 물드는 파리는 영화처럼 매번 로맨틱한 것만은 아니다.

한가한 오후 시간대의 메트로를 타고 슬며시 사람들의 모습을 보고 있노라면 그 공기 속에 묘한 공백과 나른함이 묻어있어 나도 모르게 생각이 많아진다. 간혹 그들의 행복한 미소나 멍하니 창밖을 응시하는 맥없는 눈빛에서 또 구걸하는 행인의 애잔함 등이 묘하게 뒤엉켜 뭔가 다를 것만 같던 이 도시에서도 현실이라는 같은 삶을 사는 건 매한가지구나, 하는 생각이 들며 구태여 보고 싶지 않았고, 느끼고 싶지 않았음에도 나도 모르게 몹쓸 동질감이 밀려오곤 한다. 어차피 사람 사는 곳에는 소소한 기쁨과 가슴 저미는 슬픔 그리고 가끔은 견뎌내야 하는 절망이라는 패러다임이 있다는 것쯤은 벌써 이전에 다 알아버렸음에도 말이다.

갈아타는 환승구간이나 조금 걸어야 하는 구간, 또는 운행 중인 메트로 안에서 다양한 음악을 연주하는 많은 아티스트를 봤다. 음반은 냈지만 아직 대중적 인기를 얻지 못한 가난한 음악가라든가 아니면 꽃중년이나 꽃노년

의 오케스트라 또 그저 악기 하나만 들고 연주하는 클래식 연주자, 아주 간혹 드물게는 술에 만취해 순 엉터리 연주를 하며 구걸하는 사람. 어쨌건 그들의 연주를 듣다보면 '파리는 이렇게 낭만적인 도시야'라고 보란 듯이 말하는 것 같다. 하지만 오래된 지하도는 최신 유행을 알리는 광고가 벽면 가득하고, 낮은 천장에 그들이 연주하는 가난한 음악이 퍼져 바삐 지나가는 다양한 인종의 평범한 사람들과 묘하게 섞이면서 그 상황 자체가 아이러니하다고 느껴지고, 그 순간 그곳을 걷는 내게 이곳이 낭만적이기만 한 파리가 아닌 함께 생존하는 파리임을 더 실감나게 드러낸다.

게다가 어떤 날은 무임승차하는 사람을 잡아내기 위해서 그 좁은 지하도 중간에 검표원이 서너 명씩 서서 길을 막고 오가는 행인의 표를 일일이 확인하는 걸 보면 더 그렇다. 물론 매년 대략 5프로의 시민이 8,000유로의 손실을 주며 무임승차한다니 그런 정책이 현실이겠지만 좋아 보이지는 않는다.

그리고 새벽 5시, 어쩌면 모두가 자고 있을 그 시간의 메트로 안은 대부분 막노동을 하러 길을 나선 피곤한 뉴의 흑인이민자아 전날부터 조금 전끼지 마신 술로 겨우 몸을 지탱하며 집으로 돌아가는 젊은이들뿐이다. 그 모습을 번갈아 보면 누구의 모습이 더 안쓰럽다기보다 '그래 우리 사는 것 자체가 힘들지'라는 생각에 어쩌면 그 공간에 함께 있는 나까지도 위로받아야 할 만큼, 우리는 현재를 살아가면서 서로에게 위로받아야 하는 가여운 동지들이라는 생각이 들었다.

행인1, 행인2, 행인3, 행인4, 행인5, 행인6….
음악을 연주하는 아티스트, 구걸하는 사람, 어린이, 젊은이, 중년, 노인….
프랑스사람, 영국사람, 독일사람, 스위스사람, 미국사람, 한국사람, 일본사람, 중국사람….
백인, 흑인, 황인….

학생, 회사원, 의사, 변호사, 실업자, 소매치기….
목적이야 다르겠지만 모두가 매일 M이라는 지하세계에 모였다 흩어지고 다시 모이고 흩어지고를 반복하며 일상을 살아가는 모습, 그 원초적 모습도 파리다.
파리라고 하면 에펠 탑, 몽마르트르, 루브르 박물관, 콩코르드 광장, 샹젤리제 거리처럼 역사와 낭만이 가득한 명소를 떠올리겠지만, 마음이 짓눌렸던 그 새벽 메트로의 기억 때문인지 그 어느 곳보다도 파리의 메트로가 더 아련히 기억되는 건 쓸데없는 내 오지랖 때문인가?

이노메 짐들

"아이고, 이노메 짐들! 도대체 얼마나 잘 먹고 살겠다고 이리도 바리바리 들고 고생을 사서 하는 건지. 내가 정말 다음부턴 두 번 다시 이런 무식한 짓은 하지 말아야지. 이게 웬 개고생이냐고."
짐을 이리저리 메고 들고 한국 슈퍼마켓를 나서면 그때부터 후회막심이다. 한국사람이라 그런지 언제든 원하는 메뉴를 먹을 수 없는 '외국 생활' 때문인지 한식은 이곳에서 늘 귀한 음식이다. 물론 파리에서도 한국식당에 가면 언제든 한국보다 더 맛있는 메뉴가 즐비하지만 주로 집에서 먹는 밥은 한국 슈퍼마켓에서 장을 봐서 내가 직접 만들어 먹는다.
그래서 가끔씩 한국 슈퍼마켓을 가는데 한국에서라면 손도 가지 않았을 물건임에도 파리에서는 왜 이리 정겹고 좋은지 갈 때마다 굶주린 하이에나가 먹이를 본 것처럼 약간은 흥분상태가 된다. 그래서 원래 계획했던 물건 외에도 이것도 필요할 것 같고 저것도 있어야 할 것 같은 생각이 밀려와 그게 아닌 걸 알면서도 리스트에 없는 것도 주워 담는 일이 다반사다.
"그래 슈퍼 한 번 오려면 시간도 내야 하고 어차피 한두 가지 사러 오느니 오늘 다 사지 뭐."

파리에서는 한국처럼 아무 곳에서나 택시를 쉽게 탈 수 있는 것도 아니고 그렇다고 메트로를 타는 건 한참을 더 돌아가는 것이어서 그냥 걸을 수밖에 없다. 계산을 마치고 슈퍼마켓을 나와 그 물건들을 들고 걷다보면 슈퍼마켓에서의 달달했던 유혹 따위 싹 다 잊고 오직 어깨를 짓누르는 무게에만 신경이 쓰이고 이렇게 집까지 가야 할 일이 끔찍해 걷는 내내 후회와 신세타령만 한다.

한국 같았으면 빠르고 정확하고 친절한 배달 서비스가 있고 그게 안 되더라도 차가 있어 이런 것쯤은 일도 아니니 구질구질 바리바리 물건을 들고 메고 다닐 일도 없을 텐데 파리에서 이게 웬 고생인지. 이럴 때마다 '내가 살던 한국이 천국이었구나'라는 생각에 내 나라 그곳이 눈물 나게 그리워지곤 했다. 물론 파리도 한국 슈퍼마켓이나 현지 슈퍼마켓에 배달 서비스가 있긴 하다. 그렇지만 한국처럼 간단하고 신속한 처리가 아니라 정해진 시간 안에 물건을 사야 오후 몇 시 이후에 순차적으로 배달된다든가, 또 어느 정도 정해진 금액을 사야 배달 서비스를 이용할 수 있어서 이래저래 불편하다. 게다가 물건이 잘못 오거나, 냉동식품 같은 경우 녹은 상태로 와서 교환해야 하는 상황이 몇 번 있다보니 작정하고 장을 보지 않는 한 대부분 힘들어도 꾸역꾸역 들고오는 편이다.

그 많은 짐을 들고 메고 걷는 거리, 윈도우에 비친 내 모습을 보면 몸빼바지만 입지 않았다 뿐이지 영락없는 옛날 시골장터 아줌마 같다. 그런 내 모습이 초라하고 구질하다고 느껴지면서도 동시에 은근 치밀어 오르는 오기 같은 것도 있다.

'그래서 이게 뭐. 열심히 사는 건데…. 외국이고 유학생이니 당연한 거지.'

그랬다. 누가 시킨 것도 아니고 내가 해놓고서는 좀 합리적으로 좋게 생각해볼 수도 있는데 순간 눈에 보이는 내 꼬라지와 어깨며 손가락을 짓누르는 무게 때문에 부정적으로만 생각하고 투덜대는 내가 더 한심해서였다.
세상은 누구에게나 공평하다더니 맞나보다, 어떤 부분에서는.
만약 내가 지금쯤 서울에 있다면….
내 삶을 누르는 것들이 이따위 물리적 무게가 아니라 그 이상의 정신적 무게일 테니 그에 비하면 이건 오히려 껌이구나 싶었다. 여기서야 내 한 몸만 잘 챙기고 살면 되니 말이다. 도리어 이런 불평은 복에 겨워 풍요롭기까지 한 투정에 불과했고, 이곳에서 유학생으로만 살고 싶어 선택한 삶에 따른 노고, 딱 그만큼의 무게라는 사실을 잊고 있었던 거다.
새삼 생각해보면 삶의 선택은 정말이지 매번 극단적으로 심플하다. 살면서 선택해야 하는 것이 많을 것 같지만 이것저것 다 걷어치우고 결론적으로는 딱 두 가지 중 하나 아닌가?

할 것인가, 말 것인가? / Yes or No?

이 상황만 해도 그렇지 않은가. 내가 파리를 선택했으니 당연히 내 모습과 상황은 내가 선택한 결과일 테고 그게 아니었다면 또 다른 상황에 허우적대는 내가 있을 테니까.
그런 생각이 드니 이 상황뿐 아니라 여기서 살면서 당한 순간순간의 고충이 충분히 납득되고, 우습지만 이게 내 삶의 무게라는 것, 그리고 이 무게의 흔적을 느끼는 건 당연하다는 깨달음마저 들었다.

언니의 독백

살다보면 누구에게나 남들은 잘 모르지만
늘 벅차고 지지리 힘들게 짓누르는 것들이 있기 마련이다.
어지간해선 말하기 쉽지 않은 것들 말이다.
… 사람 때문에, 사랑 때문에, 일 때문에, 돈 때문에, 상황 때문에….
짜증나고 분노하고 한탄하다, 그래 봤자 바뀌는 게 없다는 걸
내가 더 잘 아니까 포기하다 이해하고,
이깟 것에 상처 입는 내가 안쓰러워 억지로라도 인정하려 애쓰고,
그것도 안 되면 잠시 포기했다 다시 주워담기를 하루에도 열두 번씩….
이런 내 마음과 싸우며 힘들어한다.
그런데 억울한 마음이 있어도 조금도 억울해할 필요 없다.
잘 생각해보면 그 이전에 할 거냐 말 거냐, 라는 선택 앞에서
그 누구도 아닌 바로 내가 결정했기 때문이다.
그러니 지금 나를 짓누르는 무게는 내 선택에 대한 무게임을 인정해야 한다.
그래도 인정하고 싶지 않고 게다가 억울한 마음까지 보태져
그 무게가 버겁기만 하다면
내 앞의 저 사람도 그 옆의 그 사람도
분명 나처럼 버거울 무언가를 얹고 있을 테니
힘든 건 너나 나나 매한가지일 거라 생각하면 그래도 좀 위안이 될 것 같다.
왜냐하면 내가 생각하는 기쁨은 다분히 개인의 절대적 견해일 테고,
아픔과 고통만큼은 어쩔 수 없는 상대적인 것에서 비롯된 것이니까.

이왕이면 고생 없이 사는 게 우아하게 잘사는 건 줄 알았다. 고민 없이 수월하게 사는 것이 행복인 줄 알았다. 그런데 잠깐이나마 파리에서 유학생으로 살면서 조금 힘들어도 내 몸으로 내 힘으로 할 수 있는 일 그 자체가 가치 있는 것임을 새삼 알아갔다. 그것은 내 선택에 대한 책임이고, 그 책임을 해나가면서 얻어지는 소소한 일깨움이 내 삶을 조금씩 변화시킨다는 것이다.

사실 한국에서의 생활은 내가 못 해서 안 했던 것보다 할 수 있었던 일임에도 분에 넘치게 남의 손을 빌려 했던 일이 더 많았다. 구태여 내가 직접 하지 않아도 적은 돈으로도 사람을 시켜 쉽게 할 수 있는데다 업계 서비스라는 이름으로 알아서 척척 해주니 말이다.

그런데 그건 분명 분에 넘치는 것이었다. 내가 그저 평범한 사람이었음에도 내 삶의 언저리는 서비스에 푹 젖어 있었고, 고마움보다는 각자가 할 일이라고 치부하며 당연한 줄 알고 살았으니까. 생각이 바뀌니 당연히 내 생활도 바뀌어갔다. 개념 있게 소비하고 아껴 쓰고 타인(집에 배달 오는 사람, 건물 청소부, 가게 점원 등)을 대할 때는 그 사람에 대한 존엄까지는 아니더라도 '내가 너일 수도 네가 나일 수도'라는 마음으로 바뀌면서 맑게 대할 수 있었다.

할 것인가, 말 것인가?

어떤 일 앞에서건 나는 또 둘 중 하나를 선택할 거고 그에 따른 내 삶의 무게의 흔적을 느끼며 '아, 이게 내가 선택해서 얻어진 내 삶의 무게지'라며 받아들이겠지. 그래서 내가 낭만과 로맨스로 물든 예술의 도시 파리에 '누를 끼치고' 다니거나 짐을 바리바리 들고 다닌다 해도 더 이상 부끄럽지 않다. 그건 내가 선택한 내 삶의 방법이니까. 타인에게 누가 되지 않고 내가 만족하면 나에게만큼은 행복한 삶일 테니까.

나는 빠리의 수두 환자

"말도 안 돼. 말도 안 돼… 아니, 말이 돼."
파리의 여름은 한국처럼 숨이 턱턱 막힐 정도로 후텁지근하거나 30도를 훌쩍 넘는 불볕더위는 좀처럼 없었다. 한여름에도 습하지 않고, 한낮에 잠깐씩 햇살이 뜨거워도 그늘이나 해가 진 후에는 바람이 서늘해 나름 쾌적하고 기분 좋은 날씨다. 그래서 에어컨이 있는 집은 거의 찾아볼 수조차 없었다. 너무 덥지도 춥지도 않은데다 특별히 장마라는 것도 없어서 비가 와도 하루 종일 내리지 않으니 살기에 아주 좋은 기후였다. 그런데 몇 해 전부터는 이상기온 때문인지, 한국에 비해 짧기는 해도, 30도가 훌쩍 넘는 불볕더위 때문에 모두가 힘들어한다.
내가 체류했던 2013년 7월 그해 여름도 조금 빨리 찾아온 후끈한 더위가 일주일가량 지속되었다. 그런데 하필이면 그때 그렇게 더울 줄도 모르고 미리 잡아놓은 테니스 수업이 있었다. 미리 정한 약속이라 미룰 수가 없었지만 그 더위에 테니스를 쳤다가는 아마도 실신할 것 같아 코치에게 수업이 무리가 아닌지 물었더니 코트에 그늘이 많아 그렇게 덥지 않을 테니 수업을 진행하잔다. 워낙 기온이 높고 더워 썩 내키지는 않았지만 코트 여건을 생각해보니 가능할 수도 있겠다 싶었다.

내가 강습 받는 테니스 코트는 몽파르나스 역 근처에 있는데, 그 구조가 메트로와 기차역 쇼핑몰 그리고 다섯 개의 야외 테니스 코트와 공원이 하나로 연결되어 있는, 너무 복잡해서 지금도 머리로는 이해가 되지 않는 특이한 구조다. 설명을 좀 하자면 메트로에서 내려 몽파르나스 기차역 방향 지하도로 한참 걸어가면 기차역으로 통하고, 기차역에서 에스컬레이터로 한층 올라가면 쇼핑몰이 있고 옆 건물로 통하는 지점에서 구불구불 돌아 나가 에스컬레이터를 타고 3층 정도를 올라가면 그 건물 6층 즈음에 밖으로 나가는 문이 있다. 그 문으로 나오면 도심에 있을 거라고는 상상조차 할 수 없을 정도로 탁 트인 산책로와 그 사이사이에 테니스 코트와 공원이 있다. 그곳에 갈 때는 몸이 기억하는 대로 다녔던 것이라 아직도 머리로는 그 구조가 미로처럼 헷갈린다.

어쨌건 몽파르나스 기차역도 내가 다니던 스포츠 센터도 도심 속 빌딩과 빌딩 사이에 있어서 더운 날임에도 테니스 코트에 햇볕이 쨍하게 내리쬘 일이 없고 옆 코트에서도 테니스를 치는 사람들이 있는 걸 보니 내가 걱정한 것처럼 실신할 정도는 아닌 듯 보였다. 그래서 별 무리 없이 테니스 강습을 했고 저녁약속도 있어서 즐겁게 식사도 잘하고 집으로 돌아왔다.

그런데 유난히 피곤하고 몸살 기운도 있는 것 같아 일찍 잠자리에 들었지만, 점점 몸에 한기가 몰려오면서 열이 펄펄 나기 시작했다. 30도가 넘는 더위에도 두꺼운 겨울 파카며 이불을 여러 개 덮어도 한겨울에 홀딱 벗고 밖에서 오들오들 떠는 것처럼 온몸이 춥고 머리는 터질 듯 정신이 혼미해서 그대로 있을 수가 없었다.

파리에 온 후로 이런 일은 처음이라 어떻게 해야 할지 모르는데다 몸까지

가누기 힘든 상황이었다. 이럴 때는 당장 달려와줄 친구 연옥이뿐이라 일단 전화로 내 상황을 대충 설명하고는 그냥 빨리 오라고만 하고 그대로 다시 쓰러져버렸다. 연옥이는 파리에서 오래 살았고 내가 잘 정착할 수 있게 처음부터 발 벗고 도와준 친구다. 고맙게도 늘 그랬던 것처럼 그날도 그 밤에 한걸음에 달려와줬고 그 시간에 급히 올 수 있는 왕진의사도 불러줬다.

집으로 온 왕진의사는 몇 가지 상태를 체크하고 대수롭지 않게 당장 간단히 먹을 수 있는 약과 다음날 약국에서 살 수 있는 처방전을 주고 채 10분도 지나지 않아 100유로를 받고 가버렸다.

약을 먹어서 그랬는지 다행히 새벽에 열이 내렸고 대수롭지 않게 갑자기 열 감기가 왔다고만 생각했다. 그런데 다음날 약을 먹어도 몸의 이곳저곳에 벌레에 물린 것처럼 붉은 반점이 생기면서 간지럽기 시작했다. 아무리 벌레 물렸을 때 바르는 약을 발라도 간지러움이 가라앉질 않아 곰곰이 생각해보니 어젯밤에는 열이 심해서 느끼지 못했지만 그 간지러움은 집으로 돌아와서부터 조금씩 시작된 것 같았다. 그렇게 시간이 흐를수록 몸의 붉은 반점과 간지러움은 더 심해졌고 급기야 붉은 반점 중 일부에 아주 징그럽게 물집이 잡히면서 간지러움도 점점 격해졌다.

다음날 양쪽 귀밑 목 뒤로 물집이 조금씩 번지면서 간지러움이 극도로 심해졌고 도저히 참을 수 없는 지경까지 왔다. 그 엄청난 간지러움 때문에 머리가 빙빙 돌고 숨조차 제대로 쉴 수 없어 급기야 친구들에게 연락해 응급실로 갔다. 일단은 응급실이라고 하니 한국처럼 주사라도 놔주고 급하게 조치라도 해주면 지금의 이 엄청난 간지러움의 고통이 나아지겠지 하는 기대로 대기의자에 창피할 것도 없이 벌러덩 누워 혼미한 상태로 한참을 기다렸다. 나 말고도 어린아이 환자가 있었는데, 다쳤는지 손에 피가 흐르는데도 그냥 기다리는 걸 보면 말이 응급실이지 절대 응급이 아닌 응급실 같았다.

친구들도 별 방법이 없으니 하염없이 기다리며 간지러워 발광하는 나를 어떻게 해주지 못해 안쓰럽게 쳐다보다 조금만 참으라고, 곧 의사 만나면 나아질 거라고만 할 뿐이었다. 나 때문에 아침도 못 먹고 이른 시간부터 달려와 몇 시간을 의사만 기다렸는데 막상 그렇게 기다렸던 의사를 만나고 내가 받은 조치라고는 수두라는 병명과 프랑스에서는 누구나 어떤 병이든 초기 증상에 먹는 뻔한 만병통치약 돌리프란Doliprane이라는 해열진통제뿐이었다. 우리는 돌아오는 차 안에서 병명과 의사의 처방을 두고 낄낄거리며 말했다.
"헐! 말도 안 돼. 수두라고? 수두? 그거 애들이 걸리는 거 아냐? 너 어렸을 때 수두 안 걸렸어?"
"나 수두 걸렸던 것 같은데 잘 모르겠네."
"야, 돌리프란 그거 만병통치약 맞나봐."
친구들은 평소 그 약에 대한 칭찬을 아끼지 않으며 내게도 여러 번 추천해줬던 터라 익히 그 약이 신통방통하게 잘 들어서 조금만 아프면 가장 먼저 찾아 먹었다. 프랑스인 집에도, 그들의 가방에도 비상약으로 항상 돌리프란이 있을 정도라 우리는 농담 삼아 그 약을 만병통치약이라 부르곤 했다.
친구들과 웃으며 오는 동안은 발광할 정도의 간지러움이 좀 덜한 것 같았다. 아니 분명 덜했다. 농담도 하고 폭풍 수다도 떨며 왔다.
"아, 이 더러운 나라에서 내가 분명 옮은 거야."
"지하철에서 옮은 거야? 아님 비둘기한테 옮은 거야?"
"아이 참. 나 엄청 손 잘 씻고 다녔는데 왜 옮은 건지…."
"네년이 하도 깔끔 떨고 살아서 그래. 나처럼 대충 살면 이런 병 안 걸리지."
속으로 움찔하며 어쩌면 맞는 말일지도 모른다는 생각이 들었다. 다른 사람들은 꼴값이라 할 수도 있겠지만 솔직히 말하면 나는 지하철을 탈 때마다 알 수 없는 다수의 사람이 잡는 손잡이에 병균이 있을까 찝찝해했고, 남몰래 얼른 물티슈로 손을 닦기도 하고 시도 때도 없이 손을 씻었다. 또 길을 가다 비둘기떼가 몰려있거나 푸드득 날아갈 때 오물덩어리인 날개에서 이상한 병균이라도 떨어질까봐 피해 다니는 일도 부지기수였기 때문이다.
"야, 이거 수두면 전염병인데 너희 옮으면 어떻게? 나 때문에 괜히 옮는 거 아냐?"
이래저래 친구들에게 고맙고 미안한 마음에 내가 한마디했다.
친구들은 내 맘 편하라고 그랬는지 지들은 어릴 때 다 앓아서 괜찮다고, 너나 잘 먹고 빨리 나으라며 오히려 나를 더 걱정해주었다. 그래도 속으로는 친구들에게 옮기지나 않을까 걱정이 되기도 하고 친구 말처럼 유난을 떨고 살아서 이런 몹쓸 수두에 걸렸는지도 모른다는 생각이 들었다.
집으로 돌아와 그때부터 스마트폰을 잡고 수두에 관한 폭풍 검색 시작! 의사 말대로 약 두 주가 지나야 서서히 낫는다는데 정말 이대로 아무런 조치도 못 받고 돌리프란만 먹으며 견딜 수는 없다고 생각했고 또 어릴 때 수두에 걸렸던 사람이 다시 수두에 걸릴 수 있는지도 궁금했기 때문이다.
포털의 수많은 글이 내게 알려준 건 간단했다.
'어렸을 때 수두에 걸렸던 사람도 다시 걸릴 수 있다'와 '피부의 붉은 반점 하나하나가 수포가 되어 터지고 그게 딱지가 될 때까지 최소 두 주의 시간이 걸린다'였다. 게다가 더 가혹한 건 '간지럽다고 긁었다간 그 수포가 터져서 또 다른 곳으로 번질 뿐만 아니라 영광의 수두 흔적도 평생 고스란히 남을 테니까 절대 긁으면 안 된다'는 거였다.
그때부터 밤낮없이 지옥을 오가는 인고의 고통은 마치 약속이라도 한 것처럼 딱 두 주간 계속되었다. 처음에는 귀 뒤 목 주변, 좌우 손등, 허벅지와 팔 안쪽에 순차적으로 붉은 반점이 생기더니 수포로 변해가면서 몸 곳곳이 말도 안 되게 흉측해졌다. 집 밖을 나갈 수도 밥을 해먹을 수도 없으니 친구들과 영주언니의 도움으로 하루하루를 견뎠다. 아니, 그 상황에서는 내가 견뎠다기보다 시간은 막연히 흘렀고, 나는 창살 없는 감옥에서 두 주의 형을 다 끝내기 전까지는 아무리 혹독해도 타협할 수조차 없는 신세였다.

아팠을 때를 생각해보면, 가령 어릴 때 앓던 치통마저도 낮에는 멀쩡하다 밤에 자려고만 하면 그 고통이 쥐어짠 듯 응축되어 아무리 약을 먹어도 약보다 더 셌던 것처럼 극한 간지러움도 그랬다. 그때는 활동반경이 집뿐이었지만 극도의 간지러움을 견딜 수 없어 그 좁은 거실과 방을 거의 반 미친 상태로 왔다갔다 하며 어떻게든 잠을 자기 위해 수면제를 몇 배로 먹고도 채 한 시간도 못 자고 일어나서 울며불며 발광했다. 이렇게 날짜를 세며 시간을 보내다 한 4일쯤 지났을 때였다.

'아, 이대로는 진짜 못 있겠다. 아침이 되면 바로 비행기표를 사서 한국에 가야지. 한국 병원에선 뭐라도 해주겠지.'

당장 서울로 가야겠다는 생각에 뜬눈으로 여행사 업무 시작 시간만을 기다렸다.

'그래도 서울 가면 되니까 좀 참자'고 생각하니 희망 탓인지 고통의 간격이 느려진 것만 같았다. 그리고 아침 9시에 바로 여행사에 전화를 걸었다.

"안녕하세요 OO여행사입니다."

"네, 안녕하세요. 제가 엄청 급한 일로 서울에 가야 하는데요, 최대한 빠른 표가 언제 있죠? 오늘이나 내일이면 좋을 것 같아요. 정말 급해서요."

"아, 그러세요. 혹시 무슨 일 때문에…?"

"아, 네. 제가 수두에 걸렸는데 빨리 서울 병원에 가야 할 것 같거든요."

전화 받던 직원은 깜짝 놀랐다.

"네? 수두요?"

"네, 네."

"죄송한데 수두면 전염되는 거라 아마 비행기 못 타실 텐데 제가 다시 알아보고 연락드리겠습니다. 뚜~~~~~~~~~~~~~~"
상대편 전화가 끊겼음에도 순간 바보 멍청이 같은 내 행동을 후회하며 한참 동안 전화기를 그대로 들고있었다. 급한 마음에 수두라고 말은 해버렸고, 당연히 몇 시간 후 여행사 직원에게 들은 답변은 수두환자는 비행기를 탈 수 없다는 거였다. 고립무원과도 같은 소식이었지만 당연한 일이다. 만일 이 몸으로 비행기를 탄다면 폐쇄된 공간에 이보다 더 큰 테러가 있겠는가 싶었다. 하지만 전화를 끊고도 왜 그렇게 야속하던지 눈물이 쏟아졌다.
이제 5일 남았다.
부분적으로 딱지가 진 곳은 덜 가려웠지만 그래도 잠도 못 자며 가려움을 이겨내기 위해 새벽이건 낮이건 하루에 샤워를 족히 열 번은 넘게 해댔다. 그렇게 해도 너무 가려워 절대 긁으면 안 되는 걸 알면서도 결국에는 피부가 시뻘개질 때까지 북북 긁고 나서야 고작 몇 십 분을 편히 있을 수 있었고, 또다시 혼자 소리 질러가며 팔짝팔짝 미친 사람처럼 뛰어다니다 수포 주위를 찰싹찰싹 때려가며 참다가는 기어코 결국에는 또 긁어댔다. 이럴 때마다 내게는 이성 나부랭이보다는 원초적 본능이 우월함을 인정하지 않을 수 없었고, 역사 속 위기의 순간에 고문을 견디지 못해 하지 말아야 할 말을 실토해 위인의 리스트에 오르지 못한 이들을 백번 인정하고도 남겠더라.
그때 그 가려움의 고통을 글로 똑같이 묘사할 수는 없지만 나는 그 순간 지옥이 있다면 그곳의 고통이 내가 발광할 수밖에 없는 가려움보다 덜할 거라고 생각했다. 사실 발광이라는 단어보다 더 강하게 전달할 수 있는 단어를 알고 있다면 나는 서슴지 않고 그 단어를 선택했을 것이다.
그렇게 두 주의 시간이 지나갔고, 자연의 이치마냥 스스로 피었다 질 때까지 내 몸에 피었던 수두 물꽃도 거짓말처럼 사그라들었다. 물론 얼룩진 흔적은 그후로도 몇 달은 갔지만 그래도 불행 중 다행은 그렇게 긁었는데도 상처는 남지 않았다는 것이다.

수두 사건을 생각해보면 정말이지 어처구니없이 벌어진 일이라 말도 안 된다고 강하게 부정했다. 그런데 곰곰이 원인을 찾기 위해 몇 달 전으로 거슬러 올라가 생각해보니 말이 안 되는 게 아니라 너무나 당연히 말이 되고도 남을, 어쩌면 예견된 일이었을지도 모른다는 생각이 들었다.

처음 파리에 온 그해 4월부터 수두에 걸린 7월까지 나는 새로운 환경에 적응하면서 밥 먹는 것 자체가 번거롭고 싫어서 끼니를 빵이나 비스킷으로 대충 때웠다. 그래서 두 달 만에 몸무게가 6킬로그램까지 빠졌고, 서울에서는 운동은커녕 걷지도 않았으면서 파리에서는 엄청 많이 걷고, 긴장한 채로 지냈다. 당연히 건강이 나빠지면서 면역력도 떨어졌을 테고 그 즈음 수두는 얼씨구나 하고 내 몸으로 들어왔을 것이다. 그저 그 상황이 억울하고 어처구니가 없어서 인정은커녕 '말도 안 돼, 말도 안 돼'라고 부정만 했지 내가 계속 홀대했던 내 건강은 생각도 못 했다.

그 엄청났던 수두 사건 이후로는 알아서 밥도 잘 챙겨 먹어서 몸무게도 원래대로 돌아왔고 게다가 우습지만 손도 너무 자주 씻지 않으려고 노력했다. 왜냐하면 지옥보다 더한 것 같은 징글징글한 경험을 두 번 다시 하고 싶지 않기 때문이다.

살다보면 말도 안 되는 상황이 많이 있겠지만, 기억하자.

'왜 나에게 이런 일이. 말도 안 돼!' 가 어쩌면 나 때문에 비롯된 일이라 '말이 되고도 남는다'는 사실을 말이다.

파리지앵의 밥상이 생각을 깨운다

구석기시대에는 구석기 스타일에 적합한 생활을 하고 신석기시대에는 신석기 스타일에 맞는 생활을 했던 것처럼 나의 파리 생활도 자연스럽게 이곳에 적합한 라이프 스타일로 바뀌어갈 수밖에 없었다.
나는 원래 육식보다 생선이나 채식 위주의 식사를 더 좋아한다. 그렇다고 채식주의자까지는 아니지만 누구처럼 '고기반찬이 없으면 먹을 반찬이 없네'라거나, '주 단위 혹은 월 단위로 몇 회 이상 주기적으로 고기를 섭취하지 않으면 힘이 없다'고 할 만큼은 아니다. 그저 있으면 먹고 구태여 안 먹어도 고기가 먹고 싶다는 생각은 겨우 몇 달에 한 번 할까 하는 정도다.
그래서 서울에서 내가 차렸던 밥상은 밥과 국, 김치, 밑반찬 그리고 항상 그날의 핵심메뉴 한 가지가 주된 식단으로 밥은 보통 식당의 양보다 조금 적게 먹고 반찬이나 그 주변 메뉴를 더 즐겨 먹을 수 있는 밥상을 선호한다. 그래봤자 고작 일주일에 한두 번 차려 먹는 밥상이긴 했지만.
그런데 파리에서는 한국에서처럼 굳이 메뉴 구성이랄 것도 없는, 주로 한 가지 메인 메뉴의 단품식사로만 차려지는 밥상으로 바뀌어갔다. 만일 주말에 외식 없이 하루 종일 집에서 먹을 경우의 주된 식단은 이렇다. 아침은 간단하게 샐러드와 바게트 그리고 커피, 점심은 스파게티나 햄버거, 저녁은 굴러다니는 야채를 싹 다 구워 곁들인 스테이크다. 물론 주중 한두 끼 정도는 간단한 한식을 먹긴 하지만 그게 있는 재료로 대충 뚝딱 만들어 먹는 거라 한국에서의 밥상과는 차원이 다르다.

'그럼 파리에서는 한국처럼 해먹을 수 없나?'라고 묻는다면 물론 한국에서와 똑같을 수는 없지만 그럭저럭 웬만한 건 다 해먹을 수 있다. 그런데 좀 미묘한 것이 집에 한식을 만들기 위한 재료가 늘 있는 것도 아니고 혹시라도 갑자기 양념이나 재료가 떨어지면 근처 슈퍼마켓이나 야채가게에 가는데, 역시나 프랑스사람에게 맞춰진 식재료뿐이라 미리 작정하고 장을 봐둬야 한다. 그러니 자연스레 파리지앵 식생활과 어설프게 섞일 수밖에 없다. 백화점처럼 밀폐된 공간에 사람들로 북적이는 곳은 질색인데 그래도 유독 시간 가는 줄 모르고 몇 시간씩 정신줄 놓는 곳은 우리네와 많이 다른 식자재가 즐비한 슈퍼마켓이나 리빙숍이다. 예전부터 여행이나 해외출장 때면 현지 슈퍼마켓은 빼놓을 수 없는 놀이터였고, 한국으로 돌아오기 전에는 무조건 현지 슈퍼마켓에 들러 온갖 소스며 허브, 스프와 차, 초콜릿과 사탕 등 사용법도 제대로 모르는 것까지 사는아니 슈퍼를 턴다는 표현이 더 맞을 것 같다 건 절대 빼먹지 않았다.

그래서 파리에 살면서 슈퍼마켓이나 리빙숍을 수시로 마음 편히 둘러볼 수 있는 게 정말 좋았다. 리빙숍은 딱히 필요한 것이 있다기보다 그냥 심심할 때 구경 삼아 가곤 하는데 구경을 하다보면 시도 때도 없이 탐하고 싶은 제품이 넘친다. 그렇지만 잠시 머물다 돌아갈 처지에 무조건 살 수 있는 것도 아니어서 그저 눈으로만 즐기고 기껏해야 소품 정도로 만족해야 했다.

하지만 5분이면 갈 수 있는 슈퍼마켓내가 자주 가는 곳은 모노 프리(Mono Prix)라고 동네 작은 슈퍼마켓은 아니지만 대형마켓보다는 작은, 백화점 축소판이라고 생각하면 된다은 달랐다. 필요한 물건이 있어도 모아서 한 번에 가기보다는 수시로 즐기며 다녔다. 그럴 때마다 예전에 여행이나 출장 다니던 시절이 절로 생각났다. 이제는 조급한 마음으로 물건만 후다닥 살 필요도 없고, 시간도 많으니 천천히 구경하며 여유롭게 시간을 보내도 누가 뭐라 하지 않으니 좋았다.

예전 같으면 쓰임새가 같은 제품이 여러 브랜드로 있으면 서로 다른 그 미묘한 차이를 알기는커녕 그냥 일단 쓸어 담곤 했는데 파리에서는 그럴 필요 없이 한참을 서서 사전까지 찾아가며 무엇에 쓰는 물건인지 깨알같이 쓰인 상세설명도 읽고 제품을 골랐다. 대부분 그렇겠지만 나 역시도 물건 하나 사러 들어갔다 이것저것 보면 원래 목적은 잊고 딱 필요한 그것만 사가지고 나오는 경우는 단 한 번도 없다.

사실 물건 구매는 개인의 취향에 따른 것인데 파리 생활 초창기에는 장을 보러 간들 그 수많은 브랜드 중 어떤 브랜드가 맛있고 좋은 제품인지 알 수도 없을뿐더러 제품의 포장만 보고 대충 식별해서 고르는 정도였으니 내가 스스로 취사선택한다는 건 어려웠다. 그래서 파리에 오래 산 친구들의 설명을 듣고 구입하곤 했다.

시간도 지나고 슈퍼마켓을 자주 가다보니 가끔은 파리지앵은 어떤 브랜드를 구입하는지 살짝 엿본 후 나도 늘 같은 것을 사용했던 것처럼 자연스럽게 물건을 담는 경우도 있고, 진열된 상품이 유독 적어 특별히 더 많이 팔린 것 같은 것을 사기도 했다. 그러면서 그들은 주로 어떤 제품을 선호하는지도 알게 되고 그들을 따라 여러 브랜드를 써보며 그 차이를 조금씩 알아갔고, 점점 현지인처럼 제품마다 조목조목 따지며 비교도 할 수 있게 되었다.

한국에서는 슈퍼마켓에서 장을 본 후 계산하기 위해 줄을 서서 기다릴 때 보면 이 집이나 저 집이나 서로가 비슷한 메뉴를 해먹으니까 보통은 앞사람이 올려놓은 물건만 보아도 '아, 된장찌개 재료구나'라는 식 으로 대충 알 수 있었는데 파리 슈퍼마켓에서는 다른 사람들 이 구입한 제품을 본들 '저 구성으로 뭘 해먹지?'라는 궁금증 만 있지 내가 접했던 음식만으로는 그들의 메뉴를 유추하기 가 매우 어렵다. 그럴 때마다 당연하면서도 새삼 드는 생각 이 '참 우리네 음식과는 많이 다르구나.'

다름을 놓고 보면 어디 한두 가지겠는가. 지금도 유학 초창기 때 장을 보러 가서 우리네 식재료와 너무도 다른 것은 선택도 하지 못하고 쭈뼛쭈뼛거리 며 당황스러워했던 기억이 난다. 물론 비슷한 것도 많지만. 처음 야채를 사 겠다고 둘러봤을 때, 일단은 크기와 종류가 우리 농산물과는 비교가 안 될 만큼 크고 많아서 그저 입만 떡 벌어질 뿐 선뜻 사지지가 않았다.

예를 들면 가지도 그 크기가 주먹을 쥔 팔뚝만 하니 어쩜 작은 야구방망이만 할 수도 있다 하나만 사도 반 이상은 버릴 것 같고 작은 걸 찾아봐도 모조리 큰 것뿐 이다 원래 프랑스 가지는 다 이런 것인지 아니면 이 가게에는 큰 것만 파는 것인지 도통 알 길이 없어 다른 가게라도 가야 하나 아니면 그냥 여기서 사 야 하나를 고민하느라 집었다 놓았다를 몇 번이고 반복했다. 또 대파는 말 그대로 대~파다. 김장철에 보는 대파 굵기의 족히 두 배는 되고, 언뜻 보아 도 억센 정도가 빗자루 같아 보였다. 오이며 상추, 피망, 마늘 등도 다 무진 장 커서 당황스럽기는 매한가지였다. 토마토나 양파, 버섯은 그 종류가 너 무 많아서 뭘 골라야 할지 난감했다. 처음에야 한국에서 익히 보던 것 위주 로 구입하다 나중에는 '그래도 이런 게 다 경험인데' 라며 좋은 같지만 한국에서 먹어보지 않았던 야채를 고르기도 했다.

프랑스에 오기 전 알고 있던 프랑스인 친구가 있다.

그녀도 한식을 좋아하지만 유독 한식만 고집하는 한국 남편 때문에 몇 가지 알고 있는 한식 메뉴 중 남편도 좋아하고 그녀도 좋아하는 된장찌개를 거의 매일 끓여 먹는다고 했다. 한번은 며칠 전 남편이 생선조림을 먹고 싶다고 해서 퇴근하는 길에 마트에 들러 생선 두 마리를 샀다며 조림은 어떻게 하느냐고 물었다. 그래서 무슨 생선을 샀느냐고 물었다.
"생선 이름도 모르고 해서 그냥 보고 예쁜 거 두 마리 샀어."
그 말을 듣고 그 자리에서 배꼽 빠지게 웃었던 기억이 있는데, 내가 딱 그 모양새다. 파리에서 처음 생선을 샀을 때다. 프랑스인도 생선요리를 많이 먹어서 생선가게에는 언제나 신선한 생선이 잘 진열되어 있다. 언뜻 보기에는 생선마다 생긴 모양새가 한국 생선과 별반 다를 게 없어 보이는데 막상 내가 한두 가지를 꼭 집어 사야 하는 상황에서는 그 종류가 같기도 하고 다르기도 해서 선뜻 고르기가 어려웠다. 고등어는 이들도 먹어서 가끔 볼 수 있지만 그 외의 생선은 파리에 있는 동안 본 적이 없다. 그중 광어인지 도다리인지 가자미인지 넓적하게 생긴 생선은 내가 먹어본 것 같고 알 것 같았다. 그렇지만 같은 어종인 것은 분명 맞는데 형형색색의 화려한 무늬가 있는 것이 뭔지 모르겠지만 조금씩 달랐다. 그래도 어쩌겠는가. 프라이팬에 노릇하게 구운 생선을 먹으려면 뭐라도 사야 하는데. 나도 그 프랑스인 친구처럼 구워 먹을 수 있을 것 같은 생선 중에 그래도 마음에 드는 예쁜 걸 샀고 혹시라도 고등어같이 아는 생선이 있는 날에는 무조건 맛을 아는 생선만 샀다.

게다가 생선 손질법도 달랐다. 직원이 '손질해줄까요?'라고 물어서 손질을 부탁했더니 세상에나, 생선 앞뒤 살만 발라 포를 뜨듯 싹 손질해주었다. 사실 그게 먹기도 편하고 가시 걱정도 없긴 해도 자고로 생

선은 한 마리 통째로 노릇노릇 구워 살과 뼈를 발라가며 먹어야 제맛이거늘, 이 또한 문화의 차이에서 오는 다름이었다. 그후로는 손이며 도마와 칼의 비린내를 감수해야 해도 손질하지 말아달라고 했다.

육류는 소, 돼지, 양, 토끼, 말, 닭 등 종류도 많고 소량씩 포장되어 있어 나처럼 고기에 관심이 없는 사람은 잘 구별을 못 할 뿐만 아니라 언뜻 보고는 다 소고기로 알 수도 있다. 언젠가 모처럼 삼계탕이 먹고 싶어 닭을 사러 갔다가 놀라서 그냥 돌아온 적이 있다. 닭에 대한 내 편견이겠지만, 한국에서 늘 봤던 아담한 사이즈의 닭만 생각하고 요리하는 닭은 다 작은 사이즈인 줄만 알았다. 그런데 파리에서 내가 본 닭은 어쩜 그리 큰지 한국에서 파는 오리보다 더 뚱뚱하고 커서 처음에는 이게 닭인지 오리인지 몇 번이나 다시 보고 분명 닭인데도 그 사이즈와 노란색이 당황스러워 한국 닭은 대부분 흰색에 가깝지 않은가 선뜻 손이 가지 않았다.

그 크고 누르스름한 닭껍질에 털이 뽑힌 점점이 검은 자국이며 군데군데 붉고 굵은 털도 듬성듬성 붙어 있었다. 징그러워 눈살이 절로 찌푸려져서 만지지도 못한 채 돌아나오며 '얘들은 왜 닭털을 깨끗이 안 뽑지? 한국 소비자들 같으면 닭털이 있는 닭을 판매했다고 회사에 클레임을 걸어도 백 번을 걸었겠다' 생각하며 그대로 삼계탕을 포기하고 메뉴를 바꿨다.

하물며 정육코너에는 이름도 모르는 조그만 새가 몸통 털만 뽑히고 머리는 그대로 달린 채로 어찌나 얌전히 차곡차곡 싸여 있는지, 그쪽으로는 눈도 돌리지 못할 정도로 비위가 상했지만 한편으로는 도대체 저 새의 머리도 먹는 건지 궁금하기도 했다.

정 고기를 먹어야 할 경우에는 소고기 중 알고 있는 부위만 구입해서 스테이크를 해먹곤 했다. 그랬던 내가 나중에는 먹겠다는 일념 하나로 그 큰 닭도 사서 도마 위에 뉘어 놓고 돌려가며 쪽집개로 듬성듬성 있는 털도 뽑고

중국집에서 쓰는 무시무시한 칼로 토막까지 쳐가며 닭도리탕도 해먹었다면 이전의 내가 가식이었던 걸까? 환경이 날 변하게 한 걸까?

프랑스는 토양과 기후가 좋아서 그런지 농축산물이 값도 싸고 질도 좋다. 그에 비해 수산물 가격은 비싼 편이라 생선을 좋아하지만 프랑스에서는 상대적으로 비싼 생선보다는 싸고 질 좋은 고기를 더 먹게 되었다.

한국에서 육류는 수입산과 국내산으로 나뉘고 특히 국내산은 수입에 비해 가격이 많이 비싸서 한우의 경우 족히 10만 원은 줘야 질 좋은 고기를 맛볼 수 있던 반면, 파리에서는 우리 돈으로 3~5만 원 정도면 마블링 꽃이 화려하게 수놓인 등심, 안심뿐 아니라 특수부위도 골라가며 선택할 수 있다. 그러니 유학생도 부담 없이 고기반찬을 자주 해먹을 수 있고, 보통의 프랑스인도 늘 스테이크 등 고기메뉴를 즐긴다. 그러니 여기서의 고기반찬은 한국에서의 그 고기반찬이 아니라 좀 과장하면 어묵볶음처럼 누구나 쉽게 먹을 수 있는 메뉴다. 그러니 준비할 것도 많고 가격도 만만치 않은 한식보다는 이들처럼 스테이크와 샐러드 그리고 바게트로 식사하는 경우가 잦아졌다. 식사준비도 한식에 비해 간단하고 치울 때도 접시 몇 개뿐인데다 음식물 쓰레기도 많지 않아 점점 단품메뉴 식생활로 바뀌었고, 한식을 준비하는 것보다는 그게 수월하고 편했다.

서양식과 한식 우리네 백반 수준 말이다의 일장일단이 있겠지만, 무엇보다 늘 먹던 한식은 특성상 밥과 국 여러 반찬을 먹어서 좋기는 한데 굳이 비교하자면 한식은 준비과정의 수고로움과 정성에 비해 딱히 기억에 남는 메뉴 없이 그냥 잘 먹은 느낌이 들 때가 더 많다. 그런데 서양식은 단품식사가 많다보니 먹고 나서도 배부름이 명확하다.

물론 가족도 있고 늘 식사를 준비한다면 모를까 혼자 사는 사람에게는 한두 번 먹겠다고 반찬을 해놓고는 남아서 버리는 것이 더 많아 단품메뉴가 여러 모로 실용적이고 과하지 않다. 파리에서 줄곧 간편한 식생활을 하다 한국에 잠깐 왔다가 한번은 한정식을 먹었다. 오랜만에 국과 밥 여러 음식이 가득 차려진 식사를 하는데, 먹을 때는 이 반찬 저 반찬 정신없이 먹어놓고 다 먹은 밥상을 보며 그제서야 생각이 많아졌다.

- 한 끼 식사가 너무 과한 것 같다.
- 이렇게 많은 음식이 남아서 버려지다니 남은 음식이 무지 아깝다.
- 배는 부른데 딱히 기억에 남는 음식이 없다.
- 이것저것 선택할 게 많아서 음식 맛에 집중이 안 된 건가?

주로 단품메뉴를 먹던 파리 식단과 비교되면서 결국 같은 한 끼 식사지만 수저를 내려놓은 그 밥상은 다시 식사를 시작해도 될 만큼 과했다. 그런데 묘하게도 식사가 끝난 밥상에 투영된 내 느낌은 이 남겨진 음식뿐만 아니라 전반적인 내 생활도 한국에서 이렇게 과했던 것은 아닌가, 라는 반성과도 같은 기분이 들었다.
예전에는 이보다 더한 상황도 모두가 그런 것이라 생각했지 그 이상은 생각지도 할 필요도 없었는데 파리지앵의 검소함을 경험해서 그런지 나도 모르게 변한 건 맞다. 아직 빠라지엥처럼 검소함이 몸에 밴 건 아니지만 일상을 살며 여러 부분에서 내가 절제하지 못할 때 가끔은 수저를 내려놓은 그날의 한정식 밥상이 나를 툭, 하고 쳐준다.
그렇다고 구질하게 살겠다는 건 절대 아니다. 단지 예전의 허하게 과했던 내 일상을 생각하면서 지금부터라도 의식 있는 삶을 살고 싶을 뿐이다. 누구에게 보이기 위한 것이 아니라 내 작은 의식이 모이면 내가 생각하고 실천할 수 있는 나다운 삶의 모습이 될 테니까 말이다.

어른이 되어가는 시간

이틀째 집 밖을 나가지도 않고 이러고 있다. 아파서도 아니고 특별한 스케줄이 있는 것도 아니어서 그냥 있다 보니 하루가 가고 이틀이 갔다. 혼자 보내는 무료함을 못 견뎌 굳이 약속을 만들고 싶지도 않고 이대로도 충분히 묘하게 만족스럽다. 이렇게 집에 있다 보면 여기가 파리인지 서울인지 헷갈릴 때도 있지만 창밖 발코니를 통해 보이는 건물이며 오가는 사람이 여기가 파리임을 일깨워준다.

보통은 집에 혼자 있어도 온전히 혼자의 시간이 아닐 때가 더 많다. 친구와 가족의 안부전화며 메시지 그리고 별 목적 없는 스마트폰 검색으로 혼자라는 시간의 공허함은 느낄 수 없는데다 밥 먹고 치우고 밑반찬이라도 조금 해놓고 그러다 차 마시고 쉬면서 책이라도 읽으면 반나절은 훌쩍 지난다.

생각해보면 집에 있어도 자려고 누울 때 빼고는 멍하니 그냥 아무것도 하지 않는 적은 없었다. 마음 한구석이 뭔지 모를 묵직한 무게를 느끼거나 혹은 혼란하고 분주할 때면 오히려 더 뭔가를 찾아 헤매며 그 번잡하고 무거운 감정을 잊으려 했고 그렇게라도 하다보면 그 무게가 가벼워진다고 착각했던 것 같다. 사실 그 무게는 그대로였는데.
이렇게 집 밖에 나가지 않고 혼자 있고 싶을 때는 분명 내 안의 소소한 감정의 상처들말로 그 감정들을 다 설명하긴 어렵지만과 허함이 쌓여 미묘하게 나를 힘들게 할 때임을 다른 사람은 몰라도 나는 안다. 아마도 이틀째 집 밖에 나가지 않은 날도 그랬을 것이다.
그날도 이런 내 마음을 아는 건지 평소와 달리 전화나 메시지는 오지 않았고 나는 나조차도 속이며 겉으로는 평정 상태의 고요한 일상을 보내고 있었다. 그러던 중 영주언니의 전화를 받았다. 하루 종일 말 한 마디 하지 않고 입 밖으로 어떤 소리도 내지 않았음을 전화를 받을 때 쩍 갈라지듯 탁한 내 목소리로 알았다. 언니는 외국에서 혼자 지내는 내가 안쓰러워 엄마 같은 마음에서 특히나 혼자 집에 있을 때면 밥은 잘 먹는지, 아픈 데는 없는지, 기분은 어떤지 늘 물어주곤 했다.
"혼자 뭐 하고 있니? 이틀 동안이나 안 나갔어? 너 그러고 있지 말고 우리 집에라도 와라. 너 그러고 있으면 심심하지 않니?"
안쓰러워 마음 써주시는 게 고스란히 전달되었다. 굳이 괜찮다고, 이러고 있는 시간도 좋다며 전화를 끊었다.
'혼자 이러고 있는 시간이 심심한가?'
생각해보니 심심하진 않지만, 마음 저 밑바닥에 뭉글뭉글 알 수 없는 고독이 있었고, 그제야 덮어두고 외면하려던 마음의 상처와 알 수 없는 공허함이 더해져 고독에 무게를 얹고 있다는 것을 알았다. 스산한 가을도 아닌데 말이다.
복잡 미묘한 감정이 의지와는 상관없이 바람에 이리 뒹굴 저리 뒹굴 굴러다니는 늦가을 누런 낙엽처럼 마음속 바람을 타고 정처 없이 뒹굴거렸다. 사람마다 이 시간을 해소하는 방법이 다르겠지만 나는 대가리 박은 꿩처럼 며칠씩 집 안에 꽁꽁 박혀 그 외로운 감정을, 고독한 시간을 구태여 남과 나누려 하지 않는다. 그냥 그대로 술 없이도 맨 정신에 느끼고 받아들인다.
'이런 느낌 얼마나 오랜만에 온 감정인가?'
한국에서는 바쁘게 살다보니 이런 감정이 있었는지도 알 수 없었다. 사람에게는 이성과 감성의 밸런스라는 것이 있을 텐데, 되돌아보니 따박따박 이성으로만 산 것 같다. 건조하기 그지없게도. 그런데 이 도시 특성 때문인지 아니면 철저히 혼자라는 생각 때문인지는 몰라도 이 감정이 내게 준 감성은 나쁘지 않았다. 오히려 내 감정을 조용히 들여다볼 수 있는 사색의 시간이어서 좋았다.
커피 마시며 즐겨 듣는 음악을 크게 틀어놓고 멍하니 아무것도 하지 않으며 기대앉아 그냥 창밖 하늘의 구름만 따라가다 보면 내 마음이 움켜쥐고 있던 상실, 공허, 분노, 슬픔 따위의 감정이 뒤엉켜 구름처럼 공중에 떠다니면서 뭉쳤다 흩어졌다 한다.

살다보면 가장 가까운 가족과 둘도 없을 친구나 연인, 심지어 배우자와도 서로 이해불가의 상황으로 치달아 끝내는 남기지 말아야 할 마음의 생채기를 남기고 간극을 만들고마는 상황이 있지 않은가.

더없이 가깝고 좋았던 관계였기 때문에 그 관계의 깊이보다 더할 수 있는 상처의 자국이 마음속에 그려져서 한동안 허우적거리기 일쑤다. 내 입장만 생각하면 분노에 들끓다 점점 시간이 지나면서 씁쓸함으로 변하고 나중에는 공허함과 덧없음으로 허탈해하다 시간이 가고 또 가면 그 몹쓸 감정이 아주 조금씩 사그라든다. 그러고는 좋았던 관계에 대한 아쉬움과 그리움 그리고 미련이 섞여 한때 좋았던 순간순간의 기억이 쓴 추억으로 스멀스멀 올라오는 감정 상태. 마치 질긴 고기를 넘기지도 못하고 뱉지도 못하면서 질겅질겅 씹을 수밖에 없는 그런 느낌 말이다.

내가 느끼는 이런 감정상태도 정신분석학적으로 스트레스의 일종이라고 봐야 하나? 잘은 모르겠지만 스트레스와는 다른 감정 문제 같다. 스트레스는 그래도 여지가 있지 않은가? 어떻게든 풀려고만 하면 말끔히는 아니지만 해소할 수 있는 방법이 적지 않다. 반면 감정의 상처는 '그래 다 떨쳐버렸어'라고 매번 장담하면서도 그 다음 단계로 쉽게 넘어갈 수 없는, 뭔가 클리어하지 않은 상태인 것이다.

어른들은 모든 건 다 시간이 해결해준다고, 기다리면 된다고 했다. 물론 맞는 말이다. 그런데 시간에 기대어 살다보면 아픈 기억에서 서서히 멀어지고 흐려질 수는 있겠지만, 그때 감정은 불편하게 남아 있지 않을까?

그래서 더 힘들 테지만 애써야 한다고 생각한다. 물론 상처의 자국이야 완전히 없어지지는 않겠지만, 완쾌가 아닌 더딘 치유라도 그리고 씁쓸한 인정이라도 자꾸만 해야 하지 않을까? 이런 부류의 감정은 남이 해결해줄 수 없는, 내 안에서 내가 붙들고 놓지 못하는 번뇌니 말이다.

고독!

고독이란 [혼자여서 외롭다]지만, 그 이전에 내 안의 상처 입은 감정으로 마음의 문을 조금씩 스스로 걸어 잠그고 그 속에서 허우적대다 불쑥 고개를 내민 상실감에서 더 진하게 밀려오는 것 같다. 파리라는 도시에서 혼자 사색할 수 있는 시간이 아니었다면 굳이 생각할 필요도 없이 흘러갈 작은 감정마저 이렇게 고스란히 느끼고 '아 내가 이래서 이런 거잖아'라고 인정하는 내 모습에 '내가 또 한 번 어른이 되어가는구나' 싶다.

어릴 때야 지지리도 나만 아픈 줄 알았는데 어른이 되어 주변을 둘러보니 각자의 몫만큼 감정의 상처를 안고 산다는 것을 알게 되었고 내 몫의 아픔은 내가 인정하고 치유해야 함을 받아들이게 된다.

이렇듯 또 한 번 어른이 되어간다는 건 지금 내 마음속에 굴러다니는 감정의 부스러기를 거부하거나 피하려 애쓰지 않고 그냥 받아들이는 것, 그리고 느끼는 그대로 아파할 수도, 기뻐할 수도 있음을 인정하는 것에서부터다.

인정했다면, 그 다음은 남이 아니 내가 나름 아주 잘 치유하는 거다. 미련이 남아 뱉을 수 없다면 그게 비록 질긴 고기라 할지라도 잘 씹어 삼켜야 하지 않겠는가.

Au delà de cette limite,
la terrasse est accessible
sous votre propre
responsabilité.

Beyond this point, terrace is
accessed at your own risk.

CHAPTER 2
여기는 파리니까

바게트 바게트 바게트

평일 오후 6시쯤이면 골목마다 하루일과를 마치고 퇴근하는 사람과 퇴근하며 유치원에서 아이를 찾아 유모차에 태우고 집으로 돌아가는 워킹맘의 모습을 볼 수 있다. 그들 대부분이 한 손에 바케트를 들거나 아니면 유모차 한 귀퉁이에 꽂고 집으로 향한다. 그 시간대 주택가 주변 골목의 파리지앵의 모습이 한낮과는 확연히 다르게 느껴지는 건, 들고 있는 바게트가 곧 차려질 저녁식사를 위한 것임을 종종거리며 바삐 걷는 모습에서 충분히 알 수 있기 때문이다.

매일 이 시간 즈음에 골목 빵집마다 식사용 빵을 사기 위해 빵집 앞에 삼삼오오 줄 서있는 파리지앵은 익숙한 광경이다. 나 또한 평일에는 주로 바쁜 아침시간보다 집으로 들어가는 저녁시간에 바게트를 사서 다음날 아침까지 해결하곤 했다. 유난히 허기진 날 빵집 앞에 줄을 서서 기다리다보면 입구에서부터 빵이 내뿜는 구수한 향이 콧속으로 훅 들어오고, 잘 구워져 한김 식힌 짙은 갈색의 빵이 빼곡히 진열되어 있는 걸 보면 더도 말고 딱 한 점이라도 얼른 뜯어 입에 넣고 싶은 욕구가 거세게 밀려와 입안에 금세 침이 고인다. 한 입 딱, 씹었을 때 바지직 부서지는 거칠면서 바삭한 빵 껍질과 적당히 부드럽고 쫄깃한 그 식감이 자꾸 생각나 주체할 수 없이 침샘이 열리니 다른 생각은 들어올 틈도 없다.
'빨리 계산하고 일단 먹자!'
집으로 가는 동안 구수한 바게트 냄새의 유혹에 못 이겨 도착하기도 전에 일단 뜯어먹는 사람이 어디 나뿐이겠는가? 파리지앵이 들고 가는 바게트 끄트머리가 조금씩 잘려있는 걸 보면 이심전심 원초적 본능 앞에 그저 행복한 웃음만 나온다.
빵집 진열대 위에 이름도 생소하고 모양도 비슷비슷한 종류의 빵을 구경하다보면 정말 저 많은 빵이 오늘 다 팔릴까, 싶을 정도로 종류와 양이 많다. 그럼에도 가끔 7시 넘어 조금 늦게 빵을 사러 가면 그 많던 빵이 그새 팔려서 내가 사야지 했던 바게트 종류가 없을 때도 있다.
'프랑스인은 정말 빵을 많이 먹는구나!'
물론 프랑스인이 우리가 밥 먹듯 빵을 먹는다는 것쯤이야 익히 알고 있었지만, 그렇게 가득 쌓였던 빵이 썰물처럼 후루룩 일순간 빠져나가 군데군데 빈 진열대를 직접 보는 경험을 일상으로 접하자 절로 고개가 끄덕여졌다. 예전에 프랑스 빵에 대한 기사를 읽었는데 명확하진 않지만 대충 이런 내용이었다.
'바게트는 문화유산으로 보존하고 유지해야 한다. 무색소, 무첨가물이어야 하고 반죽 또한 냉동을 해서도 안 되고, 자연 발효만 거쳐서 구워야 한다.'
그때는 문화유산이라고 하면 뭔가 특별한 것이어야 한다고 생각했다. 그래서 빵보다는 좀더 '귀한' 것도 많을 텐데 왜 굳이 빵일까, 라며 프랑스를 참 특이한 나라라고만 여겼다. 그런데 막상 이곳에서 그들처럼 생활하고, 하루에 한 번은 꼭 먹는 빵이 내 식사가 되다보니 그때 그 기사에서 왜 문화유산으로 보존하고 빵에 대한 엄격한 관리기준을 법률에 명시했는지 조금은 이해할 수 있었다.

바게트!

단돈 1유로 바게트 가격은 싼 곳은 80상팀부터 1유로 20상팀 정도로 동네마다 조금 다르다. 1유로는 우리 돈으로 대략 1300원 정도다면 살 수 있는 빵이지만 동전 1유로의 값보다 더 많은 의미가 있다. 그것이 곧 프랑스의 문화며 역사라는 것, 프랑스의 가장 큰 부자부터 가장 가난한 사람도 단돈 1유로면 기꺼이 살 수 있는 프랑스의 평등한 국민 빵이라는 것, 프랑스 대혁명 구호 '자유·평등·박애'를 지금 현실에서도 아주 간단히 대변하는 삶의 불문율이라는 것이다. 그러니 거창한 그 어떤 유산보다도 잘 지켜야 하는 값진 문화유산일 수밖에 없지 않을까.

나도 잘 보존되고 있는 프랑스 문화유산 중 하나를 그들처럼 줄서서 사고 주식으로든 간식으로든 매일 먹으며 그토록 벗겨지던 입천장이 아리지 않을 때쯤, 바게트를 사랑하는 마니아가 되었다.

파리 생활 초창기에는 바게트 말고도 나를 유혹하는 크루아상 croissant 이나 팽 오 쇼콜라 pain au chocolat, 브리오슈 brioche, 팡 오 레잔 pain aux raisin, 쇼송 오 폼므 Chausson aux pommes, 팔미에 palmier 등의 빵이 종류의 빵들은 Viennoiserie, 즉 비엔나풍의 빵이라고 해서 버터, 우유, 계란, 설탕이 많이 함유되어 있어 바게트 종류에 비해 굉장히 부드럽고 달콤하다. 이 모두가 프랑스의 대표 빵으로 프랑스인은 이런 종류의 빵을 커피와 함께 주로 아침 대용으로 먹는다과 디저트가 워낙 많아서 구태여 딱딱한 바게트를 매일 먹어야 할 이유는 없었다. 그런데 매일 부드럽고 달콤한 빵의 유혹에 빠져 조금씩 불어나는 몸무게 때문에 매 순간 맛있게 먹고도 급격히 밀려오는 후회로 허탈했다.

"살 빼려면 다시는 이런 거 먹지 말아야 해!"

"프랑스로 유학 온 사람 중 많은 이가 이 달콤한 유혹을 못 이겨 매일 한두 개씩 간식처럼 먹다가 5~6개월 정도 지나 몸무게가 10킬로그램이나 늘었

BREAD DICTIONARY

CROISSANT
크루아상
밀가루 반죽 안에 버터를 쌓아 겹겹이 접어서 삼각형으로 잘라 돌돌 만 초승달 모양의 빵으로 바게트와 버금갈 정도로 프랑스인의 사랑을 받는다.

PAIN AU CHOCOLAT
팽 오 쇼콜라
프랑스에서 크루아상과 쌍벽을 이루는 사탕받는 빵. 프랑스인의 초콜릿 사랑은 유별나서 디저트는 물론이고, 이렇게 빵 안에도 넣는다.

BRIOCHE
브리오슈
다른 빵에 비해 버터와 달걀이 많이 들이기 결이 곱고 버터의 풍미가 강하다. 프랑스에서는 축제일마다 그 지방색을 살린 여러 브리오슈를 만든다.

PAINS AUX RAISINS
팽 오 레쟌
건포도를 넣은 페이스트리로 프랑스에서는 보통 아침에 주로 먹으며 크루아상과 같은 반죽을 사용하여 달팽이 모양으로 만든다.

CHAUSSON AUX POMMES
쇼송 오 폼므
악어 입 같기도 하고 반달 모양 같기도 한 파이로 슬리퍼 뒷모양 같다고 해서 붙은 이름이다. 파이 안에 사과를 졸여 넣는다.

PALMIER
팔미에르
하트 모양으로 만든 수십 겹의 파이에 설탕의 달콤한 맛과 시나몬 향이 어우러진 과자로 빵의 식감은 없고 바삭한 쿠키에 가깝다.

다더라."

"그래서 프랑스 날씬한 여자애들은 절대 이런 빵은 안 먹는대. 혹시 먹더라도 두 끼는 굶는다더라."

달달한 빵을 먹으며 친구들과 이런 대화를 나누었지만 결론은 늘 같았다. 우리는 학교에서 그런 빵을 익히 만들어보았기 때문에 더더욱 실감나는 이야기였다. 겹겹의 밀가루 반죽 사이에 그만큼의 버터가 겹겹이 들어가니 구웠을 때 어찌 맛이 없을 수 있겠는가? 그 풍부한 버터와 달걀과 설탕의 맛이 어우러져 입속에서 살살 녹을 수밖에 없다. 게다가 팽 오 쇼콜라에는 초콜릿까지 들어가니 그 맛은 더할 나위 없이 중독적일 수밖에 없다. 나는 그 무서운 열량을 알고도 계속 먹을 만큼 마르지 않았기 때문에 빈번히 찾아오는 달달한 유혹을 밀치며 자연스레 밀가루, 물, 소금, 이스트로 만들어진 거친 바게트 종류로 바꿀 수밖에 없었다.

아무리 프랑스하면 바게트라지만, 투박한 바게트는 아래턱이 조금 욱신거릴 만큼 족히 30번은 씹어야 삼킬 수 있는데다, 금세 달달하게 혀끝을 녹이는 부드러운 빵처럼 특별한 맛이 있는 것도 아니어서 매번 바게트를 사도 조금만 먹고 하루 이틀 지나면 딱딱해져서 결국 버리는 일이 더 많았다. 솔직히 처음 바게트를 먹었을 때의 느낌은 내가 20대에 다이어트를 작심하고, 수시로 먹던 달달한 과자와 식사를 단번에 강냉이로 바꾸고서는 커다란 강냉이를 반 봉지 이상 비우고도 뭔가 충족되지 않아 허하게 느꼈던, 간식도 아닌 밥도 아닌, 그 자체로는 부족하고 밋밋한 강냉이 같은 맛이었다. 게다가 왜 그리도 바게트만 먹으면 입천장이 벗겨지는지 나름 요령껏 뾰족하고 까칠한 부분을 눌러가며 먹어도 꼭 벗겨지는 곳만 벗겨져서 입천장이 아물 때까지 따끔따끔 신경 쓰이고 짜거나 매운 음식을 먹기라도 하면 곤욕을 치러야 했다.

프랑스에 살면서 세 끼 모두를 제대로 챙겨 먹을 수 없기 때문에 대부분 아침은 버터와 잼을 바른 바게트와 커피로 간단히 먹고, 점심은 바게트샌드위치나 샐러드로 해결했다. 가끔 약속이 있을 때 외식을 하지만 저녁은 대부분 집에서 해먹는다.

수업 시간이 들쑥날쑥해서 점심시간이라 해봤자 채 한 시간이 안 될 때가 많다보니 으레 점심은 샌드위치로 해결했다. 그런데 입천장이 다 아물지 않은 날에는 그냥 부드러운 식빵에그샌드위치 종류를 먹고 싶어도 죄다 바게트를 베이스로 치즈, 참치, 계란과 야채로 만든 샌드위치뿐이다. 게다가 파리지앵에게 샌드위치라 하면 그냥 바게트샌드위치가 당연한 거였다.

파리에 살면서 가볼 곳이 박물관 말고도 워낙 많다보니 가까이에 유명한 박물관이 많아도 처음 한두 번 가보고는 그냥 지나치기만 했다. 유명한 박물관은 전 세계 관람객으로 족히 한두 시간은 기다려서 입장하는 경우가 다반사여서 어지간한 인내심을 갖지 않고서는 막상 그 앞까지 가서도 기다리는 긴 줄에 지쳐 '그냥 다음에 오자'며 돌아오는 일이 더 많았다. 그러다 파리에 온 지 2년이 넘었는데도 오르세 미술관Musee d'Orsay도 못 가봤다는 친구를 핑계 삼아 겸사겸사 친구들과 오르세 미술관에 갔다.

점심시간 무렵인데다 비도 부슬부슬 오락가락했다. 파리의 비는 우산을 쓰기가 애매하게 조금씩 내리다 말다 해서 우산을 쓰는 사람보다 그냥 맞는 사람이 더 많다. 우리도 그냥 비를 맞으며 입장하는 줄 맨 끝에 서있는데 우리 쪽으로 가족으로 보이는 한 무리의 사람이 급하게 오고 있었다.

휠체어를 끄는 젊은 여자, 휠체어에 탄 할머니 그리고 여섯 살쯤 된 남자아이와 누나로 보이는 여자아이가 우리 뒤쪽으로 걸어왔다. 그런데 점심때라 그랬는지 할머니도 아이들도 바게트샌드위치를 먹고 있었다. 그 모습에 오지랖 넓은 내가 또 괜스레 신경이 쓰이고 짠해져서 뒤에 있는 그 가족에게 마음이 가고 자꾸 고개가 돌아갔다. 친구에게 한국말로 소근거렸다.

"야, 저 할머니 이도 성치 않으실 텐데 물도 없이 저 딱딱한 바게트샌드위치를 점심으로 드시나봐? 이런 구질구질한 날은 뜨끈한 국물이라도 드셔야 하는 거 아니니? 아니, 애들도 유치원생 같은데 저 어린것들이 마실 것도 없이 저걸 먹나봐. 아, 내가 다 속상하다. 나도 마실 것 없이 그냥 먹으면 입천장이 홀랑 다 벗겨지던데, 어째. 하기사 이 나라는 부드러운 샌드위치도 없더라고. 온통 딱딱한 바게트샌드위치뿐이니, 뭐 선택의 여지가 있어야지. 배려가 없어 정말. 좀 추운데 저렇게 먹다가 할머니랑 애들 체하는 거 아냐?"

조바심을 내는 내게 친구가 혀를 끌끌 차며 한마디 했다.

"야, 너 또 오지랖 핀다 오지랖 펴. 별걸 다 걱정하세요. 다들 알아서 하겠죠. 쟤네는 태어나서 죽을 때까지 바게트를 하도 먹어서 아마 이가 하나도 없는 노인도 본능적으로 입천장 안 까지고 너보다 더 잘 먹을 거니까 걱정마셔. 그리고 마실 거 없어도 침으로 다 잘 섞어먹고, 나중에 봐라 가방에서 음료수 꺼내서 마실 걸. 왜 쟤네 그런 애들 많잖아. 그 씹는 맛을 음미하는 건지 중간에 음료수 안 마시고 다 먹고나서 한 번에 따로 들이키는 애들."

그랬다. 친구 말대로 그 가족은 비를 맞으면서도 손에 든 바게트샌드위치를 끝까지 다 먹었고 마지막에 음료수까지 마시고 귤을 꺼내 나눠먹으며, 아이들은 장난까지 치며 돌아다녔다.

가끔씩 거리 벤치나 공원에 앉아 바게트나 바게트샌드위치를 먹는 사람을 볼 때가 있는데, 그나마 젊은 사람일 때는 그래도 별 생각이 없다가도 노인이나 어린아이가 그 질긴 바게트를 먹는 모습을 보면 그렇게 마

음이 불편했다. 그런데 생각해보면 그건 다 필요 이상의 괜한 내 오지랖이 었는지도 모르겠다. 친구 말대로 어쩌면 이들은 이가 없는 노인도, 몇 살 안 된 어린아이도 나보다 훨씬 요령껏 바게트를 잘 먹을 수 있고, 또 그 맛을 너무나 잘 알고 즐길 것이다. 오히려 그들이 입천장이 벗겨져서 곤욕을 치르며 바게트를 먹는 나에게 어떻게 먹어야 입천장이 벗겨지지 않고 또 맛도 제대로 즐길 수 있는지 알려줄 입장인데 말이다. 알고 보면 누가 누구를 짠하게 생각해야 하는지….

그렇게 주구장창 입천장이 벗겨진 날도 아닌 날도 버터와 잼을 듬뿍 바른 바게트와 가끔씩 바게트샌드위치를 먹다보니 바게트의 쫄깃한 식감과 햄, 치즈의 짭조름한 맛에 서서히 길들여졌다. 그러면서 바게트로 유명하다는 빵집의 바게트와 동네 이곳저곳 빵집을 바꿔가며 먹어보고는 '이 빵집은 바게트가 맛있고, 저 빵집은 크루아상…' 이런 식으로 분류까지 하게 되었다. 단골 밥집처럼 내 입맛과 기호에 맞는 나만의 빵집을 찾아내고 심지어 늦잠을 자야만 했던 토요일이나 일요일 아침에도 잠에 굴하지 않고 일어나 바게트를 사곤 했다. 보통 빵집마다 꽤 많은 바게트 종류가 있지만 나는 항상 그 집의 바게트 트라디시옹전통 바게트을 최고라고 생각했다. 나는 공기구멍이 너무 적어 속살이 묵직한 바게트를 싫어하는데, 그 집의 바게트 트라디시옹은 일반 바게트에 비해 부드러운 속살의 공기구멍이 알맞게 숭숭 잘 뚫려 있다. 그래서 속살의 부피와 쫄깃하고 가벼운 식감이 좋은 그 바게트는 늦은 아침시간에는 다 팔리고 없기 때문에 휴일에도 일찍 일어나 빵집에 갔다가 다시 들어와 자곤 했다. 얼마나 맛있기에 그렇게까지 하나 싶겠지만 정말이지 내게 그 바게트 맛은 단연 최고다. 그 빵집 바게트 맛은 혼자만 알기에는 너무나 훌륭해서 친구들에게 사다주고 권하며 얼굴도 제대로 모르는 제빵사를 침이 마르도록 칭찬했다.

"내가 프랑스를 떠나면 이 집 바게트를 못 먹어서 진짜 슬플 거야."
그런데 참 희한한 것은 그 집 바게트에 꽂혀 매일 바게트를 먹다보니 언제부터인지도 모르게 매번 벗겨지던 입천장이 벗겨지지도 않고, 먹을 때마다 까칠한 부분을 손으로 누르고 돌려가며 먹던 내가 까칠까칠하고 질겨서 아래턱이 뻐근할 정도로 씹어야 하는 바게트의 식감을 바삭하고 쫄깃하고 씹을수록 고소하다고 느끼며 잘 먹고 있었다. 스스로도 신기할 정도였다. 그 순간 혹시 입천장에 굳은살이 박였나 싶어 손가락을 넣어 만져보기도 했지만 물론 입천장에 굳은살은 없었다.
어찌 되었건 어느 순간부터 바게트를 맛있게 먹는 나만의 방법을 자연스럽게 터득했고 프랑스의 국민 빵, 누구에게나 평등한 빵에 나도 길들여졌다.

BAGUETTE RECIPE

• 일반적인 레스토랑이나 비스트로에서 식사할 때 식사 전 툭툭 자른 바게트가 바구니에 담겨 나온다. 식사 전에 그냥 조금씩 먹다가 주문한 요리가 나오면 요리 소스에 찍어 먹기도 하고 바게트만 따로 먹기도 한다. 하지만 나는 버터를 워낙 좋아해서 어떤 음식을 먹든 항상 버터를 주문해서 발라먹곤 했다.

• 바게트를 조금씩 뜯어 안쪽을 뒤집어 바삭한 겉면을 감싼 후 입속에 넣으면 나름 입천장이 벗겨지지 않고 잘 즐길 수 있다.

내가 바게트를 즐겨 먹던 방법

A. 일단 바게트를 1/3이나 1/4로 나누고 모조리 샌드위치처럼 중간을 자른다.
B. 그날 바로 먹을 양만 남기고 나머지는 지퍼 백에 담아 냉동실에 보관한다.
※ 어차피 혼자서는 바게트 하나를 다 먹을 수 없기 때문에 냉동실에 얼려 놓아야 한다. 그렇지 않고 공기 중에 방치했다가는 그 다음날 돌처럼 딱딱해지고, 반대로 공기와 닿지 않게 비닐에 잘 싸놓으면 눅눅하고 질겨져 그 깃을 느낄+싫다.

BUTTER / ZAM / HONEY
버터, 잼, 꿀과 함께 바삭하게 먹는 최고의 바게트

1. **바로 사온 바게트** 냉장고의 차가운 버터를 먹을 만큼 잘라 그릇에 담아 전자렌즈에 살짝 녹여(버터의 20퍼센트 정도) 일부분이 흐르는 상태가 되었을 때 꺼내 다 녹기 전에 섞어서 바게트 한쪽에 아주 듬뿍 바른다. / **냉동된 바게트** 위아래 면이 떨어질 정도로만 녹여 안쪽 면을 프라이팬에 올려놓고 은근한 불로 노릇하게 굽는다. 구워진 바게트는 접시에 옮겨 바로 차가운 버터를 바른다.
2. 반대쪽에 쨈이나 꿀을 아주 살짝 바른 후 샌드위치 포개듯 붙인다.
3. 접시에 담아 커피나 우유와 함께 먹는다. 버터가 녹아서 줄줄 흐를 수도 있으니 반드시 접시를 받치고 먹어야 한다.

BAGUETTE RECIPE

EMENTAL CHEESE
기름기 쫙 뺀 햄과 에멘탈 치즈로만 만드는 담백한 샌드위치

바로 사온 바게트는 씨겨자를 살짝 바르고 야채는 절대 넣지 않고 오로지 햄과 에멘탈 치즈만을 넣어 샌드위치로 만들어 먹는다.
※ 바삭하고 쫄깃한 바게트에 야채 없이 햄과 치스만으로 만들어 먹는 샌드위치는 단백히고 고소해서 씹을 때마다 상상 그 이상의 맛을 경험할 수 있다.

MOZZARELLA CHEESE / SAUSAGE
모차렐라 치즈와 소시지를 넣어 오븐에 구운 핫도그

바게트로 만드는 핫도그는 오븐 175도에 굽기 때문에 냉동 바게트를 해동해서 사용해도 무관하다. 소시지가 들어가야 하므로 위 아래 바게트의 속살을 조금 발라내고 씨겨자를 안쪽에 조금씩 바른 후 그대로 소시지 하나를 넣고 그 위에 모차렐라 치즈를 듬뿍 올려 빵을 덮고 굽는다.
※ 핫도그를 만들기 위해서는 바게트의 위아래 면을 완전 분리하기보다는 칼집을 끝까지 넣지 말고 끝부분이 붙어 있어야 오븐에 넣어 구울 때 위에 올린 치즈가 잘 녹고 빵은 덜 탄다. 만약 샌드위치빵처럼 미리 다 잘라 놓았다면 옆으로 치즈가 녹아서 흐르지 않도록 소시지 위로만 높게 뿌려야 한다.

파리에 에펠 탑이 없다면

불현듯, 생각해봤다.
'파리에 에펠 탑이 없다면 과연 파리가 파리다울까?'
그렇지 않으리라. 누군가 '파리다운 게 뭐냐'고 묻는다면 줄줄이 설명하며 이리저리 표현한다 해도 파리라는 도시를 품기에는 부족하다. 파리는 말로는 다 설명되지 않는, 마음이 먼저 알아서 느끼는 그런 도시다. 비 온 뒤 하늘의 먹구름과 안개가 채 걷히기 전 희뿌연 모습의 멜랑꼴리한 도시도 파리고, 정반대로 시원하게 부는 기분 좋은 바람과 눈도 제대로 뜨지 못할 정도로 쨍한 햇살 그리고 높고 푸른 하늘 때문에 그대로 뛰쳐나가 공원에 헤벌쭉 누워버리고 싶은 터질 것 같은 날씨도 파리다.
파리는 도시가 작아서 이곳저곳 다니다보면 뜻하지 않은 곳에서 건물 사이로 혹은 저 멀리서 불현듯 쑥 나타나는 에펠 탑을 보는 일이 많다. 꼭 에펠 탑 근처가 아니어도 '어 저기 에펠 탑이네'라는 말이 나오는 순간순간을 경험한다. 가끔씩 보는 에펠 탑의 존재가 '여기가 파리야'라고 아주 잠깐 말해줄 뿐 나에게 에펠 탑은 그 이상의 어떤 느낌도 없는 그냥 에펠 탑이었다.

파리에 있다고 해서 관광명소인 에펠 탑을 작정하고 찾지는 않았다. 그저 에펠 탑이 있는 마르스 광장을 지나거나 센강을 걷다가 보는 에펠 탑이 가장 가까이서 보았던 모습이다. 규모 자체가 높고 커서 가까이에서 그렇게 떡하니 있는 모습을 볼 때면, 보불전쟁에서 독일에 패한 프랑스가 그 치욕을 씻고 보란 듯이 국력을 과시하고 싶었던 만큼의 독한 웅장함과 차가운 비장함에 흠칫하다가 결국에는 에펠 탑의 아름다운 자태에 감탄하고 만다. '아, 그 옛날 저걸 어떻게 지었을까? 그래 너희 프랑스가 패전의 독을 제대로 품었나보네. 정말 대단하다. 아무리 보수공사를 해도 그렇지 세월이 이렇게 지났는데도 저렇게 멀쩡하다니…. 그래서 공부는 해야 돼. 과학의 힘은 대단하고 예술의 힘은 영원하다더니, 맞나봐.'

이런 기분은 어릴 때 철로 된 무거운 비행기가 짐도 싣고 사람도 태우고 어떻게 새처럼 가볍게 하늘을 나는지 그저 신기하기만 했던, 커가면서 교육을 통해 알게 모르게 이해는 했지만 어른이 된 지금도 비행기를 탈 때마다 신기해하면서 조금은 위태로운 그런 감정과 비슷하다.

어찌 되었건 무진장 억측일 수 있지만 예전부터 '파리=에펠 탑'이라는 공식 아닌 공식이 머릿속에서 떠나질 않았나보다. 파리에 너무나 빨리 적응해가며 나를 스치는 외국인이 더 이상 외국인이 아니었을 때 그리고 여기가 파리라고 인식하지 못하고 빨빨거리고 다닐 때 무심히 눈에 들어오는 에펠 탑은 언제나 나에게 '여기는 파리야'라고 각인시켜주니 말이다.

같은 여자가 생얼일 때와 풀 메이크업 했을 때 느낌이 다른 것처럼 낮에 보는 에펠 탑과 밤에 보는 에펠 탑은 달라도 너무 많이 다르다. 해가 지기 전 밝을 때 보는 에펠 탑은 조금은 메마르고 건조하고 어마무시 큰 덩어리의 건축물로만 느껴진다. 땅에서 하늘을 향해 쭉 뻗은 탑의 비례와 균형, 따뜻한 느낌의 고급스러운 브론즈 컬러가 아니었다면 위협을 느낄 만큼 무시무시한 고철 건축물로만 보였을 것이다.

하지만 해가 지고 밤이 오면 에펠 탑은 180도 변신한다. 눈부시게 반짝이며 도시의 수호신처럼 도시 전체를 향해 빛을 흩뿌리는 모습은 자연이 주는 그 어떤 아름다움 이상의 경이로움을 느끼게 한다. 시내에 저녁약속이 있을 때면 늦어져 택시를 타는 경우가 종종 있다. 충분히 지하철을 탈 수 있는 시간이지만 일부러 택시를 탈 때도 있는데, 방돔 광장을 지나 센강을 거쳐 집으로 오는 그 길 때문이다. 식사를 하며 마신 몇 잔의 와인으로 은근히 오르는 술기운과 택시 창밖으로 바라보는 밤의 에펠 탑은 그날의 기분에 따라 내 머리 위에 여러 말풍선을 띄우는데, 그렇게 혼자 잠깐이라도 에펠 탑을 바라보며 사색할 수 있는 파리의 작은 사치가 좋았다.

파리 어느 곳에서든 누구나 잘 볼 수 있는 에펠 탑은 파리를 지키는 수호신처럼 그 위상을 과시한다.

어느 날 스테파니의 전화를 받았다.

"언니 오늘 7월 14일이잖아. 오늘 에펠 탑 불꽃놀이 같이 가자. 올해가 1차 대전 100주년을 기념하는 해라 엄청 화려하고 특별하대. 가자 언니."

"글쎄? 사람들 엄청 많을 텐데 위험하지 않을까? 그리고 요즘 해가 늦게 져서 11시는 넘어야 불꽃쇼 시작할 텐데 끝나고 집에 올 때 차도 없잖아."

"뭐가 위험해. 아, 일단 가고 돌아오는 건 그때 생각하자고. 그리고 늦게까지 메트로 다닌다는 것 같던데. 일단 언니네 집으로 갈게 기다리고 있어."

원래 사람 많이 모인 곳은 애당초 가고 싶어 하지도 않을 뿐 아니라 겁도 많은 성격이라 밤늦게 그런 무작위 군중이 모인 곳은 위험하다고 생각했다. 그래서 파리에 있으면서도 매년 7월 14일 프랑스 혁명일에 볼 수 있는 에펠 탑의 화려한 불꽃쇼를 직접 가볼 생각은 해보지 않았다. 물론 에펠 탑 불꽃쇼에 대해서 무성히 들어서 꼭 가보고 싶다고 생각은 했지만 선뜻 가지지가 않았다. 그러나 내년에는 서울로 돌아가야 하니까 올해가 아니면 이런 기회는 쉽지 않을 듯했다.
'그래 내가 파리에 있는 동안 한 번은 직접 봐야지.'
스테파니와 집에서 10시 30분쯤 출발해 그곳에서 다른 친구들도 만나기로 했다. 에펠 탑 불꽃쇼를 보기 위해 몇몇 친구는 점심때부터 명당자리를 골라 돗자리를 펴고 해가 지고 불꽃쇼가 시작되기 전까지 그 자리에서 식사며 와인을 마시며 무작정 기다린다고 했다. 물론 그 친구들만이 아니라 매년 7월 14일에는 많은 사람이 샤요 궁 앞이나 마르스 광장에서 에펠 탑이 잘 보이는 나름 명당자리라는 곳을 잡아 먹거리며 돗자리 담요 등을 챙겨 아예 이른 아침부터 하루 종일 기다린다.
우리가 마르스 광장에 도착했을 때는 그 인근 전체가 사방으로 끝이 보이지 않는 사람과 전야제 음악소리로 벌써부터 축제분위기였고, 불꽃쇼가 시작하기 직전이라 엄청난 인파 때문에 군데군데 흩어져 있는 친구를 만날 수조차 없었다. 내 의지와는 상관없이 메트로에서 내리자마자 수많은 사람이 움직이는 방향대로 자연스럽게 밀려 걸어갔고 도착해서는 또 다른 무리의 인파에 섞여 자리를 잡기는커녕 그냥 그곳에 서서 곧 시작될 불꽃쇼를 기대하며 새까만 어둠 속 허공에 떠있는 것 같은 에펠 탑을 뚫어지게 바라봤다.
드디어 2014라는 숫자의 불꽃이 에펠 탑에 '파박' 하고 한 번에 떠올랐다 사라지고 'VIVRE LA PAIX평화롭게 살자, 평화로운 삶'라는 글자가 순서대로 반짝이며 시작을 알렸다. 어두운 파리의 밤 그리고 군데군데 별을 품은 하늘 가장 가까이에 맞닿아 있는 에펠 탑에서 거기 모인 모두에게, 아니 전 세계 인류에게 전하는 이 심플한 메시지는 가슴 한켠이 '두둥' 하는 느낌이 들 정도로 뭉클했다. 웅장하고 비장한 음악과 번쩍번쩍 쏘아대는 불꽃 그리고 레이저 불빛이 까만 밤하늘과 대비되어 음악소리에 맞춰 허공에 흩뿌려지며 형형색색으로 퍼져나갔다. 그 순간 에펠 탑은 수많은 인파의 말소리를 순식간에 삼켜버리고는 모두가 몰입할 수밖에 없을 정도로 강한 힘을 내뿜었다.
그곳에 모인 사람들은 곡이 끝날 때마다 환호와 박수로 그 다음을 기다리며 흥분을 가라앉히질 못했다. 음악에 따라 불꽃의 퍼포먼스도 달라졌다. 웅장한 곡에는 하늘을 찢을 것 같은 불꽃이 수놓아졌고, 비장한 곡은 애써 그 슬픔을 억누르고 씩씩하게 나아가는 듯한 불꽃이 펼쳐지는데, 어쩜 그리도 그 느낌이 생생하게 전달되는지 마치 내 몸에 같은 감정이 뿌려지는 듯했다. 그러다 불쑥 타악기의 경쾌하고 발랄한 음악이 흐르는가 하면 다시 가슴 저 밑바닥까지 스밀 구슬픈 아리아가 울려 퍼지기도 했다. 보는 내내 입이 쩍 벌어질 만큼의 화려함과 웅장한 스케일에 경탄을 금치 못하면서 한 곡 한 곡 끝날 때마다 '역시 예술의 나라 프랑스답다'라는 생각이 절로 들었다.
그러다 갑자기 뚝, 하고 에펠 탑의 모든 불빛이 모조리 사라지며 온통 어둠과 숨죽인 고요가 아주 잠깐, 흘렀다. 그 순간 모두가 의아해하며 다음 곡을 기다리는데…,
아!
나는 그 음악이 나오는 순간 훅하고 한 대 맞은 느낌이었다. 완전한 반전에 가슴이 터질 듯 벅차올랐다. 화려함과 웅장함의 극치를 내뿜던 조금 전과 너무나 대조되게 고요한 하늘에서 존 레논이 우리 모두에게 말하는 것처럼 심플한 이 곡이 흘러나오며 더 이상 어떤 말도 필요 없이 모조리 응축해버렸으니 말이다.
음악이 흐르는 내내 그곳의 힘없는 모든 사람은 누가 먼저랄 것도 없이 피아노 반주에 맞춰 존 레논과 함께 에펠 탑을 바라보며 인류애로 똘똘 뭉쳐 기도하는 마음으로 이 노래를 불렀다.

Imagine there's no heaven, It's easy if you try.
No hell below us, Above us only sky.
Imagine all the people living for today. Ahah aahh

천국이 없다고 상상해봐요. 노력한다면 그건 쉬운 일이에요.

발아래는 지옥이 없고, 우리 위에는 오직 하늘만이 있겠죠.

모든 사람이 오늘을 위해 산다고 상상해보세요.

Imagine there's no countries, It isn't hard to do.
Nothing to kill or die for, No religion too.
Imagine all the people living life in peace. Yoohoo oohoo

국가가 없다고 상상해봐요. 그리 어려운 일은 아니에요.

살인이나 죽음도 없고 종교도 없는

모든 사람이 평화롭게 살아가는 것을 상상해보세요.

You may say I'm a dreamer, but I'm not the only one.
I hope some day you'll join us, and the world will live as one!

당신은 내가 공상가라고 말할지 모르지만 나만이 그런 건 아니에요.

힌젠가 낭신노 우리와 함께하면 좋겠어요. 그러면 세상은 하나가 될 거예요!

Imagine no possessions, I wonder if you can.
No need for greed or hunger. A brotherhood of man.
Imagine all the people Sharing all the world. Yoohoo oohoo

소유가 없다고 상상해봐요. 당신이 할 수 있을지 의문스럽지만.

탐욕과 굶주림에 대한 필요도 없고 인류애로 뭉치는

온 세상을 모든 사람이 함께 나눈다고 상상해보세요.

You may say I'm a dreamer, but I'm not the only one.
I hope some day you'll join us, and the world will live as one!

당신은 내가 공상가라고 말할지 모르지만 나만이 그런 건 아니에요.

언젠가 당신도 우리와 함께하면 좋겠어요. 그러면 세상은 하나가 될 거예요!

카페의 낮과 밤

파리, 파리지앵 그리고 카페.
햇살이 좋으면 좋은 대로 흐리면 흐린 대로 비가 오지 않는 이상 그들은 무조건 테라스에 앉는 걸 즐긴다. 있는 그대로의 하늘을 보고 바람을 쐬며 에스프레소 한 잔을 앞에 두고 태연히 신문을 보거나 책을 읽거나 지인과 끝없는 대화를 즐기는 모습은 파리 어디에서든 쉽게 마주하는 광경이다.
파리의 카페 풍경은 다른 나라와는 무척 다르다. 한국 카페가 모던한 디자인과 그윽한 조명, 최신 음악이 흐르고 갓 볶아 내린 구수한 커피 향이 은은히 배어 있는 고급진 느낌이라면, 파리의 카페는 그런 겉치레가 없고 옛날 그대로라 어찌 보면 조금 거칠다는 느낌마저 들 정도로 그저 그렇다. 게다가 서빙하는 사람마저도 젊은 아르바이트보다는 서빙을 직업으로 삼아 족히 십년은 넘게 일했을 법한 아저씨가 더 많다. 그러니 오래된 가게에 오래된 가구며 그 가게의 동선을 눈 감고도 서빙할 수 있는 베테랑 아저씨까지 합쳐진 파리의 카페는 언뜻 보아서는 세련되거나 핫한 느낌은 아니다.
따닥따닥 붙어 있는 테라스의 조그만 원형테이블과 등나무의자가 실내를 등지고 밖을 향해 주르륵 일렬로 놓인 모습이 파리 카페의 느낌을 가장 잘 보여준다. 동네 카페는 손님이 없는 휑한 시간에는 밥집인지 술집인지 구분하기 어려울 뿐만 아니라, 밖에서 보면 영업을 하고 있는지 아닌지도 모를 정도로 칙칙하기도 해서 선뜻 들어가기가 꺼려지기도 한다.

그런데 참 이상한 건 그런 카페에 하나둘 손님이 채워지고 테라스에 삼삼오오 모여 앉으면 텅 비어 있던 카페와는 완전 다른 생동감이 넘친다. 음악도 없고 근사한 인테리어가 있는 것도 아닌데 파리지앵들이 커피 한 잔 맥주 한 잔 놓고 간단한 요기도 하면서 신문을 보거나 대화하는 모습으로 채워질 때는 그 공간이 생명력을 갖는다. 오래된 예스러움이 고풍스럽게 느껴지고 오히려 현대식 카페가 인스턴트 같은 느낌이 들 정도로 파리 고유의 멋스러운 운치를 발산한다. 한 손에 음료가 가득 담긴 원형쟁반을 들고 콧수염에 흰 셔츠를 입은 나이 지긋한 웨이터아저씨가 바쁘게 좁은 테이블 사이로 오가며 서비스할 때의 카페 풍경은 파리에서만 볼 수 있는, 그 어디에서도 느낄 수 없는 묘한 매력을 가지고 있다.

대부분 카페를 찾는 사람은 테라스에서 밖을 향해 앉는데, 예를 들어 두 사람이라면 서로 마주 보고 앉는 것이 아니라 나란히 앉아서 이야기하는데 그 모습이 우리네와는 많이 다른 낯선 풍경인데다. 옆자리가 비어 있어도 가방을 절대로 옆자리 의자에 내려놓지 않고 무릎 위나, 자기가 앉은 의자 밑바닥에 내려놓은 모습은 무척 생소했다. 나중에 알게 된 일이지만 파리에서는 '내 몸에서 떨어지면 그건 더 이상 내 물건이 아니다'라는 말이 있을 정도로 소매치기와 잡도둑이 많아서 파리지앵은 옆자리가 비어도 나처럼 아무 생각 없이 가방을 올려놓지 않는다. 나도 가방이 내 몸에서 떨어져 통째로 잃어버렸다는 수많은 지인의 이야기를 들은 후에는 옆에 뚝 던져놓던 습관이 아예 없어졌다.

파리의 카페는 빵집 다음으로 일찍 문을 열고 가장 늦게 문을 닫는다. 가끔 이른 아침부터 눈이 떠져 뒤척이다 빵을 사러 나갈 때가 있는데, 그럴 때는 빵집만 들렀다 오기 애매해서 동네라도 한 바퀴 산책할 겸 걷다보면 그 시간에도 동네 카페는 어김없이 문이 열려 있다. 이른 아침의 파리를 느끼고 싶은 마음에 카페로 들어가 카페오레 한 잔과 바게트에 버터, 잼만 있는 간단한 아침메뉴를 먹으며 한참 앉았다 들어오기도 했다.

아침 7시경 카페 안에는 출근길에 들러 자리에 앉지도 않고 그냥 바 앞에 선 채로 에스프레소를 주문해서 원샷하고 동전 몇 개를 올려놓고는 5분도 지나지 않아 나가는 사람도 있고, 더 이른 아침에 온 듯 홀로 앉아 신문이나 잡지를 보는 나이 지긋한 어르신도 있다. 게다가 바에서 커피 한 잔 놓고 주인과 한참 수다를 떠는 동네 주민도 종종 본다.

파리의 카페는 대부분 커피나 맥주처럼 음료도 팔고 간단한 식사도 파는 비스트로가 많다. 그래서 낮시간의 카페는 점심을 먹으려는 연인이나 직장인, 혼자 맥주나 에스프레소 한 잔 놓고 시간을 보내는 사람, 친구끼리 디저트와 커피를 마시며 몇 시간 동안 폭풍 수다로 꽃을 피우는 여자들처럼 다양한 방법으로 카페를 즐기는 파리지앵으로 가득하다.

비스트로의 메뉴는 샐러드 종류_{샐러드라고 해서 풀만 있는 게 아니라 큰 접시에 점심 한 끼로 충분할 만큼 바게트와 여러 채소에 치즈를 기본으로 연어, 달걀, 참치, 푸아그라, 햄, 오리통집 등 다양한 토핑을 더할 수 있다}와 파스타나 피자, 햄버거처럼 간단한 메뉴가 많다. 나도 친구나 지인을 만나서 간단하게 점심도 먹고 차도 마시면서 긴 수다를 나눌 때는 언제든 약속장소로 레스토랑보다 카페를 찾았다.

그날도 친구와 점심약속이 있어 자주 가던 카페로 향했다. 우리가 테이블에 앉자 웨이터아저씨가 메뉴판을 주었고 뻔히 아는 메뉴지만 뭘 주문할지 메

뉴판을 보다가 옆 테이블에서 먹는 메뉴를 곁눈질하고는 늘 시켰던 샐러드와 피자 그리고 페리에 한 병을 주문했다. 먼저 페리에와 바게트가 나와서 수다를 떨며 바게트를 먹는데, 옆 테이블 프랑스 여자 둘은 각자 샐러드를 먹다 식사가 끝났는지 바로 커피를 주문했다. 그런데 놀라운 건 식사가 끝난 접시의 샐러드가 둘 다 채 반도 먹지 않고 남겨져 있었다는 거다. 물론 그들은 바게트에는 손도 대지 않은 듯했다. 나도 모르게 접시가 치워지는 잠깐 사이 그녀의 외모를 스르륵, 스캔하고는 친구에게 말했다.
"야, 쟤들은 점심인데도 풀만 저렇게 조금 먹어서 늘씬한가 봐. 우린 뭐냐. 메인이 나오기도 전에 버터까지 발라서 바게트를 반이나 먹었으니."
"쟤들은 20대잖아. 나도 20대 때는 하루에 한 끼만 먹었는데 그것도 새모이만큼 먹었어. 근데 지금은 그렇게 먹다가는 골병들어."
그런데 테라스의 테이블이 워낙 붙어 있어서 그 옆 테이블도 훤히 다 보였다. 다시 친구에게 말했다.
"야! 그럼 저 옆 아줌마는 우리보다 나이가 훨씬 많은데도 저렇게 안 먹고도 날씬하고 예쁘기만 하네."
"이년아, 그냥 먹어! 쟤들은 외국 몸이라 그래."
우리는 깔깔 웃으며 그날도 샐러드와 피자를 아주 잘 먹었다.
해가 지고 밤이 찾아오면 카페는 그냥 집으로 가기에는 서운한 이들의 발길을 잡고, 그들이 채운 열기로 더 생동감이 넘친다. 그 시간의 카페에는 하루 일과를 마치고 집으로 들어가기 전에 가볍게 식사하며 술을 마시는 학생이나 젊은 직장인이 대부분인데 주로 대여섯 명씩 모여 와인이나 맥주 등을 마시며 왁자지껄 카페 안의 분위기를 돋운다. 언뜻 보면 우리나라 호프집과도 비슷한데 이색적인 건 어떤 테이블은 앉아서 식사를 하지만 또 다른 테이블은 스탠딩 형태로 사람들은 테이블에 살짝 걸치기도 하고 주머니에 손을 넣거나 팔짱을 끼고 이야기하다가 술을 마시기도 한다. 그런데 테이블에 앉아 있는 사람들보다 서있는 사람들의 행동과 웃음소리가 더 커서 훨씬 자유로워 보이고 생동감이 느껴진다.

유럽피언 축구경기라도 있는 날에는 어김없이 카페 밖까지 무리의 남자들로 북적대고 한 손에는 술잔을 들고 서서 모두가 텔레비전을 뚫어지게 보면서 경기가 끝날 때까지 좀처럼 흥분을 가라앉히질 않는다. 한번은 축구경기 때문인지도 모르고 들어갔는데 남자들로 가득했다.

"도대체 오늘은 무슨 일로 이렇게 남자들만 득실대고 시끄럽니. 이왕이면 우리 저쪽 구석에 앉자."

그래도 좀 조용할 것 같은 테이블에 자리를 잡았다. 그런데 이상하게도 카페 안의 많은 남자가 자꾸만 우리 쪽을 힐끔거리며 바라보고 웃으면서 자기들끼리 이야기기하는 것 같았다. 한두 사람이 아니라 많은 사람이 자꾸만 우리를 쳐다보는 것이 이상하기도 하고, 실내인데도 대화하기가 어려울 정도로 시끄러워서 괜히 이 카페에 왔나 싶을 정도로 영 불편했다.

그곳 남자들의 시선이 딱히 우리를 본다고 말하기는 뭐하지만 어쨌건 좀 불편해서 계속 의식된 채로 맥주를 마시다, 채 한 시간도 안 돼서 일어났다. 그런데 카페 남자들이 왜 그리도 우리를 보고 있었는지를 그제야 알게 되었다. 세상에나, 우리 머리 위에 조그만 텔레비전이 있고 그날은 프랑스 팀 경기가 있는 유럽피언 축구 결승전 날이었다. 축구를 시작하기 전 진행자들이 경기와 선수들에 대해 분석하는 장면 같았는데 카페 안이 워낙 시끄러워서 우리는 텔레비전 소리는 듣지도 못했고, 어처구니없지만 우리 머리 바로 위에 모니터가 있는지는 더더구나 몰랐다.

사실 파리에는 카페가 두 집 건너 하나 있을 정도로 많아서 파리에서 가장 흔히 볼 수 있는 게 카페고 그러다 보니 이래저래 슈퍼마켓만큼 자주 가는

곳도 카페다. 프랑스 문화부에서 프랑스 문화를 상징하는 세 가지를 발표했는데, '루브르 박물관, 프랑스 음식, 그리고 카페'라고 했다. 오래 전부터 파리지앵에게 카페는 삶의 일부고, 그곳에서 사람을 만나고 이야기를 나누고 토론하며 카페문화를 창조해왔을 것이고, 그것이 지금까지 이어져 프랑스 문화를 상징하는 문화 아이콘이 되었다.

언젠가 시내를 걷다 레스토랑 비슷한 느낌의 카페에 갔는데 그날따라 유독 관광객이 많은 건지 이른 오후인데도 사람으로 북적였다. 나는 영문도 모르고 그냥 '여기가 시내 중심가라 그런가보다'라고 생각했는데 앉아서 커피를 마시다 많은 사람이 카페의 이곳저곳에서 사진 찍는 모습을 보고는 같이 간 친구들에게 물었다.

"여기 엄청 유명한 카펜가봐. 저기 봐봐 들어오는 사람마다 앉아 있다 기다려서 다 사진 찍잖어. 빨리 검색해보자 궁금해 미치겠네."

한 친구가 카페 이름 르 프로코프 Le Procope의 검색내용을 읽어주고야 이곳이 17, 18세기를 풍미했던 문화 예술가들의 아지트로 프랑스를 대표하는 시성인의 만남과 토론의 장소였다는 것을 알았다.

"헐, 우리만 몰랐던 거네. 야, 우리도 빨리 인증사진 한 장 찍자. 저기가 포토존으로 유명한가봐. 근데 사람도 많고 좀 그렇지 않나? 우리도 관광객처럼 저렇게 마구 찍어야 하는 거임?"

"오늘은 그냥 있자. 나중에 다시 와서 사람 없을 때 찍으면 어때?"

"그래, 우리야 서두를 거 없지 뭐. 또 오자고."

우리는 그곳의 관광객과는 다른 여유로운 현지인인 양 은근 가진 자의 느긋한 미소를 지으며 사진을 패스했다. 물론 우리에게 그곳을 기념할 나중은 없었다. 누구도 구태여 다시 가자는 제안은 없었다. 굳이 그곳이 아니어도 파리에는 예술과 철학과 새로운 사상이 만들어진 수많은 카페가 있기 때문

이다. 프랑스 역사는 카페를 통해 만들어졌다 해도 과언이 아닐 정도로 문화, 예술, 철학이 꽃피는 공간이었다. 프랑스 역사가들은 아직도 '파리에서는 그 시대의 사고방식과 감수성을 카페를 통하지 않고는 이해할 수 없다'라고 말한다.

그런 뿌리 깊은 역사를 품었던 카페가 시대가 변했다 해서 요즘의 현대적 카페처럼 모조리 옷을 싹 갈아입는다는 건 말이 안 되는 거겠지. 하지만 아무리 엄청난 역사를 가진 프랑스라 해도 최근 몇 년 사이에 스타벅스가 동네 곳곳에 하나둘씩 들어오고, 학생과 젊은 연인은 일상의 스타벅스를 더 편하게 즐기는 듯했다.

나도 하루에 한 번 정도는 카페를 찾았다. 사람을 만나서 식사도 하고 커피도 마시고 혹은 그냥 귀가하기에는 시간이 좀 이르거나 마음이 허전하다 싶을 때 혼자서도 카페에 들러 알코올 도수가 낮은 파나셰(레몬 맥주)를 시켜 가볍게 한 잔 마시는 경우도 종종 있었으니까. 카페는 그곳의 살아있는 문화를 경험하고 싶던 나에게도 잠시라도 말을 히지 않으면 견디지 못하는 파리지앵에게도 더없이 좋은 또 다른 집 같은 곳이었다.

생각해보면 카페는 아주 천천히 파리지앵의 삶의 일부를 경험할 수 있게 해준 곳이고, 또 가끔씩은 우리와 다른 문화적 충격을 느끼게 했던 곳이다. 몇 해 전 우연히 들어갔던 카페에서 본 광경은 그저 평범했 보였던 프랑스 젊은이들을 더 고급지게 느끼게 했다.

그날 나는 벌써부터 자리에 앉아 있었고 직장인처럼 보이는 10명 정도의 사람이 우르르 카페 안으로 들어와 스텐드 석에 자리를 잡고 맥주를 마셨다. 그렇게 한 30분쯤 지났을 때 다시 밖에서 두 명의 청년이 누런 종이로 포장된 큰 패널 같은 것을 문에 걸리지 않게 요리조리 방향을 틀며 들고왔다. 그러자 그들은 일제히 무리 중 한 남자에게 생일축하노래를 불러줬고 패널 같은 것을 선물로 건넸다. 분명 생일인데 테이블에는 당연히 있을 법한 케이크는 없었다. 그 모습을 지켜보던 나도 그 카페의 손님도 그 커다란 선물이 어찌나 궁금한지 계속 그들을 지켜보았다.

나는 빨리 그 포장을 뜯었으면 하는 조바심이 났지만 선물을 들고온 남자 중 한 명이 한참을 서서 두 명이 받치고 있는 누런 선물을 보며 장황히 설명하는 듯했다. 내용은 들리지 않았지만 그 무리는 친구의 설명을 아주 조용히 경청하고는 말이 끝나자 일제히 박수를 치며 환호했다. 그리고는 생일 당사자가 앞으로 나가 누런 종이를 북북 찢자 선물의 실체가 공개됐는데, 그건 그림이었다.

그 카페에 있던 사람 모두 그 주인공에게 박수를 보냈고, 그날의 주인공은 그림을 보자 눈물이 글썽글썽해서는 친구 모두에게 한 명씩 돌아가며 양볼에 비쥬 bisou, 서로 볼을 맞대고 하는 인사법를 하고 꼭 안으며 연신 고맙다고 했다. 비쥬는 매일 보는 남자끼리는 잘 하지 않지만 오랜만에 보는 친한 사이, 혹은 감사할 일이 있을 때는 꼭 한다.

그 모습을 지켜본 나는 뭔지 모를 감동과 함께 그들의 모습이 아름답게까지 보였다. 늘 갖고 싶어 했을 그림에 대한 그의 사랑과 평소에도 주고받을 수 있는 흔한 물건이 아닌 그 사람의 마음을 헤아린 생일선물의 의미와 그 그림이 그들의 모습을 더 풍성하게 했다. 나는 벽에 세워놓은 그림과 그 주인공을 번갈아보며 그 사람이 어떤 성향의 사람인지도 조금은 알 것 같았다.

지금 생각해봐도 그때 그 카페 안에서 내가 봤던 그들 삶의 일부였을 생일 축하법과 주인공의 눈물이 글썽이던 눈 그리고 한 명씩 친구 모두에게 인사를 건네며 서로 안고 고마워하던 모습은 아직도 내 가슴에 남아있다.

다시 떠올려도 그 어떤 명품보다 그들의 모습이 참으로 '고급지다.'

파르타제, 더치페이, 1/N

누군가와 스스럼없이 식사를 한다는 것은 나에게는 좀처럼 쉬운 일이 아닙니다. 한두 번의 만남을 통해 상대방에 대해 좋은 감정이 생기고 서로 마음이 잘 맞는 느낌일지라도 내가 먼저 그 흔한 '우리 다음엔 식사 같이해요'라는 말이 좀체 나오지 않는다. 항상 상대방이 먼저 '우리 다음엔 식사 꼭 같이 해요'라고 한다. 그럼 그제야 쭈뼛거리며 마지못해 '네, 네' 하기 일쑤다. 그러고도 한참이 걸리는 건 지금도 잘 고쳐지지 않는 내 단점 중 하나다. 어쩔 수 없이 일로 만나 식사로 이어지는 경우가 아니고서는 차를 마시며 관계를 유지할 뿐 서로의 거리감이 충분히 줄어도 같이 밥 먹는 것이 영 편치 않다. 사람 관계에서 좋은 사람과 밥 먹는 게 뭐 그리 힘든 일이냐고 할 수도 있겠지만, 내게는 상대방이 원하건 원하지 않건 상대에게 내 마음의 문이 어느 정도 열렸음을 의미한다. 그래서 좋은 관계의 시작인 한 번의 식사는 곧 내 마음이 무장해제될 수 있는 여지를 가지고 있다는 말이기도 하다.

함께 식사하며 시간을 나누는 것은 음식을 공유해서인지는 몰라도 차를 마시는 행위보다 '너와 내가 함께한다'는 의미가 더 크다. 프랑스어 중에 파르타제Partager라고 있다. 사전을 보면 '-나누다, -배분하다 / -함께하다, -공유하다'는 뜻이 있다. 예를 들어 친구와 아파트를 같이 쓸 때도 '파르타제 한다' 하고, 식당에서 음식을 주문하고는 '우리 나눠먹을 거예요'라고 할 때도 '파르타제'라는 단어를 쓴다. 뜬금없이 파르타제라는 단어를 꺼낸 것은 파리에서 문화적 차이라는 것을 진하게 느끼고 나중에는 나도 자연스레 받아들인 부분이 파르타제였기 때문이다.

요즘이야 20~30대들 사이에서는 식사를 하고 각자의 카드를 꺼내 각자의 밥값을 따로따로 지불하는 것을 왕왕 보기도 하지만 내가 사회생활을 했을 때는 으레 선배가, 아니면 한 번은 내가 다음에는 다른 친구가 내는 식으로 주거니 받거니 하며 서로의 관계가 더 깊어지는 경우가 많았다.

그러다 보니 수위 말하는 '더치페이'라는 것이 영 낯간지럽고 뭔지 모를 민망한 구석 때문에 불편하기 짝이 없었다. 게다가 함께하는 사람이 나보다 어리기라도 하면 그건 두말할 필요도 없이 내가 당연히 내야 한다는 필요 이상의 집착 같은 걸 갖고 있었다. 물론 한국에서는 내가 돈을 벌고 있었고, 얻어먹는 것보다는 사는 게 내 마음도 더 풍요롭고 좋았기 때문이다.

파리 상황은 한국과 달랐다. 남편이 보내주는 돈으로 생활하다 보니 내 마음 좋자고 매번 그 비싼 밥값을 지불할 수 없었다. 저녁까지 수업이 있을 때가 간혹 있는데 2, 3시간씩 여유가 있어 같은 수업을 듣는 친구들과 학교 근처 레스토랑에서 식사할 때가 일주일에 한두 번씩 있었다. 외국 친구들과 식사를 하면 으레 그들이 먼저 딱 자기 밥값을 동전까지 계산해서 테이블에 올려놓거나 각자의 카드로 웨이터에게 한 명씩 지불하기 때문에 속으로는 좀 어색했지만 나도 그들처럼 하면 됐다. 어떤 친구는 동전이 없어 계산이 헷갈리기라도 하면 다른 사람이 먼저 올려놓은 동전을 가져갔다 다시 내려놓고를 몇 번이고 반복하는데 모두가 동전을 놓고 계산을 맞추겠다고 그러는 모습이 어처구니없어 웃기기도 하고 답답하기도 했다.
'그걸 뭘 그렇게까지 계산하니 그냥 가져가든지 내려놓든지 하지. 우리 돈으로 500원도 안 되는 돈으로 진짜 얘들 쪼잔하다. 그냥 딱 암산으로 계산해도 완전 초등학교 저학년 산수 수준이구만 그걸 못하냐.'
그럴 때마다 말이라도 시원하게 통하면 융통성 있게 해결하고 싶은 마음이 굴뚝같았지만, 예전에 읽었던 글귀가 생각나서 그저 그들 계산이 클리어하게 끝날 때까지 기다리곤 했다.

'로마에 가면 로마법을 따르라'는 속담처럼 로마에 가면 로마 사람처럼 행동하면 된다. 일상의 경험에서 봐도 어느 집단에 속하느냐 여부가 개인의 특성보다 더 중요한 경우가 많음을 알 수 있다. 때로는 그것이 공정성이나 합리성을 결정하기도 한다.

— 〈모방사회〉 중에서

그들 문화가 그러니 왈가불가하는 대신 이런 상황에서 빨리 계산할 수 있도록 집에 굴러다니는 동전을 다 긁어 가지고 다니다 그런 경우에는 설명할 필요도 없이 그냥 살짝 건네주며 웃으면 됐다.
"우리 파르타제 할 거예요."
나처럼 다른 한국 유학생도 친구들과 각자 파르타제를 하며 유학생활을 했기 때문에 한국사람끼리 식사할 때도 파르타제 문화가 고스란히 이어졌다. 아무리 나이가 어리거나 많아도 그냥 자연스럽게 1/N 룰에 따랐다. 나 역시도 그즈음에는 이미 아무렇지 않게 파르타제가 편해졌을 때였다.
그렇게 그들의 문화를 어색해하거나 불편해하지 않고 따랐다. 나름대로 우리의 방식을 융통성 있게 섞어서 말이다. 한국 친구끼리는 반드시 내가 주문한 것을 나만 먹고 그 값을 동전까지 헤아려서 내기보다 이것저것 다양하게 주문하고 웃고 떠들며 함께 나눠먹어 오히려 더 풍요로웠고, 서로가 상부상조하는 느낌이 컸다. 물론 프랑스 레스토랑에서 각자 시킨 음식을 함께 나눠먹는다는 건 '고급진 프랑스인'에게는 얼굴 찡그릴 낯설고 예의 없는 모습으로 보였겠지만, 우리는 주문 후 항상 덧붙였다.

이 말은 따로 요구하지 않아도 음식을 가져올 때 '여분의 접시를 갖다주세요'라는 의미다. 그래도 여기는 프랑스인데 이러는 건 좀 아니지 않나, 하는 생각도 없지 않았다.

"파리지앵도 이렇게 우리처럼 같이 먹는 사람도 있잖아."
"걔들은 대부분 연인이잖아."
"그럼 연인은 되고 우린 안 된단 말이야?"
"괜찮아."

너스레를 떨며 입가의 아주 조금, 묻은 듯 아닌 듯 굳이 닦지 않아도 되는 빵부스러기를 헝겊 냅킨으로 품위 있게 닦는, 프랑스 레스토랑에서 흔히 보는 에티켓을 지키며 깔깔 웃었다.

이처럼 파르타제 방법은 다양하지만 국적은 달라도 오리진이 한국사람인 네 명의 르 꼬르동 블루 친구들은로렌, 나, 보경, 민선 유학생활 동안 우리의 1/N 룰에 따라 이심전심으로 많은 부분을 함께했다. 처음에는 우리 관계가 같은 학교 동기 정도라 파르타제 자체가 그리 어색할 이유가 없었다. 그런데 함께 밥도 먹고 게다가 학업에 대한 어려움도 나누는 시간이 많아지니 정이 쌓여 자연스레 언니 동생이 되었다. 그러다 보면 야박한 파르타제보다는 '가끔은 언니가, 어떨 땐 동생이'라는 룰이 성립될 법도 한데 우리에게는 처음부터 끝까지 '1/N 룰'이 자연스러웠다.

언니 동생 좋다고 돌아가며 부담하는 것보다는 우리 나름의 헤쳐 모여 파르타제가 편하고 좋았다. 어디를 가든 무엇을 먹든 다수결로 정하면 모두 찬성하고 함께했기 때문에 그 어떤 일이든 군더더기가 없었다. 우리는 그렇게 가끔씩 아니 자주 레스토랑 탐방도, 다양한 디저트 투어도, 여행도 헤쳐 모여 파르타제로 함께하며 잊지 못할 파리에서의 유학생활을 같이했다.

'파르타제, 더치페이, 1/N.'
돌이켜 생각해보니 이런 단어를 얼마나 어색하고 민망하게 생각했는지. 게다가 그 자체가 참 정 없고 차갑게 느껴진다고 확신했는데, 오히려 그리 살아보니 내 딴에 서로를 조금 앞서 헤아리려던 그 마음이 너무나 작위적이고 괴괴한 마음의 짐이었다는 생각마저 들었다.

파르타제!
모두가 풍족하지 않던 파리 유학생활에서 이 얼마나 합당하고 정당한 방법인가? 그 속에서도 나름의 방식으로 너와 내가 함께해서 추억할 수 있는 즐거움이 그리도 많았는데 말이다.

당신을 초대합니다

내가 살던 아파트는 1층 현관을 들어와 좌우로 엘리베이터 A와 B가 있다. 전체 세대수는 60가구 정도고, 집이 왼쪽에 있으면 엘리베이터 A를, 오른쪽에 있으면 엘리베이터 B를 이용한다. 외관상으로는 8층 높이의 한 동뿐인 아파트인데 현관을 통해 안으로 들어오면 두 개로 분리되어 있어서 반드시 집이 있는 라인의 엘리베이터를 타야 한다. 그렇지 않으면 무조건 1층으로 내려와 다른 엘리베이터를 다시 타야 한다. 그러다 보니 등교시간에 엘리베이터를 타면 늘 그 시간 언저리쯤 같이 엘리베이터를 타는 이웃을 만나게 되는데, 서로 어색하지만 으레 가벼운 미소로 아침인사 정도만 나눈다.

집을 얻고 생활한 지 6개월 정도 지났을 때였다. 그날도 엘리베이터를 탔는데 예쁘게 차려 입은 젊은 엄마와 4살 정도로 보이는 여자아이가 타고 있었다. 엄마와 유치원을 가는 건지, 내가 타자 바로 엄마 다리 뒤로 숨더니 나를 빼꼼히 쳐다보다 나랑 눈이 마주치면 아예 벽을 보고는 고개도 돌리지 않았다. 처음 보는 사람들이라 가볍게 'Bonjour'^{아침인사} 하고 인사했고, 아이 엄마는 아이의 행동이 민망했는지 웃으며 아이에게 '인사해야지'라고 했지만 아이가 어찌나 낯을 가리고 까칠한지 내가 그 짧은 상황이 민망해 웃으며 인사해도 빤히 쳐다만 볼 뿐 엘리베이터를 내릴 때까지 인사는 하지도 않았다.
'뭐 애들이니까, 그리고 내가 동양인이라서 신기했나 보네. 나도 빠글빠글한 검고 짧은 곱슬머리의 그 여자아이가 신기했으니까.'
그러다 다시 며칠 후 엘리베이터에서 또 그 모녀를 만났는데 아이 엄마가 먼저 반갑게 인사했고, 역시나 그 꼬마는 또 나를 계속 쳐다보다 뜬금없이 아주 조그만 목소리로 '엄마! 쟤 반지 봐'라고 하고는 또 엄마 뒤로 숨었다. 아이 엄마는 자기 딸의 행동이 우스운지 계속 웃으며 아이에게 뭐라고 하는데 그 말까지는 다 알아들을 수가 없었다. 단지 꼬마가 나의 '왕 반지'에 관심이 있는 것 같아 아이에게 만져보라는 시늉을 하며 '이 반지 예뻐?'라고 물었다. 그런데 내 발음이 영 별로여서인지 아이는 아무 대답도 하지 않고 몸과 한쪽 손으로 자기 엄마 다리를 감고 껌딱지처럼 꼭 붙어서 다른 한 손으로 아주 살짝 내 반지를 만졌다. 그 몇 분 안 되는 잠깐 사이에 그 꼬마의 행동이 재밌어서 엘리베이터에서 내릴 때까지 웃으며 헤어졌다.
그렇게 두 번 만나고 세번째 만난 날도 엘리베이터에서 가볍게 인사만 하고는 서있는데 그 꼬마가 갑자기 물었다.
"너 이름이 뭐야?"
그 순간 내가 뭘 잘못 들었나 싶어 그냥 서있는데 내 옷까지 흔들며 다시 묻는 게 기가 막혀서 웃으며 물었다.
"나? 내 이름?"
"그래. 네 이름이 뭐냐고?"
당돌하게 묻는데, 아이 엄마는 그런 모습이 웃긴지 계속 웃기만 했다. 나는 얼떨결에 대답했다.

"내 이름은 레브Lev인데 넌 이름이 뭐니?"
아이는 마치 유치원 친구들끼리 서로 이름을 알려주는 것처럼 '조세아, 조세아Joséa, Joséa'라고 존칭도 없이 말했다. 그 모습이 하도 당돌하고 귀엽고 웃겨서 나도 그냥 웃을 수밖에 없었다. 그렇게 만날 때마다 조세아는 나를 자기 또래 친구 대하듯 재잘거렸다.
"레브 너도 학교 가니? 나도 유치원 가."
유치원 친구 폴이 어쩌고저쩌고, 나는 알지도 못하는 제 친구 이야기를 마구 해대는 거다. 그 모습이 너무 웃겨서 보고 있던 엄마가 한마디 거든다.
"조세아, 폴은 유치원 친구잖아. 레브는 너희 유치원 안 다니니까 폴을 모르지."
"레브 너 내 친구 폴 몰라?"라며 '너도 알잖아? 정말 몰라'라는 듯 커다란 두 눈을 동그랗게 뜨고 묻는 거다.
'오~ 마이 갓! 아무리 외국에서는 나이와 상관없이 친구가 될 수 있다지만, 저 꼬마가 날 대하는 저 태도는 뭔 시추에이션? 도대체 쟤는 나랑 누구랑 헷갈려서 저러는 거야?'
그 이후로도 오다가다 집 앞에서 혹은 슈퍼마켓이나 과일가게에서 잠깐씩 만나는 조세아는 내가 인사를 건네도 엄청 새침 떨며 낯을 가렸지만 내게 호기심이 있고 나를 좋아한다는 걸 알게 되었다. 그때까지도 나는 파리에 적응하느라 항상 알 수 없는 약간의 긴장 상태였다. 내 이름으로 걸려오는 전화나 우편물, 아파트에 붙어있는 공지사항마저도 놓치거나 실수하지 않으려고 사전까지 뒤져가며 신경을 곤두세우고 체크했다. 그런데 하루는 편지 한 통이 문 앞에 놓여 있었다. 우표도 없고 발신인이 누구인지도 알 수 없는, 오로지 하얀 봉투에 'Lev'라는 내 이름만 쓰여 있는 편지였다. 이상했지만 나에게 보낸 것이 틀림없는 편지다. 옷도 갈아입지 않은 채 요상한 편지를 열어보았다.

- 간단한 인사말
- 다음 주 토요일 저녁 8시
- 7층 엘리베이터 왼쪽 집에서 모임
- 아이나 가족이 있는 사람은 함께 와도 됨
- 파티는 20시~22시까지 할 예정
- 간단한 식사와 음료, 술이 준비되어 있으니 따로 준비할 게 없음
- 참석 여부와 참석 인원을 메일로 회신 바람

— 가다Ghada와 지아드Ziad로부터

당시 나는 파리 생활을 마음 편히 즐길 만큼 적응되지도 않은 상태였다. 게다가 이런 종류의 편지는 처음 받아보는 거라 그때까지 공부한 프랑스어 수준으로는 단어와 문장의 '구조'로만 이해할 뿐 그 편지가 전달하고자 하는 진정한 '의미'를 이해할 수 없는 채로 편지의 내용을 추측했다.
'반상회입주민 회의 같은 걸 한다는 얘긴가? 프랑스에서도 이런 걸 하나보네.'
나는 혹시나 해서 다시 문을 열고 나가 다른 집 앞에도 같은 편지봉투가 있는지 확인했지만 벌써 다들 가지고 들어갔는지 나를 뺀 같은 층의 세 집 중 어떤 집 앞에도 그런 편지는 없었다.
'이거 파티 초댄가? 근데 가다와 지아드는 누구지? 7층? 이 아파트에서 내가 레브라는 걸 아는 사람은 관리인뿐인데…. 맞아, 그 꼬마! 그럼 가다와 지아드는 그 꼬마 엄마 아빠가? 아, 미치겠네 뭐지? 근데 그렇다 쳐도 나를 왜?'
며칠 뒤 영주언니의 도움으로 알게 된 그 편지의 내용은 7층에 사는 가다와 지아드누구인지는 모르지만가 나를 파티에 초대한 건 맞다. 나는 그들을 모르지만 그들은 분명 내가 누구인지 알고 있으니까 나를 초대한 것일 텐데, 내가 그

파티에 참석할 것인지 아닌지는 두번째 문제고 우선 그들이 누구인지가 무척 궁금했다. 단지 추측할 수 있는 건 나를 알고 있는 가장 유력한 그 아이 조세아가 몇 층에 사는지를 알아야 하는데, 그들과는 어쩌다 아침에나 보니 그들이 몇 층에서 내려오는지 알 수가 없었다.
참석 여부에 대한 답변을 주기 전까지는 며칠이 남았으니 차라리 그 사이에라도 마주치면 가볍게 물어보자 생각했다. 그런데 내 계획과는 달리 답변을 주기로 한 전날까지도 한 번도 마주치지 않으니 미칠 노릇이었다. 나를 초대한 그들은 내가 오기를 바라고 초대했을 텐데 답변도 하지 않은 채 모른 척하기도 뭐하고, 그렇다고 알지도 못하는 집에, 게다가 프랑스어도 잘 못하면서 덜컥 가겠다고 하기도 뭐해 이래저래 고민을 하며 며칠을 보냈다.
그러다 때마침 영주언니가 집에 놀러왔고 상황에 대한 설명을 하고 어떻게 할지 고민하다 차라리 그 집을 직접 찾아가 내일 파티 참석 여부를 알려주러 온 것처럼 말하면서 그들이 누구인지 확인하자고 했다. 7층 엘리베이터 문이 열리고 왼쪽 집 앞에 서서 벨을 누르자마자 마치 문 뒤에 서있었던 것처럼 바로 문이 열리고는 가끔씩 집에 들어갈 때 엘리베이터에서 마주치던 젠틀한 이미지의 낯익은 남자가 반갑게 인사했다.
그는 예전에 몇 번 엘리베이터를 같이 탄 적이 있는데 처음 만났을 때 몇 층에 사느냐며 엘리베이터를 눌러준 뒤로 내가 타면 인사와 동시에 웃으며 '너 4층이지?'라며 알아서 먼저 눌러주곤 했다. 내가 사는 아파트, 특히 엘리베이터 A를 이용하는 동양인은 나뿐인 듯했다. 물론 3층에 중국 여자가 살고는 있지만 그녀는 엘리베이터를 이용하지 않을 뿐더러 특이하게도 거의 집 밖에 나가지 않기 때문에 엘리베이터에서 그녀와 마주친 적은 한 번도 없었다. 그러다 보니 누구든 나와 한두 번 엘리베이터를 같이 타면 내가 4층에 산다는 것쯤은 금세 알 수 있다. 그래도 그의 친절은 좋은 이미지로 각인되

어 있었기 때문에 그가 반갑게 인사하는 모습이 무척 당황스럽긴 했어도 생판 몰랐던 사람이 아니라서 다행이었다.
"안녕하세요? 혹시 당신이 지아드입니까?"
"네, 네."
받은 편지를 내보이며 다시 물었다.
"내일 파티에 초대한 거 맞죠?"
"그럼요 레브, 당신 초대한 거 맞아요. 내일 오실 거죠?"
나를 잘 알고 있는 사람처럼 묻는 게 너무 당황스러워 '당신이 조세아 아빠지?' 뭐 이런 질문은 하지도 못하고 '네, 아니오' 말고는 딱히 할 말이 떠오르지 않아 그대로 '네' 하고 대답하고 내려와버렸다.
그 남자가 조세아 아빠건 아니건 나는 초대한 파티에 그것도 직접 찾아가서 가겠다고 했으니 안 갈 수도 없고, 가자니 프랑스에서 가족이 모이는 파티는 처음이라 뭘 어찌해야 할지 마음이 두 근 반 세 근 반이었다. 프랑스에서 오래 산 영주언니는 끌끌대는 나를 이해시키고 안심시키고 위로해줬다.
"얘, 뭐가 걱정이니? 프랑스인이 이렇게 자기 집 파티에 초대한다는 건 너를 좋게 보기 때문이야. 얘들은 사생활을 중요시하기 때문에 집에서 하는 파티는 정말 친하지 않고는 초대하질 않아."
"그래요? 그럼 날 왜 초대한 거야? 언니도 알잖아, 여기서 내가 아는 사람이 누가 있다고. 그쵸? 아, 말도 잘 못하는데 우르르 나한테 말 시키면 어떡하지 언니? 그리고, 나 이런 파티는 처음이라 뭘 어찌해야 할지 모르는데. 아, 진짜 괜히 오케이 했나봐요. 어쩌지?"
"아이 참 그냥 가. 다 여기 사는 이웃일 텐데 뭘. 그리고 너한테도 좋은 경험이잖니. 니가 외국인이니까 말을 잘 못해도 다 이해하니까 걱정 말고 다녀오세요~"

파티 당일. 나는 머쓱한 상황을 조금이라도 피하고 싶어 일부러 30분을 넘겨 집에서 나갔다. 엘리베이터에서 내리자 벌써부터 복도에 음악소리와 사람들의 웃음소리, 아이들 뛰어다니는 소리가 들렸다. 그때까지도 나는 콩닥대는 심장을 느끼며 그 집으로 걸어갔다. 그 집이 내 추측대로 조세아의 집일 거라 생각하며 말이다. 벨이 울리고 안주인이 나를 반갑게 맞아줬다. 안주인의 얼굴을 보는 순간 그곳이 조세아의 집이라는 걸 알았고, 순간 뭔지 모를 안도가 생겼다.

'휴~ 그래도 아는 사람이 있어 다행이다!'

안에는 사람들이 삼삼오오 서서 와인을 마시며 이야기하고 있었다. 내가 들어가자 조세아가 나를 알아보고는 저쪽에서부터 뛰어와 격하게 안기며 인사를 하는데, 얼떨결에 나도 인사하며 안아주었다. 예상치 못한 격한 인사에 당황했지만 티 나지 않게 일어나 무리 속으로 들어갔다.

'얘가 나랑 이 정도로 친했나? 엘리베이터에서든 어디서든 잠깐씩 봤을 때 새초롬하게 굴던 그 조세아 맞은?'

서로 가볍게 인사하고 음식도 권하면서 한 번은 이쪽 무리와 또 다른 쪽 무리와 왔다갔다 섞였다. 프랑스 가정 파티가 어색하고 불편할 거라 두려워했던 내 생각과 달리 모두 천천히 말하며 친절히 잘 대해줬다. 사람들이 서너 명씩 무리를 지어 나누는 말소리가 여기저기에서 들려도 내가 그들이 하는 말을 다 알아들을 수 없으니 내가 먼저 그들에게 다가가 자연스럽게 대화를 할 수도 없었다. 단지 그들 중 먼저 내게 말을 건네는 사람과 겨우 조금씩 가벼운 대화만 할 뿐이었다.

그러다 갑자기 분명 내 뒤에서 '한국사람'이라는 단어가 몇 번이고 또렷하게 들렸다. 분명 내 이야기를 하는 것 같은데 돌아볼 수도 없고, 몇 분 정도 뒤쪽에서 들려오는 말소리에 귀를 열고 있었다. 잠시 후 중년부부가 활짝 웃으며 내게 왔다.
"나는 발레리Valérie, 나는 필립Philippe이예요. 반가워요. 당신 한국사람이죠?"
대체로 프랑스에 있는 동안 단번에 내가 한국인인 걸 알아내는 사람은 없었기 때문에 그들의 질문이 무척 당황스러웠지만 내가 한국인 걸 알아봐줘서 고마웠다.
"네, 근데 제가 한국사람인 걸 어떻게 아셨어요?"
"아~ 네. 저희 가족이 한국을 엄청 사랑해서 저희는 한국사람은 정확히 구별할 수 있어요. 호호~"
"정말요? 고맙습니다."
왜 고마운 건진 몰라도 그들이 한국을 엄청 사랑한다는 그 말에 가슴이 막 벅차왔다. 그때부터 그들은 거기 모인 사람들과 나에게 한국홍보대사라도 되는 양 내 나라 대한민국에 대해 열렬한 브리핑을 시작했다.
지난해 여름 가족중학생, 고등학생 딸들 모두가 두 달 동안 한국을 여행했고, 두 번의 템플스테이도 경험했다고, 또 한국음식은 정말 건강식이고 그 조화가 예술에 가깝다고, 그리고 사람들은 무척이나 정이 많고 모두가 친절하다며 나를 앞에 두고 줄줄이 끝이 없었다.
누군가 일본을 여러 차례 다녀오고 잘 알고 있었는지 '그럼 일본과 비슷하겠네요?'라고 묻자 고개를 절레절레 저으며, 가까이 있지만 절대 같지 않고, 느낌도 많이 다르다며 옆에 있던 딸에게 노트북을 가져오라고 했는지 어느새 우리 모두는 그 가족의 한국여행 사진을 보고 있었다. 내가 익히 알고 있는 음식 사진과 그들이 한국사람과 함께 찍은 사진, 템플스테이에서 찍은 사찰음식이며 감색물을 들인 옷을 입고 수행하는 모습들…. 그들이 두 달 동안 지방 곳곳까지 여행한 사진이 얼마나 많던지, 한국에 대한 자랑도 끝이 없었다.

"당신들도 시간이 되면 꼭 가보세요. 한국사람들 정말 정 많고 모두가 어쩜 그렇게 친절한지 모르겠어요. 한국어는 꼭 노래하는 것처럼 들린다니까요. 우리 막내딸은 한국으로 대학 가고 싶어서 한국어도 배울 거래요. 호호~"
'헐, 한국말이 노래처럼 들리다니 나는 한 번도 그런 생각을 안 해봤는데….'
나를 보며 그들 귀에 노래처럼 달콤하게 들렸을 억양과 단어를 발음하며 '너도 이 말 알지?'라는 제스처를 보였다.
어찌 되었건 나는 그들이 한국을 여행하면서 경험했을 음식이건 노래 같았던 한국어건 사람이건 내가 알지 못하는 그 모든 것에 눈물 나게 고마움을 느꼈고, 이 가족에게 그냥 더 잘해주고 싶은 마음이 마구 솟았다. 나를 초대한 가다와 지아드도 덩달아 좋아하며 발레리와 필립의 설명을 듣다가 눈썹을 올려 나를 보며 연신 놀랍다는 표정을 지어보였다.
물론 이 예기치 못한 상황이 무척이나 당황스러웠지만 한국에 대한 발레리와 필립의 일장연설 때문이었는지는 몰라도 알 수 없는 뿌듯함이 생기면서 그 파티가 편해졌다. 그 파티 전까지는 아파트 주민과 나는 그냥 행인1, 행인2의 관계였다면 그후로 나에게는 '친절한 한국인'이라는 배역이 정해졌다. 다른 사람과는 몰라도 최소한 가다와 지아드 그리고 발레리와 필립의 가족과는 좀더 친한 관계로 말이다.
파리의 겨울은 한국처럼 영하로 내려가지는 않는다. 기온만 봐서는 영상이고 겨울임에도 공원의 잔디며 식물을 초록 그대로 볼 수 있기 때문에 언뜻 추위가 그리 대수롭지 않아 보인다. 하지만 겨울에 비가 많이 내려서 습한 데다, 그 습한 공기가 추위와 만나 뼛속까지 스멀스멀 들어와 외출할 때 옷을 겹겹이 겹쳐 입지 않으면 멀쩡하다가도 갑자기 두통이 나면서 오한이 생겨 그대로 재채기 콧물로 이어져 감기에 걸리는 경우가 종종 있다.
파리의 겨울을 겪어보지 않았을 때는 이들의 겹쳐 입는 레이어드 스타일이 멋져 보였는데 거기에는 다 이유가 있음을 몇 번의 지독한 감기로 깨달았다. 파리에서는 무조건 레이어드만이 뼛속까지 스며드는 습한 추위를 막을 수 있음을 말이다.

12월, 지독한 감기몸살로 침대에서 일어나기조차 힘들 정도로 심하게 아팠을 때였다. 약을 먹으려면 밥을 먹어야 하는데 그때 몸 상태가 겨우 일어서서 화장실 정도만 다녀올 수 있지 그밖에는 아무것도 할 수가 없었다. 그냥 대충 굴러다니는 빵과 주스나 우유 등을 간신히 먹고 약 먹고 자고 이렇게 이틀을 보냈다. 그런데 가다로부터 한 통의 문자가 왔다. 잘 지내냐는 내용과 요즘 통 얼굴을 볼 수가 없는데 어디 아프냐고, 별일 없고 시간이 되면 차 마시러 올라오라는 내용이었다.

나는 감기에 걸려 며칠 동안 꼼짝도 못하고 있으니 감기가 나으면 놀러가겠다고 답장을 하곤 또 누워버렸다. 한참을 잤는지 창밖에는 벌써 어둠이 가득했다. 도대체 내가 몇 시간이나 잤는지, 약 먹을 시간은 되었는지 시계를 보려고 핸드폰을 봤는데 가다에게 메시지가 와있었다. 나를 위해서 먹기 쉬운 음식을 조금 했는데 내가 편한 시간에 연락을 주면 갖다주겠다는 내용이었다. 메시지를 보낸 시간은 6시. 지금은 8시. 메시지를 다시 읽어봐도 '나를 위해'라는 말이 자꾸 걸려 모른 척할 수가 없었다.

가다는 내 메시지를 받고 예쁜 쟁반에 쇠고기를 넣은 따뜻한 콩스프와 지중해식 샐러드 그리고 따뜻한 차를 가져다주며 많이 아프냐며 약은 먹고 있냐고 물었다. 내가 약을 보여주며 먹고 있다고 했더니 주머니에서 다른 약을 꺼내며, 감기에 잘 듣는 약이니까 밥 먹고 먹으라며 건네주고는 내가 불편할까 금세 갔다.

가다가 나가고 테이블 위에 놓인 김이 모락모락 오르는 이름도 모를 이국의 낯선 음식을 보고 있자니, 지나치게 개인적인 성향과 남들 일에는 관심도 두지 않는 그들의 냉랭함 등, 내가 익히 들었고 알았던 파리지앵에 대한 편견과 오해가 와르르 무너졌다. 알고 지낸 지 오래되지도 않은 이웃, 게다가 말도 잘 통하지 않는 외국인 친구에게 받은 따뜻한 마음과 고마움에 가슴이 뭉클했다.

가다가 가져다준 음식과 약 때문인지 아니면 그녀의 따뜻한 마음 때문인지 지독한 감기는 깨끗이 나았고, 그걸 계기로 우리는 진짜 친구가 되었다. 내가 가다의 순수한 마음을 알았기 때문에 나도 그때쯤 비로소 그녀에 대해 마음의 문을 열었던 것 같다. 가다의 가족은 여행을 다녀오면 나를 위해 항상 작은 선물이라도 챙기고, 가끔 혼자 저녁을 먹을 내가 안쓰러워 일부러 아무렇지 않게 집으로 불러 차를 마시게 하고는 밥까지 먹고 가게 했다.

그녀는 정도 많고 마음도 따뜻해 매번 그녀의 깊은 헤아림 그 이상을 느꼈다. 일일이 말로 다할 순 없지만 가다는 같은 아파트에 사는 동안 내내 이웃으로 친구로 서툰 내 말 그 이상을 알아주며 내 손을 잡아주는 그런 고마운 친구였다.

그리고 한국 마니아인 발레리와 필립 가족과는 한국음식에 대해 묻고 배우고 함께 먹으며 우정을 쌓아갔다. 그들의 집은 전형적인 프랑스 가정이지만 그 속에 또 다른 작은 한국이 있는 것 같아 도리어 내가 깜짝 놀라는 경우도 많았다. 한번은 저녁식사에 초대를 받았다. 나는 잡채와 며칠 전 담근 김치를 가져갔고 그들은 프랑스식으로 식사를 준비했다. 함께 식사를 하며 이런저런 이야기를 나누다 보니 의식하지 못했는데 작게 흐르는 음악은 한국가요인데다 그들은 다른 음식보다도 내가 가져간 음식을 정말 맛있게 먹었다. 매운 김치며 잡채를 먹다가 갑자기 생각이 났는지 주방의 양념박스를 가져와 자기가 얼마 전에 잡채를 했는데 이런 맛이 아니었다며 양념 하나하나의 쓰임새를 물으며 아예 노트에 메모까지 했다. 더욱 놀라운 건 그녀의 양념

통에는 국간장이며 진간장, 참기름, 들기름, 노란깨와 검은깨까지 있었다. 나는 그 양념을 보니 기가 막혀 연신 웃음이 났지만 그만큼 한국을 사랑하는 마음에 다시 고마웠다.

물론 나도 진간장과 국간장, 노란깨와 검은깨의 명확한 사용법은 잘 모른다. 하지만 호기심에 가득한, 아니 한국 양념의 쓰임새를 명확히 알고 싶어 하는 그들을 실망시키고 싶지 않아 내가 표현할 수 있는 단어를 총 동원해 더듬더듬 설명해주었다. 설명을 들으며 딸들은 한국가요를 흥얼대고, 발레리는 열심히 적고, 그 옆에서 필립은 연신 그 매운 김치를 밥도 없이 잡채에 비벼가며 먹었다.

그들이 어느 정도 한국을 사랑하는가 하면, 온 가족이 핸드폰은 삼성만 쓰고, 샴푸도 한국 한방제품을 사용하고, 길에서 파는 천 원짜리 캐릭터 양말을 너무나 좋아해서 그날 가족 모두가 그 양말을 신고 나에게 발을 보여주었다. 그 모습을 보고 배꼽이 빠지는 줄 알았다. 발레리는 그 양말을 회사에

신고 가서 동료들에게 보여주었는데 다들 너무 갖고 싶다고 난리였다며 내가 한국에 갔다올 때 그 양말을 사다줄 수 있느냐고 했다.

순간 '이들은 왜 그토록 내 나라 한국에 열광하는 걸까?' '여기 사는 동안 더 많은 음식을 가르쳐주고 싶다'는 생각도 들며, 파리에서 한국의 모든 걸 사랑하는 그들의 모습이 기분 좋은 낯섦으로 다가왔다. 그후로도 음악을 사랑하고 한국을 사랑하는 발레리와 필립 가족은 '한국'이라는 매개체를 놓고 나와 누구보다도 친하게 지냈다.

3년 가까이 살던 아파트를 정리하고 떠나오던 날 특히 가다와 지아드 그리고 조세아와 작별하던 순간에 가다의 큰 눈에 꾹 참느라 흘리지 않고 고인 눈물이, 그 눈망울이 아직도 가슴 찡하게 마음에 그려진다. 외국 땅 그 낯선 곳에서 남의 나라 말로 서로가 속 깊은 대화를 다할 순 없었지만 인연으로 만나 친구가 되었고, 그 인연의 고리 속에서 한걸음 먼저 다가와 내게 손 내밀며 친구가 되어준 그들이, 참 고맙다.

나를 미치게 하는 그녀

'미친년을 대하는 가장 합리적이고 확실한 방법은 나도 미친년이 되는 거'라고, 인내심의 한계를 넘어섰을 때 결론 내렸다. 왜 진작 똑같이 미친년이 되겠다는 생각을 못 했는지 그동안 그렇게 시달리며 괴롭힘을 당한 게 생각날 때마다 당장이라도 그 집 앞에 똥이라도 퍼나르고 싶었다.

이 아파트로 이사 온 지 일주일가량 지났을 때, 아니 이사 오는 날부터 아랫집 여자의 히스테리는 시작되었는지도 모르겠다. 그때는 아래층에서 들리는 쇠 긁는 소리가 내게 보내는 소리인 줄도 모르고 그냥 '다른 집에서도 공사를 하나보다'라고 생각했다. 딱 일주일 정도 지났을 때 가끔씩 들리던 쇠 긁는 소리와 라디에이터 기둥을 두드리는 소리가 번갈아가며 '딱딱 따다닥, 딱딱 따다닥' 리듬을 가지고 들리더니 뭔가를 쿵, 하고 내리치는 소리가 난 몇 분 후 벨이 울렸다. 문 앞에는 내 또래이거나 나보다 조금은 어릴 것 같은 동양여자가 팔짱을 끼고 창백한 얼굴에 잔뜩 찌푸린 인상으로 서있었다.

"3층에 사는 사람인데 당신이 의자를 끌 때, 그리고 걸으며 내는 슬리퍼 소리가 방해가 되니까 좀 조심하세요."

그녀의 말투에서 예의를 찾아보기 힘들었고 게다가 짜증스러워하며 어찌나 빨리 자기 말만 하던지 나는 그냥 서서 '미안합니다'라고만 대답했다.
어리둥절한 상태로 문을 닫고 슬리퍼를 보고는 '아, 그럴 수도 있겠네. 플라스틱 슬리퍼가 마룻바닥과 부딪혀 신경에 거슬릴 수도 있겠지. 그래? 그럼 다른 걸로 갈아신지 뭐.'
그런데 의자를 뺄 때 나는 소리가 아래층에서 거슬릴 정도로 심한 것 같지는 않았다. 테이블과 의자가 있는 마룻바닥에는 얇지만 카펫이 깔려 있어서 그렇게까지 소리가 나지는 않을 것 같았지만, 그래도 조심하기로 했다. 프랑스의 집들은 지어진 지 오래된 곳이 많은데, 건물에 따라 층간 두께가 얇아서 가끔씩 못된 이웃을 만나면 골칫거리라는 이야기를 익히 들었다. 내가 이사 온 이 아파트도 그런 상황일 거라는 생각은 꿈에도 하지 못했는데 예고 없이 불현듯 나타난 아랫집 여자 때문에 항상 조심조심 살아야만 했다. 대부분의 시간을 혼자 지내기 때문에 시끄러울 일도 없고, 좁은 집에서 크게 소리 내며 움직일 일 또한 많지 않아서 그녀의 방문을 대수롭지 않게 생각했다. 그러나 내 생각과 달리 그녀는 낮이건 밤이건 수시로 천장과 라디에이터 벽을 두드리며 침묵을 강요했다. 그런 일을 몇 차례 겪다보니 나도 모르게 집에서 움직이다 작은 소리라도 나면 지레 겁을 먹고 움츠러들고, 전화통화도 작게 하면서 늘 조심조심 생활했다.
그러던 어느 날, 친구들이 놀러와 함께 식사하며 웃고 떠들다보니 소리가 좀 컸는지 영락없이 아랫집 여자가 또 벨을 누르며 찾아왔다. 허락도 없이 집으로 들어와 거실을 휙 들러보곤 말했다.
"이 건물의 위아래 두께가 얇아서 당신들 말소리가 너무 크게 들리니까 좀 조용히 말하세요. 카펫이 좀 얇으니 두꺼운 걸로 바꿔야 할 것 같네요."
자기 할 말만 짜증스럽게 내뱉고는 가버렸다. 우리는 그녀의 태도와 말투가 어처구니없었지만 작게작게 대화했다. 그러다 누군가 실수로 의자를 살짝 끌기라도 하면 영락없이 아래층에서는 예민하게 '탁! 탁! 탁!' 쳐대곤 했다. 프랑스에서도 처음 겪는 상황이라 친구들에게 그동안 있었던 아랫집 여자의 행동을 설명했다.
"이게 프랑스에서 일반적인 상황 맞아? 너희도 아랫집이나 윗집에서 층간소음 때문에 문제 있니? 진짜 억울한 게, 내가 평소 혼자 있을 때도 저 여자 때문에 뭔 짓을 못한다니까. 내가 부주의한 건지, 저 여자가 예민한 건지 알다가도 모르겠어. 근데 뭔지 모르겠지만 억울할 때가 더 많아. 이제 얼마나 살았다고 참…. 집 완전 잘못 얻었나봐. 자기는 더 시끄럽게 살면서 왜 나한테 저러는지 진짜 모르겠어."
어린애처럼 친구들에게 그동안 내가 시달렸던 상황을 모조리 쏟아부었고, 친구들은 이 상황에 대해 한마디씩했다.
"우리가 음악을 틀고 춤을 춘 것도 아닌데 이 상태로 저럴 정도면 저 여자가 정상이 아닌 걸로 보이는데."
"언니! 이 카펫 좀 얇긴 한 것 같다. 그 여자 말대로 카펫을 바꿔보면 어때?"
어찌 되었건 같은 건물에, 그것도 윗집 아랫집에 살면서 얼굴 붉히고 사는 것보다는 좋은 게 좋다고 다음날 비싼 돈을 들여 카펫부터 바꿨다. 카펫도 바꾸고, 의자를 들 땐 조심해서, 말소리는 최대한 적게, 친구들이 놀러왔을 때도 항상 주의를 주며, 내가 할 수 있는 한 최대한 노력하며 생활했다. 그러다 보니 내 집이 편하기는커녕 아랫집 여자에게만 신경이 쓰이고 그녀가 시도 때도 없이 긁고 두드리는 소리 때문에 노이로제에 걸릴 지경이었다.
한번은 밤 10시경 갑자기 벨이 미친 듯이 울려 깜짝 놀라 나가보니 그녀가 뭐에 화가 났는지 맨발로 뛰어올라와 내가 문을 열고 있는데도 벨을 누르며 복도가 쩌렁쩌렁 울리게 꽥꽥 소리까지 질러가며 퍼부어댔다. 그녀의 예의 없는 행동에 너무 화가 나서 벨을 누르고 있는 그녀의 손가락을 세게 밀치며 나도 모르게 이성을 잃고 소리쳤다.
"너 미쳤어? 꺼져!"
문을 쾅 닫아버리고 신발장에 있는 벨 전원을 확 내려버렸다. 그녀가 두 번 다시 벨을 누를 수 없게. 또다시 찾아와도 다시는 문도 열어주지 않겠다고 다짐하는 내 입에서는 미친 듯이 쌍욕이 절로 나왔다.
'이제부턴 전쟁이다! 내가 도대체 왜 이렇게 시달리며 살아야 하는데. 시끄럽다고 항의를 해도 내가 더 많이 해야 할 판인데, 정신병자도 이런 정신병자가 없어.'
혼잣말로 계속 구시렁대는데 부글부글 속이 끓어오르고, 너무 약이 올라 참을 수가 없었다. 그녀의 비하인드 스토리는 알 수 없지만 중국 상하이 사람이고, 세 살 정도의 남자아이와 사는 걸 알게 되었다. 밖에서 그녀의 집을 올려다보면 온 집 안의 볼레\[Volet, 햇빛이 들어오지 않게 창밖에 설치된 철로 된 덧문\]란 볼레는 다 내려져 있다. 그리고 소리로 판단하건데 매일 집에 있고 직장을 다니는 것 같지는 않았다. 매해 여름이면 50대 후반쯤으로 보이는 남자가 와서 한 달가량을 함께 보내는 것도 알게 되었다.
이러한 정황으로 내린 결론은 그녀가 결코 정상적인 생활을 하는 사람은 아니라는 거였다. 그리고 그때까지 그녀의 그 요상한 히스테리를 쭉 따져보니, 일정하지는 않지만 대충 주기적 패턴이 있음을 알게 되었다. 한동안 잠잠하다가 이때쯤이다 싶을 때면 미친 듯이 파도가 출렁이듯 그녀의 심리 상태도 나를 향해 출렁였다.
나뿐 아니라 아이에게도 주체할 수 없이 소리를 지르고 때리는 소리, 갑자기 침묵 그리고는 깔깔거리며 다시 웃는 소리. 집에 혼자 있다 보면 그녀가 아이에게 퍼부어대는 소리와 아이가 미친 듯이 우는 소리 때문에 '혹시 저러다 아이에게 무슨 일이 일어나지 않을까' 하는 걱정에 내 가슴이 오그라들 정도로 먹먹할 때도 많았다.
아주 가끔 현관에서 그녀와 마주칠 때가 있었는데 나는 아예 그림자 보듯 그녀를 외면하고 그녀 또한 나처럼 그냥 지나갔다. 어차피 우리는 위, 아래 집에 살고는 있지만 그녀가 그 밤에 미친 듯이 벨을 눌렀던 사건 이후로 아예 대놓고 그녀의 존재를 미친 존재감으로 대했다.
그녀는 1년 넘게 시도 때도 없이 일관되게 나를 괴롭혔고, 나도 그녀를 무시한 채 나 편할 대로 살았다. 그러면서도 우습지만 가끔씩은 어떻게 복수해야 할지 고민하다 미친 존재의 후환이 무서워 생각으로만 그쳤다. 아무리 내가 신경 쓰지 않고 산다 해도 그것은 그저 내 마음속 암시일 뿐 매번 확인되는 그녀의 미친 존재감을 떨쳐버릴 수가 없었다. 내가 이사를 가든지 그녀가 이사를 가든지 하지 않으면 해결되지 않는 문제였다. 그러다 그녀의 미친 존재감이 출렁일 때면 영락없이 전쟁이 시작되곤 했다.
그녀가 '쾅! 쾅!' 두 번 두드리면 나는 의자를 들어 바닥에 질질 끌며 더 미친 듯이 내리치고, 그녀가 소리소리 지르며 더 두드리면 나는 프랑스어로 욕을 해대며 더 큰 소리로 고함을 지르다 결국에는 한국말로 아는 욕이란 욕은 다 퍼부었다. 아마 건너편에서 누군가 그런 내 모습을 봤다면 나도 영락없이 미친 여자였을 거다.
그러면서도 내가 도대체 뭘 하고 있는 건지, 이렇게 계속 살 수도 없고 그렇다고 이사를 갈 수도 없고 '미치고 환장한다'는 말이 딱 그때 내 상황이었다. 그러다 불현듯 이런 의문이 들었다.
'저 여자가 나한테만 그러는 건가? 내가 이사 오기 전에 살았던 사람에게도 그랬을까? 혹시 아랫집 사람2층과도 비슷한 마찰이 있나?'
다음날 2층집을 찾아가 알게 된 사실은 그 이전부터 2층에 살고 있는 사람은 3층의 미친 여자에게 시달려왔고, 작년에 2층에서 파티를 한 번 했는데 몇 번을 찾아와 조용히 하라고 했지만 파티가 계속되자 아이를 안고 칼을 들고 와서는 소리소리 지르며 난리를 쳤다는 거다. 그 상황을 보지 않아도 알 것 같았다.
프랑스에서는 언제 파티를 열 예정이면 미리 엘리베이터나 현관 앞 게시판에 '몇 월 며칠 몇 시부터 몇 시까지 파티할 예정'이라고 공지하기 때문에 온 건물이 떠나갈 정도로 음악을 틀어놓고 떠들어도 주민들은 그 시간까지는 그런 상황을 이해해준다. 하지만 그녀의 행동이 나는 하나도 놀랍지 않았다. 물론 그녀가 아무리 그런다고 피 끓는 프랑스 젊은이들이 조용히 할 리는 전혀 없었지만 말이다.
2층집 여자는 내가 이사 오기 전 내 집에 살던 사람도 그녀의 괴롭힘에 싸우다 지쳐 집을 중개한 부동산에 이야기해서 이사했다고 하고, 이 건물에서 그녀는 유명한 스타라며 씁쓸히 웃었다.
'아, 나만 몰랐던 그녀의 미친 존재감. 앞으로 난 어찌해야 하나.'
그렇게 간헐적 반복 상태에서 나 역시 그녀와 별반 다를 거 없이 반 미친년 상태로 그녀를 대하는 데 익숙해질 즈음이었다. 외출을 하는데 그날따라 그냥 걸어 내려가고 싶은 마음에 계단을 이용했다. 매번 의식하지 않으려 해도 계단을 이용할 때는 꼭 3층에 잠깐 멈춰 서서 소심한 복수라도 하는 것처럼 그녀의 집 문을 한번씩 노려봤다. 그런데 4층에서 채 반도 내려가지 않았는데 3층에서 사람들 말소리와 뭔가 분주한 분위기가 느껴졌다. 걸어 내려오며 언뜻 봤을 때는 틀림없이 프랑스 아주머니가 작은 박스 같은 걸 나르는 모습이었다. 내가 3층을 지나칠 즈음 내 눈에 확연히 들어온 건 분명 그녀의 집 문이 활짝 열려 있고 조금 전 그 아주머니가 빗자루를 들고 다시 나와 문 앞을 쓸려는 것이, 영락없이 이사 온 사람 같았다.

그 아주머니와 눈이 마주쳤고 으레 그러듯 인사했다. 나는 그 기회를 틈타 조심스럽게 웃으며 인사했다.
"안녕하세요?"
"안녕하세요?"
"저 질문이 있는데요? 해도 될까요?"
나이 지긋하신 아주머니는 푸근한 미소로 흔쾌히 그러란다.
"전 여기 4층에 사는 사람인데요. 혹시 이사 오신 건가요?"
"네, 네. 그런데 내가 살 게 아니라 내 아들이 살 거예요"
순간 내 심장이 살짝 요동쳤다.
"진짜 이사 오신 거 맞죠? 정말이죠?"
내가 여러 번 되묻자 내 행동이 의아했는지 웃으시며 오늘 이사 온 거라며 아들이 바빠서 대신 청소해주러 오신 거라셨다. 그 말을 듣는 순간 내 귀를 의심했다. 아니 내 귀에 들린 '이사하다'라는 프랑스어를 몇 번이고 다시 생각하며, 나도 모르게 기도하는 신자처럼 가슴 앞에 두 손을 까지 껴 맞잡고 두 눈까지 감은 채 한국어로 내뱉었다.
"신이시여 감사합니다!"
계단을 내려오면서 '이젠 불행 끝 행복 시작'이라는 생각도 들고, 옛말대로 '십 년 묵은 체증이 다 내려가는 것' 같은 기분이었다. 결국 그 미친년과 나의 미친년 중 내가 이겼다는 생각이 들어 통쾌, 상쾌, 유쾌했다. 그녀가 이사 간 것이 뭐 대수라고 걸어가는 내내 전화통에 불이 날 정도로 3층의 미친년이 드디어 이사 갔다고 친구들에게 모조리 알렸다.
이제는 더 이상 가슴 졸일 필요도 생쇼를 할 필요도 없어졌으니 내 집에서 마음 편히 살 일만 남았다. 그녀가 내 집 밑에 없는데도 혹시나 싶어 일부러 소심하게 '타닥타닥' 걸어보기도 하고 의자를 살짝 끌어보기도 했지만 아래

층에서는 아무 반응이 없었다. 그녀가 그곳에 없는 게 확실했다. 게다가 아래층에 새로 이사 온 남자의 기척이 들리고 가끔 혹은 자주 여자친구와 격렬히 사랑하는 소리가 들리는 걸 보면 그녀가 이사 간 것이 확실했다.
아마도 새로 이사 온 남자도 이 건물의 층간 두께가 얇아 방음이 잘 되지 않는다는 건 몰랐던 것 같다. 사실 윗집에 사는 나에게는 어처구니없지만 그 남자의 애정행각도 만만치 않게 신경이 쓰였다.
'도대체 내가 왜 그 남자가 일주일에 몇 번 하는지까지 알게 되느냐고!'
미친 것 같지만 나중에는 지금 소리 내는 여자가 며칠 전 여자가 아닌 것 같아 그냥 얼굴도 모르는 그 남자가 재수 없어지기까지 했다. 어쨌건 나에게는 미친년이 가고 또 다른 복병, 호색남이 출현했다는 게 중요했다. 친구들에게 그 이야기를 하면 모두 깔깔거리며 숨이 넘어갈 정도로 웃었고, 아예 인사가 '그 호색남 어제도 또?'였다.
"너무 힘들면 그냥 살짝 두드려봐. 그래야 걔들도 알지."
이렇게 조언하는 친구도 있었지만, 도저히 그렇게는 못 하겠고 구태여 내가 나서서까지 방음이 안 된다고 알려줄 이유는 없을 것 같고, 내 집에서 크게 들릴 정도면 다른 집에서도 들릴 테니 다른 사람이 관리인에게 말할 거라고 얼버무렸다.
그렇게 두 달가량이 지났을 때다. 당시 나는 르 꼬르동 블루를 졸업하고 피에르 에르메에서 스타쥬 생활을 하고 있을 때라 출근하려면 새벽 4시 30분에는 일어나야 해서 늦어도 10시에는 잤다. 그날도 한참 자고 있는데 어느 집 아이가 자다 깼는지 갑자기 울기 시작하는데, 그 소리에 깰 정도로 울음의 강도가 점점 높아졌다.
잠결에 '윗집에 아이가 있는 것 같은데 아마도 자다 깼나보네. 으레 애들은 그러니까 저러다 다시 자겠지'라고 생각했다. 그런데 아이의 울음이 그치기는커녕 점점 커지면서 아예 창문에다 대고 밖을 향해 고래고래 소리까지 지르며 자지러지듯 숨이 넘어갈 정도로 울었다. 그 소리에 도저히 잠을 잘 수가 없어 일어나서는 도대체 어느 집 아이가 저렇게 우는지 창문을 열고 위아래를 살피니 자세히 볼 수는 없지만 분명 위가 아니라 아래층이었다.
고요한 새벽 1시의 정적을 깬 그 꼬마의 울음과 괴성을 향해 '조용히 좀 해'라는 소리가 온 아파트와 앞 건물, 옆 건물 이 집 저 집에서 들려왔다. 그래도 아이는 아랑곳하지 않고 20분 넘게 밖으로 소리를 지르며 숨이 넘어가게 울었다. 이웃 주민 누군가 아이에게 문제가 있다고 생각했는지 신고를 했고, 금세 온동네에 사이렌이 울리며 소방차와 경찰차가 출동했다.
하늘이 두 쪽이 나도 아침 4시 30분이면 무조건 일어나야 되는 나는 그 상황이 그냥 짜증스러웠다. 밖에서는 무슨 큰일이라도 난 것처럼 대형 소방차가 불빛을 번쩍거리며 내 집 쪽을 향해 사다리를 세우느라 난리법석이고, 그 새벽에 동네 사람들은 자다 말고 밖에 나와서 웅성대며 구경하고, 앞 건물 옆 건물 할 것 없이 많은 집이 불을 다시 켜고 창밖으로 고개를 내밀어 그 광경을 보고 있었다.
'도대체 어느 집이길래 이 밤에 난리 법석이냐고. 나 자야 하는데 돌아버리겠네.'
음악을 틀고 다시 누워 버티다 잠깐 다시 잠이 들었었는데, 갑자기 우리 집 대문을 쿵, 쿵, 쿵 두드리는 소리에 깜짝 놀라 벌떡 일어났다.
"누구세요?"
"네, 소방관입니다. 3층에 아이가 혼자 있는데 밖에서는 들어갈 방법이 없어서 4층 발코니를 통해 들어가야 할 것 같으니 문 좀 열어주세요"
"에이 씨!"
일단 문을 열어주자 남자 두 명과 여자 한 명의 소방관이 긴 장화를 신은 채

레일이며 장비들을 한가득 들고 저벅저벅 집으로 들어왔다. 발코니 앞 카펫 위에 장비들을 툭, 내려놓고는 미안하다는 말도 없이 발코니 문을 사방으로 열어젖히고 아래층으로 내려가기 위해 그 새벽에 레일을 설치했다.
시계를 보니 2시가 넘었다. 잠을 못 자는 것도 짜증스러운데 소방관들이 너무나 당연하게 묻지도 않고 장화를 신은 채 내 카펫을 밟는 것도 싫었고, 게다가 추운 날씨에 문까지 활짝 열고, 나와는 아무 상관없는 그 상황이 끝날 때까지 지켜봐야 한다는 사실에 돌아버리기 일보 직전이었다.
'아, 정말 돌아버리겠네. 왜 하필 나야!'
"내가 4시 30분에 일어나서 일하러 가야 하니까 조금만 빨리 해주면 고맙겠습니다. 지금 이 일 때문에 잠을 하나도 못 잤거든요."
내 하소연에 여자 소방관이 짜증스럽게 내뱉는 말.
"우리도 자야 하는데 못 자고 지금 일하는 거거든요."
'미친 거 아냐? 지들하고 나하고 같냐고? 니들은 지금 근무시간이잖아.'
그녀의 말에 기가 막히고 어처구니가 없었지만 피곤이 몰려올 대로 몰려온 상태라 싸울 기운도 없었다. 소방관들이 나가고 나서야 생각이 아래층으로 미쳤다.
'가만, 3층이면 뭐야? 왜 거기에 아이가 있지? 아이 소리는 못 들었는데.'
도대체 그 아이가 누구인지 꼭 확인해야겠다는 생각에 소방관 품에 안겨 내려가는 아이의 얼굴을 자세히 보려고 창밖으로 목을 빼가며 확인했다.
순간 눈을 비비며 소방관과 아이가 땅에 닿기까지 보고 다시 보고 또 봐도 그 아이는 분명 그 미친 존재감 그녀의 아들이 틀림없었다. 아이와 소방관이 경찰차를 타고 떠났음에도 나는 한참 동안 이 상황을 어떻게 이해해야 할지 몰라 멍하니 창밖만 보았다.
'분명 내가 본 아이는 그 미친 존재감 아들이 맞고, 그럼 새로 이사 왔다던 그 남자가 애 아빠가? 그럴 리가, 아닌데…. 아, 그 또라이 왜 어린애를 혼자 두고 나간 거냐고? 개념 없는 거야 익히 알았지만. 그건 그렇다 치고, 왜 그 여자가 다시 3층에 살고 있냐고!'
새벽의 급작스러운 상황과 몇 번을 확인해도 소방관의 품에 안겨 내 쪽을 향했던 그 아이의 얼굴이 계속 머릿속에 남아 확인할 수 없는 의문을 가득 품은 채 그대로 날밤을 세고 말았다. 출근해서도 온통 그 생각뿐이었다.
'빨리 가서 기필코 확인해야지, 도대체 이 상황이 어떤 상황인지. 그 미친 존재감이 집주인이라더니 그럼 다시 온 거야?'
새벽에 있던 아이의 난리법석도 난리법석이지만 나와 쌍수를 가르며 온갖 신경전을 벌였던 그녀의 귀환이 더 큰 두려움이었다. 현관에 들어서자마자 관리인 아주머니의 사무실 벨을 눌렀다.
"안녕하세요. 혹시 오늘 새벽에 소방차랑 경찰차 왔던 거 아세요?"
"그럼요, 새벽에 온 아파트가 쩌렁쩌렁 울리게 난리가 났는데 그걸 왜 몰라요. 당신 집 발코니로 들어갔다면서요?"
"네."
"그런데 그 여자는 왜 그 시간에 아이를 혼자 두고 나갔는지 정신이 약간…."
손가락을 머리에 대고 빙빙 돌리며 도저히 이해할 수 없다는 모습이었다. 관리인 아주머니는 내가 그녀에게 수없이 괴롭힘을 당하는 것도 알고 있는데다가, 2층집에서도 몇 번이나 그녀에게 민원을 제기했고, 관리인이 여러 차례 말을 해도 해결할 수 없는 골치 아픈 주민이라 관리인 아주머니도 그녀에 대해서는 포기한 상태였다.
"근데 그 여자 이사 가지 않았었어요?"
"왜요, 9월 말에 이사 갔죠. 나한테 잘 있으라고 인사까지 하고 간 걸요."

"그런데요?"
"말도 마세요. 그런데 지난주 토요일에 달랑 박스 두 개랑 아이 데리고 현관을 들어오기에 너 이사 간 거 아니야? 라고 물었더니 배시시 웃으며 '응, 다시 왔어'라며 휙 가버리더라고요. 나도 그 여자 때문에 머리가 아파요. 여기 주민들하고 마찰이 있어서 이사 가던 날 속이 다 후련했는데 이건 무슨 난린지…."
관리인 아주머니의 말을 듣고 내 머릿속은 짙은 안개로 가득 찬 것처럼 멍해졌다. 아주머니는 내 어깨를 토닥이며 말씀하셨다.
"그 여자 정상이 아니니까 신경 쓰지 말고, 아예 가까이 가지 마세요. 힘…내…."
그 새벽 그 난리를 치고 어떻게 있는지 꼬락서니를 보기 위해 계단을 뚜벅뚜벅 올라가는데 자꾸 관리인 아주머니의 마지막 말이 맴돌았다.
'힘… 내…. 내가 왜 그 여자 때문에 힘을 내야 하나?'
내가 신경 안 쓰고 산다고 해도 벌써 그녀의 귀환에 숨이 막힐 지경인데 앞으로 어찌 살아야 할지 정말 막막했다.
3층을 지나갈 때쯤 그녀의 문 밖으로 들리는 그녀와 아이의 과한 웃음소리가 그 새벽 난리쳤던 상황과 너무나 대조되면서 돌덩이를 얹은 것처럼 몸과 마음이 무거웠다. 터벅터벅 계단을 올라 문 앞에서 열쇠를 꼽는데 옆집의 팔순이 넘은 할머니가 나를 잡으며 말씀하셨다.
"어젯밤 네 친구 왜 그 어린애를 혼자 두고 나가서 온 아파트를 시끄럽게 했데? 너희 집 발코니로 내려갔다며?"
짜증과 피곤이 밀려왔지만 애써 입꼬리를 올리며, 그러나 통명스럽게 말했다.
"마담, 저 그 여자랑 친구 아니에요."
"너희 친구 아니야? 그 여자도 아시아사람이잖아. 사람들이 네가 친구여서 너희 집으로 내려갔다던데."
나는 그 자리에 주저앉아 통곡이라도 하고 싶었다. 나는 할머니의 두 손을 꼭 잡고 두 눈을 똑바로 보며 말했다.
"마담! 잘 들으세요. 저는 그 여자와 절대 친구가 아니에요 그리고 저는 그 여자를 아주아주아주 싫어해요. 제가 볼 때는 어린애를 그 시간에 혼자 두고 나간 것만 보더라도 그 여자는 미친 여자 같고요. 만약 이웃이 나랑 친구냐고 물으면 마담이 꼭 전해주세요 절대 아니라고요. 그 여자는 중국사람이고, 전 한국사람이에요."
"정말 너랑 친구 아니었어?
"네, 제발요!"
그녀는 분명 그 새벽 우리 집을 통해 자기 아들이 구조된 걸 알았을 텐데도 그 이후로 나에게 고맙다는 이야기는커녕 인사 한 번도 한 적이 없다. 그도 그럴 것이 평소처럼 일관성 있게 그래줘야 내가 알고 있던 미친 존재감일 테지만 말이다. 물론 나 역시도 그녀에게 만큼은 인내 · 친절 · 관용 · 공손함 · 이타심 · 온화함 · 정직 · 진실성 따위의 미덕을 발휘할 생각은 꿈에도 없고, 앞으로도 없다.
하지만 '오~ 신이시여 저에게 왜 또!'

공기 냄새로 시작하는 여행

'여행! 아~!'
이것에 할애할 수 있는 시간 여유와 그 몫으로 당당히 지출할 수 있는 경제적 여유 그리고 충분히 그 시간을 만끽할 건강만 있다면 얼마나 좋을까? 그렇다면 여행은 누구든 마다할 리 없는 욕망이다. 아니 시간, 돈, 건강이라는 요건이 모두 충족된다면 그건 더 이상 꿈꾸는 욕망이 아니겠지만 말이다.
내게는 그 욕망을 채우고자 할 때 시간, 돈, 건강이라는 세 가지 요건이 충분했던 적은 없었다. 매번 시간을 쥐어짜든가, 돈을 쥐어짜든가 했어야 했다. 그렇게 쥐어짜서 마주하는 여행에는 그만큼 달달함이 있었다. 그리고 추억이 되어 언제고 꺼내 음미하면 그 당시보다도 더 달달하다.
3년 가까이 프랑스에 살면서 좋았던 기억을 꼽으라면 세 손가락 안에 '여행'이 꼭 들어간다. 어떤 이유에서건 한동안 살겠다고 프랑스에 간 것 자체도 내 인생에서 추억할 게 많은 긴 여행이었고, 무엇보다 프랑스에 있었기 때문에 한국에서보다는 수월하게 프랑스와 유럽의 도시를 여행할 수 있는 행운도 덤으로 있었다. 물론 가까이 인접해 있는 도시라고 해서 돈, 시간 걱정

없이 언제든 떠날 수 있는 건 아니었지만 그래도 늘 마음 한편에는 '프랑스에 있으니까 언제든 가면 되지, 뭐'라는 생각으로 아쉬울 것 없는, 있는 자의 여유로 충만했다.

유럽에 사는 사람이라면 주변 도시를 여행하는 데는 적은 돈과 짧은 시간으로도 충분하다는 걸 알기 때문에 누가 어디를 다녀왔다는 건 그리 부러울 일 없는, 일상의 조금 특별한 부분이었다. 다음 여행 계획에 리스트 업 하고 떠나면 되기 때문이다. 내 여행의 계기는 대부분 친구들과의 무심한 대화중에 툭, 하고 여행 이야기가 나와 저마다 다녀왔던 곳을 나누면서부터다.

"여기 괜찮다던데 다음 여행은 거기 가보려고."
"난 갔다왔잖아."
"어땠는데, 좋았어?"
"진짜? 그렇게 아름다워?"
"다시 가고 싶을 정도야?"

이렇게 호기심이 모여 결국에는 누구 한 명이 "그럼 우리 같이 갈까?"라고 불이라도 붙이면 기다렸다는 듯 앞뒤 안 보고 바로 계획에 돌입하는 경우가 많았다. 바로 스마트폰을 꺼내 비행기표와 숙박부터 알아보고 언제쯤 가면 가격이 제일 싸다는 둥, 스케줄을 어떻게 잡아야 가성비가 좋다는 둥…. 그 다음 각자의 스케줄 가능여부를 따져 함께할 수 있는 사람과 함께하지 못하는 사람이 대충 정해지고, 그때 상황이 되는 사람끼리 떠나곤 했다.

친구들과 함께하는 여행은 혼자 하는 여행에 비해 비용도 절감되고 여행지 정보며 숙소, 교통편까지 분담해서 알아보니까 서로 바쁜 상황에서는 좋았다. 물론 혼자 떠나는 여행은 혼자 떠나는 대로, 친구들과 함께하는 여행은 함께하는 대로 나름의 장단점이 있지만, 매일 같은 패턴의 일상에서 벗어나 새로운 곳을 탐하는 행위 그 자체가 일탈의 기쁨이고 호기심 충족이었다.

내게는 여행을 시작하는 나만의 이색적인 습관? 버릇? 같은 것이 있다. 다른 이들은 어떤지 모르겠지만, 목적지에 발을 딛는 순간 처음 접하는 그 도시의 공기를 코로 크게 한가득 들이마시고 입으로 한숨 쉬듯 후~ 하고 한 번에 내뿜는다. 지극히 개인적인 견해지만, 나라마다 또 도시마다 공기 냄새가 다르게 느껴지기 때문이다.

웃기지 않은가? 무색, 무미, 무취의 공기가 뭐가 다르다고. 그런데 나는 이상하게도 도시마다 그 공기 냄새가 정말 미묘하게 다르고 계절에 따라서도 다르게 느껴진다. 그러니 도착해서 바깥 공기와 만나는 그 찰나의 순간, 남몰래 그러는 버릇이 생긴 듯싶다. 조금씩 다른 공기 냄새를 어떻게 설명해야 할지는 잘 모르겠다.

파리의 공기 냄새는 미지근한 느낌이라 단번에 훅 하고 들어오지 않고, 콧속으로 한가득 마시는 순간 은은하게 콧속 전체를 적시는데 차지도 뜨겁지도 않은 느낌이고, 스위스 로잔의 공기 냄새는 레만 호수와 숲 때문인지 시원한 민트 향을 머금은 청아한 느낌이다. 스웨덴의 스톡홀름은 11월의 날씨 탓인지, 훅 하고 재빨리 들어오는 느낌이어서 맘껏 들이마시지도 못하고 그냥 후, 내뱉게 되는 거친 느낌이다.

이렇게밖에는 설명하지 못하겠다. 공기 자체에 정말 냄새가 있어서 그런 것일 수도, 아니면 발로 딛은 그 땅과 고개 들어 바라보는 하늘 그리고 그 순간 내 눈에 들어온 인공의, 혹은 자연의 그 무언가가 모조리 순식간에 합쳐져 순간 내가 느꼈을 그 모든 것이 만들어낸 허구일 수도 있다. 하지만 그것이 무엇이건 내 감각의 촉수들은 그 순간 제 각각 분주하게 움직여 숨을 들이마시는 찰나에 내게 '여기 공기 냄새는 이렇지?' 라고 말하는 것 같다.

저마다 나름의 여행 스타일과 방법이 있지만 내가

경험을 통해 알게 된 여행 잘하는 나의 방법은 이렇다.
충분히 숨을 들이마시고 내뱉으며 항상 먼저 향하는 곳은 여행자를 위해 그 지역의 다양한 정보를 제공하는 인포메이션이다. 지도며 당시 열리고 있는 이벤트 정보, 할인권 등을 한 번에 알아볼 수 있어 좋다. 게다가 운 좋게 친절한 직원을 만나기라도 하면 그 지역 사람들이 즐겨 찾는 맛있고 저렴한 레스토랑 정보도 함께 얻을 수 있으니 첫째는 무조건 인포메이션이다.
그 다음은 메인거리나 주요 지점을 한눈에 볼 수 있게 순환하는 미니관광열차코끼리열차 같은, 내지는 투어버스를 일정 중 가장 먼저 탄다.
'숲 전체를 봐야 그 숲을 구성하는 나무가 뭔지를 알 수 있다지 않은가!'
지도만 봐서는 관광해야 할 도시가 걸어서 다닐 수 있는지 아니면 버스나 지하철을 타고 이동해야 하는지 정확히 알기도 어려울 뿐더러 직접 다니지 않고서는 처음부터 그 도시의 인상을 고스란히 느끼기 어렵기 때문이다. 낯선 도시에 대한 긴장도 풀 겸, 의자에 편히 기대어 유유히 한 도시나 마을을 고스란히 마주하며 즐기면 된다. 메인요리 전 에피타이저로 입맛을 돋우듯 그냥 가볍게 따라가면 된다. 게다가 열차나 투어버스에서는 친절하게 설명까지 나오기 때문에 가고자 하는 곳이 어디쯤 있고, 여행 일정의 경로를 어떻게 해야 고생 없이 구경할 수 있는지 대충 알 수 있기 때문에 비용이 들더라도 이 방법을 적극 추천한다.
한번은 여행으로 한껏 들뜬 마음에 실외 이층버스를 탔다. 처음에는 바람이 그저 별 것 아닌 것 같아 1시간가량 그 도시의 바람을 고스란히 맞으며 신났는데 숙소로 들어올 때쯤에는 온몸이 으슬으슬할 정도로 몸살기운이 밀려와서 크게 고생한 적이 있다. 게다가 더운 날에는 뜨거운 햇빛을 곧바로 맞아 더위를 먹은 적도 있다. 그러니 계절과 날씨를 꼭 참고하고 그날의 콘디션도 잘 체크해야 한다.

가끔은 도시마다 자전거나 세그웨이를 타고 도시를 둘러보는 행사도 있는데, 미리 인터넷으로 날짜와 시간을 예약해서 이용할 수도 있다.

자전거나 세그웨이를 이용할 경우에는 액티비티를 하는 것이기 때문에 열차나 투어버스보다는 힘이 들어 혹여나 다른 일정을 포기할 만큼 지칠 수 있다. 하지만 그 경험은 말로 설명하기 어려울 만큼 흥미롭고, 가슴 가득 동심으로 채워진다. 정해진 시간이 지나 내릴 때쯤에는 후들거리는 두 다리와 그 도시의 바람을 그대로 맞으며 즐기는 동안 너무 웃어 경직된 얼굴 근육 때문에 기진맥진되기도 하지만 그럼에도 정말 행복하기 그지없다.

그 다음은 섹션 쪼개듯 쪼개기다.
그 지역을 대충 돌았으니 이제는 방문하려는 곳의 행선지를 지도에 표시해

서 덩어리로 만들어 구경하는 것이다. 걸어서 돌 수 있는 경로와 교통수단을 이용할 경우도 마찬가지다. 처음 여행하는 곳은 머리로 생각하는 시간과 거리에 약간의 착오가 있기 마련인데, 그날 일정에 따라 원데이 티켓이 저렴할지, 몇 장의 티켓으로도 충분할지 가늠할 수 있기 때문이다. 이런 방법은 이쪽에서 저쪽으로 우왕좌왕 헤매며 시간 낭비할 일 없이 일정 동안 알차게 구경할 수 있어 좋다.

마지막으로 여행에서 빼놓을 수 없는 건 그 지역 레스토랑^{맛집} 정보를 취합하는 거다. 나는 조금 과한 돈을 지불하고서라도 그 도시의 유명 레스토랑을 한두 번은 꼭 찾는다. 그리 특별한 이유는 없지만 길거리 음식부터 고급 레스토랑 음식까지 맛보는 것으로도 현지 문화를 간접적으로 체험할 수 있다고 생각하기 때문이다.

대충 이 네 가지 방법은 짧은 여행 일정을 알차게 보내는 간단한 팁이다. 만일 한 달 이상 긴 여행이라면 구태여 이렇게까지 할 필요는 없을 것이다.

사람마다 여행의 추억을 남기는 방법은 다른 것 같다. 어떤 이는 무수한 사진으로 두고두고 그곳을 회상하며 공유하기도 하고, 어떤 이는 사진보다는 오로지 마음에 담길 더 원해 진한 회상은 되지만 공유가 되지 않는 경우도 있다. 나는 후자에 더 가깝다. 그때 그 순간 햇살과 바람 그리고 그곳을 지나가는 사람들이 어우러져 만들어내는 분위기를 느끼느라 사진을 찍어야겠다는 생각을 잊곤 한다. 나중에는 사진을 찍지 않은 것이 조금은 후회스럽기도 하지만 그게 잘 안 된다. 그래도 내 마음속 사진첩에 그 느낌을 고스란히 담았으니 별 불만은 없다. 친구들과 함께할 때는 사진을 찍는 수고를 내가 아닌 다른 사람이 충분히 해주기 때문에 덤으로 추억할 거리를 얻을 수 있어 늘 고맙게 생각한다.

아주 짧은 순간, 여행에 대해 다르게 느끼게 된 장면이 있다. 그날 일정을 마치고 숙소로 돌아와 지친 다리를 쭉 펴고 소파에 기대어 맥주를 마시고 있었다. 대화를 하며 무심히 바라본 벽 한쪽에 파리의 에펠 탑 사진이 큰 액자로 걸려 있었다. 그걸 보면서 참 묘한 생각이 들었다.

'나는 파리에서 이곳으로 여행 왔고, 이곳의 누군가는 저 에펠 탑을 보려고 파리로 여행 가겠지? 그리고 또 누군가는 다른 누군가가 일상을 살고 있을 그곳에 가고 싶어 욕망하고 있을 테고, 그곳에서 일상을 사는 그들은 또 다른 누군가가 똑같이 일상을 살고 있는 그곳을 욕망하고. 그러고 보면 여행이라는 게 마치 서로 돌고 도는 무슨 꼬리잡기 같네.'

여행이란 별 게 아닌 서로의 것을 동경하는 행위라는 생각이 들었다. 여행에서 무엇을 보고, 무엇을 먹고, 어떤 체험을 하는가는 그냥 여행의 표면일 뿐, 그곳에서 진정 해야 했던 건 내가 묶여 있지 않아도 되는 그곳의 공기를 편하게 들이마시고 나를 꽉 조이던 일상의 숨을 그저 후, 하고 밖으로 내뱉으면 되는 거. 그냥 그거였구나 싶었다.
'그래, 숨을 제대로 쉬어야 잘 살지. 암, 숨 막혀 죽기 전에 제대로 숨 쉬러 다녀야지. 그럼, 여행은 여행이라 하지 말고, 숨 좀 제대로 쉬러 가자, 그런 거네.'
하지만 이 또한 내가 여행하지 않았더라면 알 수 없던 소중한 경험이다.
나는 여행의 고수가 아니라 혼자 하는 여행에 대해 아직도 약간 두려움과 초조함을 가지고 있다. 그러면서도 마음 한구석에는 '뭐 별 게 있겠어. 가서 부딪히면 되지'라며 살짝 호기가 생긴다. 내가 주로 혼자 다닌 여행지는 프랑스의 작은 도시들로 기차로 아침에 출발해서 밤에 돌아올 수 있는 곳이 많았다.
사실 기차를 타기 전까지는 혼자 여행한다는 느낌은 별로 들지 않는다. 그런데 막상 기차를 타고 기차가 슬슬 출발하기 시작하면 나와는 아무 상관없는 옆자리의 외국인이 '아, 나 혼자 여행 가는 거지?'라는 사실을 온전히 전해준다. 그리곤 마음이 평상시보다 조금 묵직하게 가라앉고 창밖을 보며 묵언수행이라도 하듯 내면의 생각과만 소리 없는 대화를 한다.
혼자 하는 여행에는 특별한 여정은 필요도 없고, 시간 맞춰 밥을 먹지 않아도 되고, 그냥 마음 가는 대로 그 도시의 이 골목 저 골목 걷다 지친다 싶을 때 그냥 쉬면 된다.
그렇게 카페에 앉아 커피 한 잔 혹은 맥주 한 잔 마시며 한적한 도시의 모습을 멍하니 느끼다 보면, 의식하지도 못한 상태에서 여기까지 끌고온 일렁이던 감정과 만나고, 미처 놓쳤던 일과 사람도 떠오르면서 이런저런 생각이 순서 없이 파노라마처럼 스친다. 그러다 한 장면을 꺼내 생각에 잠기고 또 다른 장면을 꺼내고 한참을 그러다가는 결국에는 스르르, 사라지고 만다.

그 자리에 알 수 없는 차분함이 내려앉는 걸 미묘하게 느낀다. 그러면 그때쯤 자리를 털고 일어나 다시 골목골목을 게으르게 다니며 소소한 광경까지도 고요히 마음에 새긴다.

함께하는 여행이 흥겹고, 활기차다면 혼자 하는 여행은 멍한 고요함 그 자체라고 할 수 있다. 그래서 적적하지만, 고요한 여행은 마음이 출렁일 때 제격이다. 그저 멍하니 걷다 쉬고, 떠오르는 생각과 고스란히 마주하다 보면 집으로 돌아올 때쯤에는 알 수 없이 무거웠던 그 자리에 여정 없던 기록이 채워져 내가 부렸던 호기가 용기로 자리한다.

눈부시게 찬란했던 늦은 봄. 대낮의 햇살이 사라지고 어둑히 찾아온 까만 밤공기를 마시며 파리로 돌아오는 기차 안에서 사람들을 보았다. 의자에 누운 듯 앉아 눈을 감고 있는 사람, 늦은 저녁으로 맥주와 샌드위치를 먹는 사람, 노트북을 꺼내 다 못한 일을 하는 사람. 모두가 약간은 지쳐 보이는 모습이 별반 다르지 않을 일상의 내 모습을 보는 것 같았다.

'이들도 이러다 한 번씩은 숨을 쉬러 가겠지? 그래, 그래야 살지.'

달리는 기차에서 어두운 창밖을 보고 있자니 유리에 비친 내 모습과 밤하늘의 묵직한 어둠이 내게 말하는 것 같았다.

"이젠 네 맘이 좀 가볍니? 유리창에 비친 모습이 너야. 널 믿고 용기를 가져. 이젠 편히 쉴 집으로 가야지."

파리에서 찾은 한식의 맛

세계 어디를 가든 큰 도시에는 한국음식점이 있기 마련이다. 예전처럼 외국이라고 해서 한국음식 접하기가 힘들다거나 한국식재료를 구하는 것이 그리 어렵지만은 않다. 파리만 해도 한국 슈퍼마켓이 여럿 있고 웬만한 재료는 모두 판매하기 때문에 한국음식이 그리울 때는 식당을 가거나 재료를 사서 직접 해먹을 수 있다.

하지만 혼자 먹겠다고 부지런 떨며 장을 봐서 음식을 만드는 수고는 여간 귀찮은 일이 아닌데다 한국식당을 수시로 다닐 만큼 넉넉하지도 않다. 날씨가 으슬으슬 추운 날, 매콤하고 뜨끈한 국물이 생각난다고 해도 시켜먹을 수 없을 뿐더러 혹 식당을 간다고 해도 하루 종일 영업하는 게 아니라 식당이 쉬는 시간오후3시~6시을 피해 점심이나 저녁시간에 가야만 맛볼 수 있다.

학교에서 수업하다 보면 들쑥날쑥한 수업 스케줄 때문에 평일에는 아무리 먹고 싶은 한국음식이 있을지라도 바로 먹을 수 있는 상황이 아니다. 서너 시간씩 계속 서서 진행되는 수업 내내 달고 느끼한 디저트를 만들고 먹다 보면 집으로 돌아올 때쯤 생각은 온통 매운 음식으로만 가득하다. 생각만으로도 금세 혀끝에 침이 맴돌 그런 자극적인 음식 말이다.
'쫄면, 비빔냉면, 육개장, 닭도리탕, 떡볶이, 아귀찜, 불족발, 불짬뽕….'
무슨 임산부처럼 당장이라도 먹어야 살 것 같은 그런 지경까지 간다.
'집에 갔을 때 우렁각시가 있어 원하는 메뉴를 딱 차려주면 얼마나 좋을까?'
수업 내내 느글거렸던 속을 달래줄 음식을 상상하면서 집에 도착해서는 결국 내가 준비할 수 있는 음식은 그 이름도 거룩한 '라면'이다.
내 평생 라면이 나를 위로할 한 끼의 훌륭한 음식이 될 줄은 정말 몰랐다. 한국에 있을 때는 인스턴트를 좋아하지 않았을 뿐더러 인스턴트는 음식 축에 끼워주지도 않았다. 그렇다고 라면을 먹지 않은 건 아니지만 라면은 아주 어쩌다 먹는 간식 같은 존재였다. 나름 음식의 맛과 재료를 따져가며 맛집을 찾아다니는 미식가로서 가지고 있던 라면에 대한 내 편견을 파리에서 고스란히 던져버렸다.
비빔냉면이 먹고 싶을 때는 비빔면, 매운 짬뽕이 먹고 싶을 때는 짬뽕라면, 설렁탕이 먹고 싶을 때는 곰탕라면 등으로 종류를 바꿔가며 느끼한 속을 누르기 위해 이 라면 저 라면을 골라가며 먹었다. 라면을 너무 자주 먹는 것 같아 가끔은 스파게티나 스테이크도 해먹었지만, 내가 갈구했던 건 매콤하고 자극적인 국물이었다.
그래서 결국은 '역시 라면이야'라며 또 다시 라면을 먹곤 했는데 라면이 지겨워질 때쯤 라면에 대한 내 마음도 간사하게 변해버렸다. 이 외국에서 나를 위한 식사랍시고 대충 바게트나 샐러드 아니면 라면이라니. 라면 한 그릇 앞에 놓고 먹는 내 모습이 처량하기도 하고 한심하기도 했다. 밥 사먹을 돈이 없는 것도 아니고, 음식을 못하는 것도 아니면서 간편하다는 이유로 맨날 라면이라니. 내 신세가 먹다 남긴 라면처럼 허접하게 느껴졌다. 시골에서 키우는 똥개의 개밥처럼 말이다.

'먹다 남긴 기름 뜬 국물에 불은 면발 꼬라지하고는. 여기 파리에서 내가 뭐 하는 거니. 아예 라면을 사놓지 말던가 해야지 정말.'
학교에서 한국 친구들과 그동안 먹었던 라면을 이야기했더니 그 친구들도 별반 다르지 않았다고. 이러다간 파리 사는 동안 집에서 해먹는 요리라고는 라면밖에 없겠다며 이심전심 웃곤 했다. 그후로는 가끔씩 각자 한국음식 한두 가지를 요리해서 돌아가며 서로의 집에 모여 생일상을 맞듯 한상 가득 차려놓고 맥주나 와인도 마시면서 혼자였다면 맛볼 수 없는 또 다른 유토피아를 만들고는 했다.

'음식은 쾌락의 원천'이라는 말처럼 빵에 지치고, 달고 기름진 디저트에 지친 우리에게 매콤한 한식의 뜨끈한 국과 밥은 더없는 쾌락이었다. 외국에서 살기 전까지는 내가 그렇게 한식을 갈망할 줄은 정말 몰랐다. 그런데 막상 살아보니 내 입맛은 전형적인 한식 스타일이었고 라면을 끊고서 바빠 며칠씩 한식을 먹지 못할 때는 나도 모르게 스트레스가 쌓였다.

한번은 한식을 그리 즐기지 않는 친구를 오랜만에 만나서 식사를 했다.
"며칠 동안 한식을 안 먹었더니 속이 영 불편한 거 있지. 오늘 한국식당 어때?"
"그러자, 나는 몇 달 만일세."
평소에 내가 한식 타령을 할 때면 자기는 한식을 먹지 않아도 크게 불편하지 않고, 프랑스 음식도 먹을 게 많은데 뭘 굳이 한식 타령이냐며 자기는 한국에서도 김치는 잘 먹지 않았다던 친구다. 그런데 웬걸. 그랬던 친구가 한국식당에 가서는 식사가 나오기도 전에 밑반찬을 어찌나 집어먹던지 기가 막힐 정도였다.
"야, 짜다 짜! 너 김치도 잘 안 먹는다며? 식사 나오면 같이 먹어. 프랑스 물로 담근 김치라 다르냐? 너 그러다 하루 종일 물만 찾겠어."

내가 뭐라던 친구는 며칠 굶다 처음 먹는 사람처럼 가리지 않고 마구 먹는데 그 모습이 안쓰럽기도 하고 웃기기도 했다.
"거봐 너도 한국사람인 거. 네가 프랑스사람이랑 사니까 괜히 피해서 그렇지 네 의식 속에도 걷잡을 수 없는 한식 본능이 있다니까. 밤새 물을 찾건 말건 실컷 먹어라, 먹어. 이렇게 잘 먹는데 어찌 참나 몰라. 너도 너다 정말."
친구는 프랑스인과 살기 때문에 마음껏, 아니 아예 한식 생각은 접고 살았고, 혹 밖에서 먹는 날에는 어김없이 바로 양치질로 입을 씻곤 했다.
"너 정 한식 먹고 싶을 때는 우리 집에 와서 같이 해먹어. 프랑스 애들도 꼬리꼬리한 치즈 먹는데 너무하는구만."
목마른 놈이 우물 판다고 나는 라면의 유혹을 줄이고, 시간이 날 때면 블로거의 도움을 받아 먹고 싶은 메뉴를 곧잘 해먹었다. 김치는 기본이고, 매운 갈비찜, 비빔냉면, 꼬리찜, 육개장, 찜닭, 곤드레밥, 시래기국, 만두 등 한국에서는 잘 하지도 않던 무수한 요리를 말이다. 심지어 닭 한 마리를 사서 무시무시한 중국 칼을 들고 토막까지 내 양념 반 프라이드 반까지도.
하루는 저녁으로 떡볶이를 해먹으려고 동네에 있는 한국 슈퍼마켓에 들렀다. 그런데 윈도우에 '잠깐 배달 갔습니다'와 전화번호가 적혀 있고 문 앞에는 갓 대학에 들어갔을 법한 동양인 학생 두 명이 쪼그려 앉아 있었다. 내가 그 앞에서 서성이자 그 중 한 학생이 말했다. 한국 학생들이었다.
"여기 사장님 배달 가셨어요. 여기서 좀 기다리면 오실 거예요. 저희도 라면 사려고 30분이나 기다리고 있는데, 왜 안 오시지?
시간을 보니 그때가 8시. 그럼 문 닫을 시간이다.
"학생들 이 사장님 안 들어오실 것 같은데. 벌써 8시가 다 되었는데, 여기 8시에 문 닫아."
"아, 그래요? 헐! 우리 라면 없으면 저녁 못 먹는데…."

"내가 전화해볼까?"
역시나 사장님은 못 오신다며 미안하다셨다.
"그럼 학생들은 이 동네 살아?"
"아니요. 저희 배낭여행 온 거예요. 두 달 동안 유럽 여행하다 파리가 마지막 일정이라서 요 옆 게스트하우스에 묵고 있거든요. 오늘이 삼일째예요."
'헐! 얘들을 어쩌나?'
그 학생들과 10분가량 이런저런 이야기를 나누다보니 며칠 동안 라면으로 저녁을 먹었다는 아들 같은 아이들을 그냥 두고 갈 수가 없었다. 그렇다고 낯선 사람을 무작정 집에 데려가 밥을 먹이기도 그렇고, 슬리퍼 신고 쪼그리고 앉아 슈퍼마켓 사장님을 기다리며 라면 끓여먹을 생각만 했을 그 아이들이 마음에 걸려 그대로 두고 갈 수도 없고… 순간 어떻게 해야 할지 몰라 정말 난감했다. 마음이 갈팡질팡 요동쳤다.
'감성이 시키는 대로 할 것인지, 이성이 시키는 대로 할 것인지. 에라 모르겠다. 딱 봐도 범생이같이 생겼는데 뭔 일이야 있겠어. 이 아이들을 그냥 두고 갔다가는 맘에 걸려 후회하고 말 텐데. 그냥 좋은 일한다 생각하고 마음이 하라는 대로 데려가자, 데려가.'
"너희 배 많이 고파?"
"아니, 쫌…."
"너희 라면 못 샀는데 그럼 저녁 어떡해?"
"그냥 아침에 먹던 빵 먹으면 돼요."
"아이 진짜. 라면 딱 먹어야 되는데…."
"우리 어제 8시 넘어서 라면 사지 않았어?"
둘이서 맞네 아니네, 라며 시계를 보고 또 봤다.
'아이고~ 나 미치겠네.'

한참을 고민하다 물었다.
"너희 아줌마 집이 여기서 걸어서 5분 정도거든. 내가 김치찌개 끓여줄게 먹을래?"
학생들은 먹고 싶은 마음은 굴뚝같아 보였는데도 예의를 지켰다.
"아, 진짜요?"
"괜히 저희 때문에… 죄송해서 그렇죠."
"아니에요, 그냥 빵 먹으면 돼요."
못내 아쉬운 표정으로 사양했다. 나는 웃으며 다시 물었다.
"진짜? 한 번만 더 물어보고 노하면 나 그냥 간다. 잘 생각해."
"그럼 저희는 감사히 먹겠습니다, 하하~"
"우리 오늘 완전 운 좋은 날이야!"
학생들은 트레이닝 바지와 슬리퍼 차림으로 나를 따라 우리 집으로 왔다. 현관을 들어오면서부터 프랑스 집은 처음 들어와 본다며 신기하다고 연신 웃으며, 한식 먹은 지가 열흘도 넘었다고 좋아하는 모습을 보니 내기 징밀 잘했다 싶었다.
나도 떡볶이를 해먹으려고 했던 차라 밥도 없어서 부지런히 압력솥에 밥을 하고 일부러 돼지고기를 크게 썰어 넣고 김치찌개를 끓였다. 밥 냄새며 김치찌개 냄새만으로도 아이들 얼굴에 미소가 가득했다. 있는 반찬 없는 반찬을 모조리 꺼내고 밥이며 찌개를 가득 퍼서 천천히 많이 먹으라고 했지만, 정작 반찬은 몇 가지 없고 뭔가 더 먹이고 싶은 엄마 마음에 밥을 먹다 말고 물었다.
"야, 김치찌개에는 달걀프라이 아니냐? 뭔가 허전하지? 달걀프라이 먹을 사람?"
한 녀석이 기다렸다는 듯 되물었다.
"아줌마, 저는 죄송한데 두 개 해주세요."

"야! 넌 하나만 먹어 아줌마가 뭐냐? 이모님이지."
다른 녀석이 웃으며 금세 재치 있게 끼어들었다.
"야, 우리 엄마보다 어리신데 이모님이지, 임마. 이모님 저는 두 개 해주세요."
"오케이! 그럼 너랑 나만 두 개!"
우리는 예전부터 알던 사람들처럼 즐겁게 웃으며 몇 개 안 되는 반찬을 맛있게 먹었다. 식사하면서 이런저런 이야기도 많이 나누었고, 학생들은 고맙게도 밥을 두 그릇씩이나 먹어줬고, 내가 만든 디저트까지 맛있게 먹었다.
"이모님 진짜 고맙습니다! 처음 온 유럽 여행인데 평생 잊지 못할 것 같아요."
마음이 다 뿌듯했다. 나의 작은 성의가 누군가의 추억 속에 그려질 수 있다는 게 참으로 행복했다.
"너희 모르는 아줌마가 선뜻 밥해주니까 고맙지?"
"그럼요, 진짜 고맙고 감사하죠."
"그럼 너희도 나중에 누군가에게 도움을 줄까말까 망설여질 때 이모 생각하고 그냥 도와줘, 알았지? 세상은 어차피 그렇게 서로 돕고 도움 받고 사는 거거든요. 너희가 더 크면 알 거다. 하하~"
"네 알겠습니다, 이모님!"
그날 아이들이 가고 싱크대 가득 쌓인 설거지를 하면서도 마음은 무척이나 풍요로웠다. 서로 연락처도 모르니 내가 한국에 돌아가도 다시 만날 일 없을 테고 게다가 지금은 그 아이들의 얼굴마저 희미하지만 우리가 그날 저녁 타국에서 함께했던 한식 밥 한 끼가 서로의 추억 속에 풍요로움으로 남을 테니, 그걸로 충분하다.

CHAPTER 3 그래도 다시 파리

십년 전에도, 지금도, 십년 후에도… 파리

외국이라고는 난생 처음 발을 디뎠던 1994년 가을 파리.
'이 골목으로 쭉 나가 코너의 저 건물을 돌면 아마도 빵집이 있지 않을까?'
믿기지는 않지만 예상대로 그곳에 빵집이 있었다. 순간 등줄기가 오싹할 정도로 예리했던 내 감각에 '오, 데자뷰 Déjà Vu, 과거의 경험을 똑같이 현재에 경험하는 것,' 이런 걸 데자뷰라고 하는 건가, 라는 생각이 들었다.
막 직장생활을 시작했을 때 해외출장이라는 걸 처음 갔다. 그것도 프랑스 파리로 말이다. 첫 해외 경험이 그 많고 많은 나라와 도시 중에 파리였으니 도착하기도 전에 기대와 흥분은 걷잡을 수 없을 정도로 부풀었다. 비행기를 11시간 타고 밤에 도착해 곧바로 숙소로 이동했기 때문에 막상 파리에 도착해서는 별 감흥이 없었다. 온전히 파리와 처음으로 마주한 것은 당시 신입이었던 내게 아침식사로 빵을 사오라는 사장님의 한마디 때문에 잠도 덜 깬 채로 동네주민처럼 어떨 결에 숙소를 나선 그때였다.
이른 아침 처음 내 눈에 들어온 이름도 모르는 파리의 그 동네는 무섭고 낯설기보다는 꼭 여기에 살았던 것처럼 편안하고 모든 것이 이상하리만큼 익숙했다. 거리에는 이른 아침을 시작하는 사람 외국인 몇몇이 지나갔다. 분명 이곳이 파리고 저 사람들이 파리지앵임에도 묘하게 그 모습조차 생소하지 않았으니 빵집을 찾은 순간 내 머릿속에 데자뷰가 떠오르지 않을 수 없었다. 파리와의 첫 만남은 그렇게 다정하게 다가왔다.

그뒤로 수없이 파리를 오갔지만 그때 그곳이 몽마르트르 언덕 뒤쪽 어딘가라는 것만 알 뿐 별다른 기억 없이 잊고 지냈는데 20년이 지나고서야 우연히 그곳을 다시 마주했다.

눈부시게 화창한 날이었다. 봄은 왔지만 그래도 조금은 쌀쌀해 그냥 집에 있으려고 했다. 그런데 커피 한 잔 마시며 우연히 바라본 창밖 하늘이 어찌나 청명한지 그대로 있을 수가 없었다. 하루 종일 별다른 스케줄도 없고 그냥 집에서 뒹굴기에는 아까우리만큼 좋은 날씨여서 일단 나가야겠다 싶었다. 집 앞에서 버스를 타면 파리 중심가를 돌아 몽마르트르 언덕 뒷동네에서 내리는 코스니까 1시간가량 돌아가도 시티투어 하는 셈 치고 무작정 버스에 올랐다. 파리는 시간만 허락된다면 버스를 타고 밤이건 낮이건 정처 없이 도는 것도 아주 좋은 관광이다.

몽마르트르 언덕에 가는 방법은 두 가지가 있다. 첫째 언덕 앞에서 올라가는 방법, 둘째 언덕 뒤쪽 주택가를 통하는 방법.

가장 쉬운 방법은 메트로 12호선 아베스 역 Abbesses이나 2호선 안트베르펜 역 Anvers에서 내려 몽마르트르 언덕 위까지 가는 케이블카를 타거나 관광상품을 파는 가게와 집시나 관광객 사이를 뚫고 걸어 올라가는 방법이 있다.

아니면 나처럼 버스를 타고 그 근처에서 내려 조용히 걸어 올라가는 방법이다. 걸어서 족히 30분은 걸려서 조금 힘들어도 파리에 살게 된 후로는 무조건 두번째 방법으로만 몽마르트르에 오른다.

버스에서 내려 한적한 고급 주택가를 따라 조용히 걷다보면 왜 그 옛날 수

많은 예술가가 이 동네에 모였는지 느낄 수 있다. 물론 요즘은 비싼 집값 때문에 유명 할리우드 스타나 미국의 돈 많은 부자가 대부분을 소유하고 있지만. 골목마다 나름의 멋이 있을 뿐 아니라 화가의 아틀리에였던 주택마다 세로로 긴 창문도 그대로고 작은 카페나 식당이 구석구석 숨어 있다. 그리고 파리에서 유일하게 보르도 품종의 와인이 생산되는 포도밭과 동화에나 나올 법한 예쁜 집들 때문인지 앞쪽과는 비교도 안 될 만큼 운치가 있어 조용히 걸으며 언덕을 오르는 것 자체만으로도 행복해진다.

파리에서 가장 높은 곳에 위치한 몽마르트르는 슬프게도 앞쪽 사람들과 뒤쪽 사람들의 빈부격차가 심할 뿐만 아니라 몽마르트르를 기점으로 분위기도 무척 다르다.

사크레 쾨르 대성당Basilique du Sacre-Coeur을 등지고 내려다보는 파리 시가지는 늘 봐도 속이 다 뻥 뚫린다. 그러니 그 많은 사람이 약속이라도 한 것처럼 계단에 줄줄이 앉아 하염없이 파리를 내려다보겠지만 말이다. 저 멀리 흰 뭉게구름을 품은 푸른 하늘과 맞닿아 있는 곳까지도 보일 만큼 청명한 날씨에는 그렇게 한동안 멍하니 바라보며 서있는 것만으로도 말로는 표현할 수 없는 편안함을 준다.

집으로 돌아올 때는 걸어왔던 길이 아닌 다른 길을 선택했다. 길을 잘 알지는 못하지만 어쨌건 내려가면 큰 길이 나오기 마련이고, 아직 해도 지지 않았으니 위험하지도 않아서 집도 구경하며 동네를 어슬렁거리다 마음에 드는 카페가 있으면 커피도 한 잔 마시려고 일부러 골목골목을 걸었다. 그렇게 한참 내려온 것 같던 그 순간, 그 골목이 이상할 정도로 익숙했다.

'분명 아까는 이 길로 올라가지 않았는데 왜 이렇게 이 길이 아는 길 같지?'
이런 생각이 스치자마자 눈앞에 짙은 초록 페인트를 칠한 카페가 보였다.
'아, 맞아 저 카페, 저 가게, 저 건물!'

20년 전, 빵집을 찾겠다고 이른 아침 처음으로 봤던 파리의 그 길이었다. 나도 모르게 중얼거렸다.
'어머나, 세상에 여기였구나. 카페가 아직도 그대로 있네, 이 가게도. 저 건물을 돌면 그때 그 빵집도 아직 있을까?'
그 옛날 무작정 빵집을 찾던 내 모습과 처음 마주했던 파리라는 도시 속 이 동네를 낯설어하지 않았던 그때 그 감정이 오버랩되면서 기분이 묘해졌다. 카페테라스에 앉아 커피를 마시면서 한동안 그 동네를 음미했다.
'어떻게 세월이 이리도 많이 흘렀는데 여기는 그대로일 수 있지? 혹시 영화에서처럼 내가 시간을 거슬러 거꾸로 간 건가?'
절대 그럴 일은 없겠지만, 거울을 꺼내 내 모습을 보았고 헛웃음이 나왔다.
다시 버스를 타고 오는 내내 옛날과 지금의 그 골목, 예쁜 집, 식당과 카페의 모습이 자꾸 생각나면서 많은 사람이 파리라는 도시를 왜 그토록 사랑하는지 새삼 알 것 같았다. 파리에서의 한 장면을 추억하고 싶을 때, 변하지 않고 그 자리에서 묵직하게 우리의 추억을 기다려주는 조하금이 파리의 운치고 낭만이라는 생각이 들었다. 버스를 타고 파리 풍경을 보는 지금 이 시간도 몇 년 후에는 낭만이라는 이름으로 가슴에 물들겠구나 싶었다.
만약 유명한 관광지였더라면 이렇게 묘한 감정까지는 생기지 않았을 것 같다. 돌이켜보면 자주 지나다니는 에펠 탑, 센강, 샹젤리제 거리, 콩코르드 광장, 루브르 박물관이며 라파예트, 프랭탕, 봉 마르셰 백화점도 옛날 그대로고 그렇게 좋다며 수많은 사진까지 남긴 명소였는데도, 오히려 추억 속에는 그다지 크지 않은, 남들은 알 수도 없는 파리의 소소한 것들이 낭만과 여운으로 남아 있다.
이렇게 변함없이 옛 추억을 고스란히 회상할 수 있는 곳이 파리 곳곳에 수없이 많지만, 특히 '마레 지구'는 빼놓을 수 없다. 이곳은 작은 상점이 오목

조목 밀집해 있어 백화점과는 또 다른 느낌이다. 백화점이 대놓고 상업적인 느낌이라 운치를 찾아보기 힘든 반면 마레 지구는 낭만의 극치라 해도 좋을 정도로 조화롭다.

항상 예술가들이 모이는 곳이라 골목골목 걷다보면 알게 모르게 최신 트렌드를 익히게 된다. 패션, 사진, 미술, 리빙, 눈길을 끌 정도로 핫하게 차려 입은 남자들대부분 동성연애자다과 심지어 잘나간다는 클럽까지 구석구석 볼거리로 가득하다. 빠르게 선보이는 예술 분야와 예전 모습 그대로를 간직한 식당과 카페의 조화로움 덕에 마레 지구는 파리에 오면 꼭 찾는 핫 플레이스가 됐다. 메트로 1호선 생 폴 역St-Pau에 내리면 어린아이들이 타는 회전목마도 몇 십 년 전 그대로고, 15년 전 여행책에서 봤던 마레 지구 맛집 팔라펠유대인이 즐겨 먹는 샌드위치 가게도 아직도 그 자리에 그대로다. 게다가 빅토르 위고의 생가가 있는 광장 옆 레스토랑도 예전이나 지금이나 좁고 낮은 천장 그대로 보존되고 있다.

마레 지구는 이처럼 현대와 과거를 고스란히 입은 채 나의 추억과 내가 알지 못하는 다른 이들의 추억마저도 품으며 유유히 예술과 낭만을 지켜가고 있다. 몽마르트르, 마레 지구, 레알 지구, 생토노레, 생 제르맹 데 프레….

파리의 골목골목 많은 곳에 내가 추억하고 의미를 되새기며 풋풋해할 곳은 많다. 그리고 또 몇 년 후 불현듯 어떤 곳에서 과거의 나를 기억하고 회상하며 그때의 파리를 되새길 것이다.

십년 전이나 지금이나, 이십년 전이나 지금이나, 삼십년 전이나 지금이나…. 시간이 지나면 감정은 사그라들기 마련이라지만, 시간을 흘려보내지 않는 파리의 곳곳은 낭만이라는 꽃으로 응집해 파리를 찾는 이들의 감정에 뿌려진다.

십년 전이나 지금이나, 이십년 전이나 지금이나, 삼십년 전이나 지금이나….

대나무 바구니에 담긴 파리

파리에는 거의 모든 동네에 그리고 크고 작은 광장에서 정해진 요일에 재래시장이 열린다. 내가 살던 집 근처에도 일주일에 두 번 수요일과 일요일에 어김없이 장이 섰다. 일요일 아침이면 나 역시 파리지앵처럼 대나무 장바구니를 꺼내들고 시장 구경을 나서곤 했다.

동네마다 서는 재래시장은 마트에서와는 다른 파리지앵의 삶을 볼 수 있어 정겹고 생동감이 넘친다. 보통 장이 서기 전날 오후부터 골조를 세우고 천막을 치며 다음날 장을 준비하느라 길가가 분주하다. 이렇게 열리는 파리의 재래시장은 대부분 오전 7시부터 오후 1시까지 운영되는데, 그전부터 인도 옆 도로에는 각자 판매할 물건을 내리느라 트럭이며 자동차가 길가에 줄지어 세워지고 모두 바쁘게 움직인다. 아침 일찍부터 허리 높이쯤 되는 가판대를 세우고 그 위에 싱싱한 야채, 농장에서 갓 나온 과일, 여러 종류의 치즈, 크기와 종류가 다양한 빵, 주인장만의 레시피로 절인 특별한 올리브, 온갖 종류의 양념, 게다가 육류, 생선, 꽃, 잡화, 옷, 신발 등 다양한 물건이 손님 맞을 준비로 가득 펼쳐진다.

2차선 도로를 가운데 두고 좌우로 길게 펼쳐진 시장 모습은 저마다 특징이 있다. 가게마다 주인의 개성을 실어 정갈하게 놓인 상품이 어우러져 무척이나 인상적이다. 물건을 파는 방법은 언뜻 우리네 장과 닮은 듯하지만,  상품의 배치, 가게의 구성, 우리와는 다른 식재료가 조화를 이루어 만들어낸 이미지는 많이 다르다. 굳이 비교한다면 한국 재래시장은 상품을 가지런히 진열한다거나 제품을 예쁘게 장식해서 보여주려는 장치가 따로 없이 대부분 바닥에 수북하게 놓고 판매하는 방식이라 그 자체로만 봤을 때는 풍성하지만 거친 남자 같다. 반면 파리는 물건마다 나름의 방법으로 신경 써서 정리해놓은 모습이 예쁜 소녀 같다. 이 또한 각각의 전통에 기반한 문화차이겠지만, 파리의 시장은 잡지에서 많이 본 화보 같다. 시장을 오가는 사람, 물건을 바구니에 담아가는 사람, 가운이나 앞치마를 입고 판매하는 상인이 어우러진 파리의 재래시장은 유럽의 대표적 모습이다.

일요일 아침에는 대나무 장바구니를 들고 다니는 이들을 쉽게 볼 수 있다. 10년은 족히 사용했을 색 바랜 바구니를 든 멋진 노신사부터 알록달록 컬러풀한 바구니를 든 젊은이까지, 그 모습은 이름 모를 시장 물건만큼이나 제각각 멋지고 개성이 넘친다. 구매자나 판매자 모두 물건을 사고팔 때 비닐봉투를 사용하지 않을 뿐더러 꼭 물건을 싸줘야 하는 경우에는 비닐봉투보다는 종이봉투를 주로 사용한다. 구매자 역시 물건 그대로를 바구니에 차곡차곡 담는다.

또한 인건비가 비싼 파리에서 배달을 시키려면 꽤 비싼 돈을 지불해야 하기 때문에 구입한 물건을 직접 운반하기 위해서는 누구나 적당한 크기의 바구니나 바퀴가 달린 샤리오Chariot, 대형 장

PUR JUS DE POMMES
SANS ADD
4,00 €

Ail Rose
très parfumé
15 €

öz fms

바구니를 가지고 다녀야만 한다. 그러다 보니 장바구니는 멋을 부리기 위함이 아니라 필요에 의해 누구나 꼭 챙겨야 하는 것이다. 나도 유학 초기에는 마실 물까지 사와야 해서 꾸역꾸역 샤리오를 끌고 장을 보았다. 그런데 무거운 물을 넣은 장바구니는 요령이 있어야 균형을 잡아 끌어올릴 수 있는데 초창기에는 요령이 없어 팔이 빠질 정도로 힘겹게 운반하며 혼잣말로 허공에다 욕을 퍼부었다.

'이노메 나라, 지금이 어떤 세상인데 이렇게 무거운 걸 이고 지고 하냐고. 내가 장본 게 얼만데 배달도 안 되고, 썩을…. 한국 같아 봐 1시간 안에 집 안까지 모셔다주지. 아이고, 내 팔자야. 물 나르다 내가 골병들지 골병들어.'

내 마음을 안 건지, 세상이 변한 건지 얼마 지나지 않아 프랑스에도 피자, 스시, 태국음식 등 하나둘 배달문화가 활성화되기 시작했다. 대형 체인점 슈퍼마켓에서도 50유로 이상부터 배달을 해주긴 하는데 그것도 생긴 지가 불과 2년 전쯤부터였다.

파리에 살면서 무엇보다 적응이 힘들었던 건 내가 선택한 건 내 힘으로 해결해야 한다는 거였다. 장을 볼 때마다 내가 직접 들고 다니는 것도 힘들긴 했지만 이를 통한 깨달음이다.

'한국에서는 너무나도 편한 생활에 젖어 스스로 할 수 있던 작은 일마저도 별 생각 없이 남의 손을 빌리는 걸 당연시하며 살았구나.'

파리에서는 나도 이고 지고 사는 것이 당연했고, 그런 생활과 시간의 자연스런 비례관계를 통해 몸은 힘들지언정 스스로 할 수 있다는 것이 얼마나 의미 있고 충만한 삶인지 몸소 경험했다. 물론 당연시했던 몸에 밴 습관마저도 조금씩 버려졌다.

"10유로만 내세요. 안녕히 가세요. 다음 주에 또 와요."

일요일 아침, 동네에 서는 장을 보러 자연스럽게 다닐 때쯤에는 아무렇지 않게 바구니를 들고 가장 평범한 모습으로 파리의 일상을 함께했다. 마치 이방인이 아닌 그들처럼 화보 속 한 장면에 들어가서 말이다.
시장은 대형 슈퍼마켓 판매원처럼 말투가 상냥하거나 친절하지는 않다. 오히려 말이 짧고 대답이 명료해서 언뜻 '조금 거칠다'는 느낌이 강하다. 정해진 시간 안에 물건을 빨리 많이 팔아야 하기 때문인지 정신없이 주문받고 챙겨주는 것도 눈코 뜰 새 없이 바빠 보였다. 물건을 살 사람이 줄서 있기 때문에 구태여 사고자 하는 것 이상을 권하지도 않을뿐더러 주문을 받고는 어찌나 빨리 움직이는지 나처럼 말이 버벅거리는 이방인은 주문할 때부터 살짝 움츠러들기 일쑤다. 하지만 그것도 잠깐, 도리어 물건을 담아줄 때는 언제나 말없이 덤을 더 주면서 생색도 내지 않고 후다닥 몇 마디만 한다. '이 아저씨 참… 말도 무섭게 하면서…. 근데 이런 서비스는 뭐임?'
오히려 계산하고 물건을 받으면 알 수 없는 정이 느껴져서 무뚝뚝한 말투인데도 묘하게 기분 나쁘지 않고 도리어 인간적인 느낌마저 든다.
생활하다 보면 채소는 어디가 싸고 싱싱한지, 생선은 어디가 물이 좋고 손질을 잘해주는지, 과일은 어디서 사야 제대로 된 것을 살 수 있는지 자연스레 터득된다. 나는 재래시장에서는 주로 채소를 많이 샀는데, 전문점보다 종류도 많고 싱싱할 뿐 아니라 가격도 50% 정도 싸다. 물론 매번 생각보다 그 양이 많아지긴 하지만.
시장을 몇 번 다니다 보면 상품도 같고, 가격이나 품질이 별반 차이가 없음에도 유독 사고 싶은 집이 눈에 들어온다. 주인의 인상 때문에, 혹은 편한 동선 등 여러 이유가 있겠지만 나는 한 집만 이용했다. 채소와 과일을 파는 그 가게는 일요일에는 꼭 가족이 함께 나와서 판매하는데 그 가족의 척척 맞는 호흡이며 웃음이 좋아서였다. 부부와 아들, 딸 이렇게 넷은 나란히 서서 나름의 구역을 정해 판매한다.

내 차례를 기다리며 그 가족의 모습을 지켜보았다. '내 차례엔 저 무뚝뚝한 아저씨가 아니었으면 좋겠다'고 생각하며 입안에서 뱅뱅 도는 낯선 채소의 이름과 필요한 양을 몇 번이나 연습했다.

그 가족을 보면 아빠인 아저씨는 전형적인 농부 같다. 손님과는 필요한 말 외에는 별반 이야기도 없어서 조금 거친 느낌인데, 반면 아들, 딸은 무뚝뚝한 부부와 달리 상냥하다. 특히 아들은 손님과 농담도 잘하고 어찌나 센스가 있는지 이 집의 분위기메이커는 아들일 거라는 생각이 들 정도였다.

한번은 아저씨가 가장 끝에 있는 아들에게 파인애플 두 개를 달라고 했던가 보다. 그런데 아들이 아버지를 바라보며 엄지와 검지손가락으로 아랫입술을 잡고 휘파람을 불더니 아버지를 향해 다짜고짜 파인애플 한 개를 던지는 것이다. 물론 아버지가 제대로 받지 못해 바닥에 그대로 퍽 하고 던져졌고, 순간 나는 저 아저씨 분명 소리 지르겠구나 싶었는데, 웬걸 곧바로 아들이 아버지에게 큰소리로 '1 대 0'이라며 웃고, 아버지도 웃었다.

바닥에 떨어진 파인애플을 발로 툭툭 한쪽으로 밀더니 손을 비비며 다시 던지라는 시늉으로 아들을 보며 무릎까지 굽히며 자세를 잡았다. 옆에 있던 딸도 웃으며 그만하라고 말리며 장사를 계속했다. 이번에는 아들이 일부러 아저씨 쪽을 보면서 던질 준비를 하다가 막상 던질 때는 방향을 틀어 엄한 데로 휙 던졌다. 그리고는 '2 대 0'이라고 하는데, 나는 이 아저씨 이제는 정말 버럭 하겠구나 싶었다.

그런데 화를 내기는커녕 웃으며 둘째손가락을 펴서 아들을 몇 차례 가리키더니 갑자기 감자 상자를 번쩍 들고 '피에르 너 거기 감자 없다'라며 갑자기 뚜껑도 없는 나무 상자를 가족들 뒤로 훅 던졌다. 물론 날아오는

감자 상자를 아들이 잽싸게 잡긴 했지만 감자 여러 개가 순식간에 허공에서 바닥으로 떨어졌다. 그러자 아저씨는 내가 본 중 가장 활짝 웃으며 승리의 춤까지 추면서 외쳤다.

"야, 10 대 0이야. 내가 이겼어!"
줄을 서서 기다리는 사람들은 이 부자의 장난에 함께 웃으며 태연히 주문도 했다. 그들의 모습이 말도 안 되게 웃기긴 했지만 사실 나는 부자지간의 그런 격한 장난을 이해하기가 어려웠다. 하지만 내가 이해하기 어렵건 문화의 차이건 그렇게 서로 웃으며 장사하는 모습에서 가족애를 보았고, 따뜻했다.

재래시장에서는 슈퍼마켓에서처럼 채소마다 친절히 이름을 적어 놓은 경우가 드물기 때문에 만일 시금치가 사고 싶으면 시금치라는 단어도 알아야 하고 어느 정도 필요한지도 미리 생각한 후 주문해야 한다. 게다가 식문화도 다르니 수많은 채소 종류 중 생소한 것도 많고 같은 종류에서 파생된 것 또한 많아서 이름을 다 외워 주문하기가 난감한 적이 한두 번이 아니었다.

예를 들면 양파만 해도 흰양파, 적양파, 꼬마양파가 있고, 피망, 토마토 역시 색깔에 따라 다르게 부르고, 샐러드용 채소도 그 수가 만만치 않아서 처음에는 다 알 수도 없었다. 시장 갈 때마다 미리 사전을 찾아서 외우고 가도 막상 사려고 하면 정확히 말할 수 있는 것을 제외하고는 그저 '이거 요만큼, 저거 요만큼 주세요'라고 밖에 말하지 못했다. 가끔 오지랖 넓은 할머니라도 있으면 그 이름을 아주 천천히 알려주시고는 했지만 내 머릿속 기억창고는 언제나 문이 활짝 열려 있는지, 그때뿐 돌아서면 바로 잊어버리기 일쑤였다.

채소나 생선 이름도 제대로 모르면서 굳이 시장을 찾는 이유는 일요일 아침 뭉근한 공기와 물건을 바구니에 담으며 유유자적 장을 보는 사람들의 모습과 말소리가 묘하게 섞여 만들어내는, 백화점이나 슈퍼마켓에서는 느낄 수 없는 시장만의 따뜻한 아날로그 감성 때문이다. 슈퍼마켓에서야 이름표도 있으니 가판대에서는 말도 필요 없이 사느냐 마느냐 하는 일방적 행동만 있지만, 시장에서는 어쩔 수 없이 짧게라도 서로 커뮤니케이션이라는 것을 통해야만 원하는 물건을 살 수 있기 때문에 슈퍼마켓보다 정겨울 수밖에 없다. 어느 나라나 가끔이나마 투박한 시장을 찾는 이유는 세련미는 없지만 정이 있고, 사람 냄새 때문이리라. 불편해도 조금은 느리게, 기억이 아닌 추억을 느끼면서 가슴에 따뜻한 감성을 담고 싶다. 차가운 비닐봉투가 아니라 바구니에 소담스럽게 추억을 담았던 파리 재래시장이 그래서 참 좋다.

옷을 입은 사람은 나 하나뿐

파리의 사계절 중 유독 봄이 찬란한 이유는 습하고 눅눅한 겨울 때문일 것이다. 파리의 겨울은 흐리고, 흐리고, 비, 잠깐 해가 비췄다, 다시 흐리고, 흐리고, ….
며칠씩 해를 보지 못하는 날씨인데다가 영하로 내려가는 경우는 아주 드물지만 기온이 조금만 낮아져도 몸으로 느껴지는 체감온도는 훨씬 더 춥다. 습하고 차가운 공기가 스멀스멀 뼛속까지 밀고 들어와 잠깐의 외출에도 지레 어깨가 움츠려지는 날씨다. 일기예보의 '오늘의 기온'만 보고 방심해 겹겹이 옷을 껴입지 않고 외출했다가는 고스란히 감기몸살에 걸리므로 파리에서는 영상의 날씨에도 겹겹이 겹쳐 입는 레이어드룩이 필수다.
징글징글한 겨울에는 절대 오지 않을 것 같던 봄 햇살이 아주 더디게 겨울의 눅눅함을 삼키고 언제 그랬냐는 듯 곳곳 가득 찬란한 햇살을 뿌리며 사람들을 밖으로 나오라고 유혹한다. 특히 주말이면 공원마다 가족, 연인, 어린이, 노인 할 것 없이 죄다 나와서 겨울 내 묵혔을 몸의 눅눅함을 일제히 날려버릴 것처럼 일광욕을 즐긴다.

파리에만도 약 400개의 크고 작은 공원이 있어 파리의 계절을 여유롭게 향유하고 싶으면 도심에서건 동네에서건 누구나 쉽게 찾을 수 있다. 간혹 무심히 건물 사이를 걷다보면 절대 그 넓은 공원이 있을 거라고는 상상할 수도 없는 곳에 시야가 뻥 뚫릴 만큼 드넓은 잔디와 나무, 분수와 다양한 꽃으로 가득한 공원이 나타나 가던 발걸음을 세운다.

내가 살던 동네만 해도 5분 거리 안에 공원이 여러 개 있어 기분 내키는 대로 마음 가는 대로 수시로 찾았다. 가벼운 옷차림으로 운동을 하러 가기도 하고, 책 한 권 들고 벤치나 나무 그늘이 드리워진 목 좋은 자리를 골라잡아 털썩 기대어 시간 가는 줄 모르고 책 속으로 빠져들기도 하고, 그저 한참을 햇살을 받으며 멍하니 사람 구경도 한다. 눈부시도록 따스한 햇살이 있는 날에는 작정하고 바닥에 깔 담요와 간단한 식사와 커피까지 바리바리 챙겨 갈 때도 있다.

일단 자리를 잡고 일인용 담요 한 장 깔고 선글라스를 낀 채 한참을 잔디 위에 드러누워 온몸으로 햇살을 즐기다 보며 어느새 드넓은 잔디 위에는 저마다 각자의 방법으로 여유와 낭만을 만끽하는 파리지앵이 가득하다.

한번은 한참을 엎드렸다 누웠다 뒹굴거리다 일어나 앉아 흐트러진 머리를 다시 묶고 있는데 젊은 남녀커플이 저 멀리서 내 쪽으로 걸어왔다. 딱 봐도 20대 초반의 대학생 같았다. 점점 내 가까이 오더니 주위를 살피고는 50미터 가량 떨어진 자리에 담요를 꺼내 펼쳤다. 남학생은 메고 있던 배낭을 부메랑 던지듯 하늘 위로 휙 던지고는 이내 겉옷을 하나씩 벗었다. 맨몸의 식스팩이 드러나게 윗옷을 다 벗고 기지개를 크게 켜더니 그대로 대자로 누워버렸다. 그 남학생의 훌륭한 몸매가 나의 시선을 잡은 것인지 아니면 가까이 있어서 시선이 간 건지 모르겠지만, 나는 그 커플의 눈빛과 행동만으로도 그들이 연애를 시작한 지 얼마 안 된 연인임을 알았다. 그들의 모습을 보고 있자니 저절로 입꼬리가 올라가면서 그날의 햇살만큼이나 싱그럽고 예뻐 보이는 그들에게 자꾸만 눈이 갔다.

처음에는 남학생은 누워 있고, 여학생은 그 옆에 앉아 한참을 이야기하며 서로 어루만졌다. 그러다 갑자기 남학생이 일어나 팔굽혀펴기를 시작하더니, 아예 여학생을 등 위에 앉혀 팔굽혀펴기를 하자 여학생은 좋아 까르르 웃으며 즐거워했다. 그 모습을 보니 '그래, 니들 참 좋을 때다'라는 혼잣말이 절로 나왔다.

그런데 남학생이 갑자기 일어서더니 청바지 벨트를 풀어 바지까지 벗어놓고 사각팬티만 걸친 채 여학생에게 뭔가를 하라는 시늉으로 손바닥을 털었다. 곧바로 여학생은 원피스를 입은 채 남학생 쪽으로 물구나무서를 서며 요가동작을 하며 한참을 거꾸로 서있었다. 그러다 일어서서는 원피스가 거추장스러웠던지 단번에 벗으려고 손을 들고 옷을 쥐었다. 원피스를 입어 속옷이 다 보임에도 한 치의 스스럼도 없이 물구나무를 서더니만, 그것도 모자라 아예 옷까지 벗으려 해서 놀라지 않을 수 없었다. 그 다음 행동이 점점 더 궁금해져 그들에게서 눈을 떼지 못했다.

'헐, 뭘 어쩌려고. 여기서 다 벗는 거야?' 라고 생각하는 순간, 여학생도 원피스를 벗고 순식간에 속옷 차림이 되었다. 다행히 그녀는 속옷이 아니라 아이보리 색 바탕에 파스텔 톤 꽃무늬가 잔잔하게 그려진 비키니수영복을 입고 있었다. 물론 속옷과 비키니수영복은 한끗 차이겠지만 그 순간 내 입에서 왜 휴, 하고 안도의 한숨이 나온 건지.

그들은 사각팬티와 비키니수영복 차림으로 한참을 놀면서 아무렇지 않게 서로 운동을 가르쳐주고 따라하기도 하며 그대로 부둥켜안고 누워버렸다. 잠깐의 충격이 가시지도 않은 채 무심히 주위를 둘러보다 그대로 한대 맞은 느낌이 들었다.

내 앞도, 내 옆도, 내 뒤도 360도 주위를 둘러보니 내 시야에 들어온 사람들 중 옷을 걸치고 있는 사람은 나밖에 없었다. 그것도 이 좋은 햇살 아래 긴 팔 니트까지 입고 있었으니 말이다. 분명 남녀 대학생 커플이 내 쪽으로 걸어올 때까지만 해도 내 주위 사람들도 옷을 입고 있었던 것 같은데 언제 겉옷을 다 벗은 것인지 넓디넓은 잔디밭에는 탑리스까지는 아니지만 겉옷을 벗거나 아예 비키니 차림으로 일광욕을 즐기는 사람으로 가득했다. 그 순간 파리에서 여러 차례 경험했던 문화 간극을 또 한 번 느끼며 묘한 기분과 멋쩍은 행동으로 그 자리를 털고 일어났다.

물론 잔디 위에서 내가 털옷을 입건 속옷을 입건 뭐라 할 사람은 없겠지만 그들의 자연스러움 앞에 자연스럽지 못한 내가 더 당황스러웠다. 그들 사이를 힐끔거리며 걸어 나오면서 생각했다.

'뭐야? 봄, 여름 공원 나올 땐 아예 벗을 생각하고 속에 수영복 입고 나가야 하나? 아, 친구들과 떼를 지어 간들 나는 아직까지는 그렇게는 못 하겠다.'

예전에 친구들과 니스 누드 비치 이야기를 하던 중 배꼽 빠지게 웃던 에피소드가 있다. 니스 누드 비치에서는 누드로 다니는 게 당연한데 막상 그곳에는 할머니 할아버지들만 있다고. 그런데 어느 날 유럽 여행 온 젊은 남학생들이 기념으로 그곳에 들러 서로 타협하기를 한국인인 거 티 나지 않게 말없이 다니기로 했단다. 그들이 올 누드로 해변을 걷는데 반대쪽에 있던 한 무리의 동양 여학생과 눈이 마주쳤고, 그녀들은 남학생들을 힐끔 보더니 못 본 척 고개를 돌렸고 남학생들도 설마 한국사람은 아니겠지, 싶었다. 그런데 그녀들 앞을 지나다 그녀들 주위에 놓인 비치 가방 중에 쓰인 '톰.보.이'라는 한글을 보고는 기겁하고 도망쳤다고.

왜 이 이야기가 생각났는지는 모르겠지만 나 역시 공원에서 맨몸으로 햇살을 받을 만큼 자연스럽지도 못하고, 혹여나 같은 한국사람이 내 꼴을 볼 수

도 있다고 생각만 해도 부끄럽기 짝이 없다.

드넓은 잔디밭에 많은 사람이 누워 일광욕을 즐기고, 공놀이를 하며 뛰어다니는 아이들 사이를 걸어 나오며 문득 떠오른 장면이 있다. 한국에서 언젠가 바리바리 싸들고 피크닉이란 걸 갔다. 넓고 평평한 잔디밭에 들어가 돗자리를 펴고 채 10분도 앉아 있지 못했는데 어디선가 관리하는 사람이 나타나서는 온갖 인상을 찌푸리고 호루라기까지 불며 소리쳤다.

"저기 '잔디에 들어가지 마시오' 못 봤어요? 얼른 나가요! 나가! 이렇게 한두 명씩 계속 들어오니까, 사람들이 너도 나도 들어오는 거라니까!"

왜 안 되는지 끝까지 따져 묻고 싶었지만 기분 좋게 시작한 피크닉을 망치고 싶지 않아 어처구니없는 표정만 짓고 주르륵 펼쳐 놓은 짐을 주섬주섬 챙겨 초록으로 길게 처놓은 선 밖으로 나왔다.

"잔디 다 죽는다는데 구태여 왜 그렇게 들어들 가는지 참내 사람들…."

관리인은 구시렁대면서 또 다른 무리를 향해 가버렸다.

옛 생각에 이어 화가 났다.

'뭐야? 프랑스 잔디는 사람이 막 뛰어다녀도 안 죽고, 한국 잔디는 모조리 죽나?'

드넓은 잔디밭 어디를 보아도 '잔디에 들어가지 마시오'라는 문구는 찾아볼 수조차 없고, 파리지앵에게 하늘과 맞닿은 푸른 잔디밭은 눈치 따윈 볼 필요도 없이 언제든 벌러덩 누워 잘 수도, 뛰어놀 수도 있는 그저 편한 공간일 뿐이다.

여름이면 오전 7시부터 해가 지기 한 시간 전까지 열려 있어 휴일뿐 아니라 평일에도 공원을 찾는 사람이 다른 계절에 비해 더 많다. 밤 11시나 되어야 해가 지기 때문에 일찍 일을 마치고 아예 저녁식사를 준비해서 공원으로 나와 가족과 함께 놀면서 식사를 해결하는 사람도 많다.

그 순간 내 머릿속에는 딱 짜장면이나, 통닭을 배달해서 맥주랑 먹으면 이 여름밤이 그지없이 좋겠다는 생각뿐이다. 하지만 그들은 그들 나름의 스타일로 샐러드, 장봉ﾍﾍ, 치즈, 샌드위치, 스파게티 등을 펼쳐놓고 각자 접시에 덜어 잔에 와인까지 따라가며 피크닉을 즐긴다.

게다가 해가 긴 여름에는 한시적으로 동네 공원에서 오케스트라 공연, 영화 상영, 다양한 콘서트 등 많은 문화 행사가 열린다. 여름밤 삼삼오오 모여 앉아 음악과 함께하는 피크닉을 즐기는 그들을 보고 있노라면 덥고 빡빡했을 그들의 하루의 노고가 스르륵 날아가는 듯했다. 굳이 멀리 가지 않고서도 각자 살고 있는 동네 공원에서 음악과 서늘한 밤공기를 마시며 가족과 한적하게 즐기는 이런 시간이야말로 어떤 레스토랑에서의 식사보다도 행복한 시간일 것이고 바쁠 이유 없이 느리게 사는 파리지앵의 여유와 낭만 그 자체가 아닐까 싶다.

파리의 크고 작은 공원은 저마다 봄, 여름, 가을, 겨울 사계절을 품으며 잠시라도 머물고픈 이들에게 언제나 편안한 자리가 되어준다.

만일 당신이 햇살 좋은 날 파리를 여행하게 된다면, 빡빡한 여행일정이겠지만 꼭 반나절 정도 공원 체험도 계획에 넣길 권한다. 여행으로 긴장했을 마음도 내려놓고, 알이 배긴 다리도 쉬면서 드넓은 잔디에 대자로 누워 낮잠도 자고, 와인도 마시고, 좋아하는 시집 하나 챙겨가 소리 내어 읽어도 보고, 옆에서 피크닉을 즐기는 파리지앵도 구경하면서 말이다.

누추하고 냄새나도 파리

현실은 동전의 앞면과 뒷면, 흑과 백, 가진 자와 못 가진 자가 어쩔 수 없이 공존하는 것처럼 아름다운 도시 파리를 걷다보면 '파리=낭만&여유'라는 피상적 등식이 무색할 정도로 곳곳에 노숙자가 많다. 세계 어느 도시를 다녀도 파리만큼 노숙자가 드러나게 많은 곳은 없었던 것 같다. 에펠 탑의 화려한 불빛처럼 어딜 가나 멋질 것만 같은 도시, 언제나 세계의 유행을 선도하는 핫한 도시임에도 화려한 도시에 또 다른 이면이 있음을 노숙자를 보며 새삼 느꼈다.

프랑스에서는 노숙자를 'SDF고정된 거처가 없는, 집이 없는'라고 한다. 이들을 크게 둘로 나누는데, 클로샤르Clochard, 거지와 상자브리Sans-abri, 홈리스다. 클로샤르는 거지로 살면서 아예 사회활동 자체를 포기한 사람이고, 상자브리는 일자리가 있었지만 경제가 어려워지면서 직업을 잃고 길거리로 나온 홈리스를 말하는데 이들은 경제가 좋아지면 다시 사회복귀를 원하는 사람이다.

노숙자 중에서도 생활이 어려워 어쩔 수 없이 길거리로 나와 구걸하며 하루하루를 살아가는 생계형 노숙자도 있지만, 단지 짊어지고 있는 일상의 중압

감과 구속에서 벗어나고 싶어 스스로 거리로 나와 자유로운 삶을 택한 노숙자도 있다.
내가 본 노숙자의 모습은 파리의 개성만큼이나 다양했다. 어떤 노숙자는 상점이 문을 닫고 밤이 찾아오면 길거리에 아예 침대매트며 이불까지 펴놓고 최소한의 살림이 가득 실린 쇼핑카트까지 가져와 다른 노숙자 동료들과 술과 이야기를 나누며 파리의 하룻밤을 보낸다. 간혹 지나치다 다시 눈길을 돌리게 되는 노숙자도 있는데, 얼룩덜룩 지저분하고 해진 매트 위에 앉아 지나가는 행인은 아랑곳없이 나 홀로 기타나 바이올린을 켜고 책을 읽기도 한다. 그런 모습을 볼 때면 정말 말로 표현하기 어려운 묘한 착잡함을 느낀다.
'이들도 예전에는 따뜻하고 안락했을 그들의 집에서 음악을 연주하거나 차를 마시며 저렇게 책을 읽었을 텐데.'
또 아예 가족이 모두 밖에서 노숙하는 경우도 있다. 부부가 어린 자녀까지 데리고 길거리에서 이불을 깔고 마치 지붕 없는 내 집처럼 지낸다. 좁디좁은 이불 위에 간신히 서로 붙어 앉아, 어린아이를 품에 안은 엄마는 구걸을 하고 남편으로 보이는 아빠는 대부분 벽에 기대어 멍하니 거리를 바라본다. 그래도 조금 큰 녀석은 아빠 옆에서 인형이나 장난감을 가지고 놀고, 더 어린아이는 엄마 품에 안겨 애처롭게 잔다. 나는 특히 이런 가족 노숙자 앞을 지날 때는 정말 가슴이 미어져서 발길이 쉽게 떨어지지 않는다. 감성으로는 뭐라도 다 줘야 할 것 같지만, 이성은 현실의 내 상황을 재빨리 인식한다.
'어린것들이 이런 상황을 겪다니…. 저 엄마는 얼마나 가슴이 아플까?'
물론 어쩔 수 없는 나름의 이유가 있을 수도 있겠지만 그 순간에는 그래도 어린아이들과 마누라까지 데리고 거리로 나왔음에도 여자를 앞세우고 본인은 뒤로 물러나 있는 가장의 꼴이 너무나 게을러터지고 나른해 보여 눈도 마주치기 싫다.

그들을 지나칠 때는 나도 모르게 살피느라 발걸음이 평상시보다 조금 느려진다. 그러면 그들도 그들에게 발동되는 내 측은지심을 금방 알아차리고 더욱 간절한 눈빛으로 나를 쳐다본다. 결국은 가던 발걸음을 멈추고 누추한 엄마 앞에 쭈그리고 앉아 오지랖을 펴곤 했다.
"아이들이 밥은 먹었어요? 이렇게 길거리에서 살면 이불이라도 잘 덮고 자요. 아이들이 안 아파야 가족들이 같이 있죠."
지갑을 열어 그들 앞에 놓인 박스 안에 10유로나 5유로 지폐를 놓곤 했다. 그러면 그 엄마는 내 손까지 잡으며 연신 정말 고맙다고 했다. 오히려 그 엄마가 별 반응 없이 으레 구걸하는 사람의 무딘 당연함을 보였다면 마음이 덜 아팠을 텐데, 고작 10유로 5유로에 내 손까지 잡으며 고마워할 때는 같은 여자로서 또 엄마로서 가슴이 뻐근하게 저리고 메어 잡은 손에 힘을 주고 그저 이 한 마디만 건넨다.
"힘내세요."
또 젊고 건장한 노숙인 중에는 파리의 낭만을 유유자적 즐기는 이들도 있다. 커다란 개 한 마리 옆에 두고 긴 나뭇가지에 깡통을 묶고는 행인을 구경한다. 눈이라도 마주치면 행인을 향해 나뭇가지에 묶은 깡통을 흔들며 돈을 넣으라는 시늉을 하고 다른 손으로는 인사까지 하며 여유를 부린다. 순간 그곳을 지나치며 생각했다.
'파리는 어쩜 노숙자도 저렇게 파리스러운지…'
그런 상황에서도 드러나는 그들의 여유와 재치에 입꼬리가 살짝 올라갔다. 눈으로 보는 파리와 마음에 스미는 파리를 딱 뭐라고 정의할 수는 없지만 화려함과 우울함이, 빠름과 느림이, 왁자지껄과 고요가 공존하는 도시다. 노숙자들 모습 또한 도시만큼이나 각양각색이다.
50을 넘긴 중년의 허름한 노숙자는 길바닥에 책을 주르륵 펴놓고 한쪽에 종이박스를 찢어 이렇게 적었다.
'만일 당신이 원하는 책이 있다면 가져가세요. 가격은 당신이 원하는 대로입니다.'
본인도 그 옆에서 열심히 책을 읽다 밤이 되면 바닥의 책을 다시 가방에 집어넣고 그 가방을 배게 삼아 그냥 그 자리에서 누워 잔다. 우습지만 그 앞을 지나며 이런 생각이 들었다.
'저 아저씨가 나보다 프랑스어를 훨씬 잘하네. 문법도 안 틀리고 나는 뭐냐?'
반면 하루 종일 술에 절어서는 시간과 장소 가리지 않고 굴러다니는 술병 사이에서 옷도 풀어헤치고 널브러져 자는 노숙자도 있다.
지하철에서건 길거리에서건 하도 많은 노숙자를 보고 다니다보니 그들을 처음 접했을 때보다는 많이 무덤덤해진 나를 스스로가 느낀다. 처음에야 '오죽하면 저렇게까지 되었을까'라는 생각과 별별 이유로 마음 아프고 그냥 지나치려니 찜찜하기도 해서 1유로, 2유로짜리 동전이라도 슬그머니 넣었다. 그러다 보니 하루에도 몇 번씩 돈을 주게 되고 그런 일이 반복되니 그 금액도 만만치 않았다. 물론 순간 내 마음 편하자고 한 일이지만 파리의 노숙자들을 만날 때마다 돈을 줬다가는 마음은 편해져도 이건 아니다 싶었다.
'내가 뭐하고 다니는 거니 도대체. 마음 가는 대로 살다가는 끝이 없겠어. 뭔 나라가 불쌍한 사람투성이야. 아니, 왜 유독 내 눈에만 가슴 아프게 보이냐고. 이젠 정말이지 정도껏 해야 돼.'
마음을 단단히 묶고는 초연해지기로 했다. 그냥 저들도 나처럼 이 도시에서 나름의 사연을 가지고 각자의 방식대로 살아가고 있을 뿐이라고. 하지만 가끔 단단하고 무덤덤해졌던 마음도 노인이나 어린 노숙자를 마주칠 때면 나도 모르게 무장해제되어 곧바로 빌어먹을 측은지심이 자동 발동되곤 했다.
'아, 개 버릇 남 못 준다고 내가 이렇게 생겨먹은 걸 어떻게 하니.'

한번은 늦은 점심을 먹기 위해 친구와 동네 맥도날드에 갔다. 점심을 먹기에는 늦은 오후였지만 사람들이 꽤 많아 주문을 하려면 줄을 서서 기다려야 했다. 사람이 많아서 친구는 먼저 1층에 있는 테이블에 자리를 잡고 기다리고 내가 주문해서 가져가기로 했다. 지갑을 들고 내 차례가 오기를 기다리는데 왜 그 순간 또 구걸하는 70대 노숙자 할머니가 보였는지.
내 앞에는 6명 정도 있었고, 노숙자 할머니는 계산대 가까이에서 허리도 제대로 못 편 채로 구걸하고 있었다. 그 모습을 뒤에서 지켜보는데 간혹 동전을 주는 사람은 있었지만, 어떻게 햄버거를 사주는 사람은 한 명도 없는지 내가 다 야속했다. 결국 할머니의 구걸이 내 차례까지 올 것 같았다. 아니, 나는 벌써부터 만일 내 차례까지 온다면 그건 또 오늘의 팔자려니 여기고 그냥 햄버거를 사드려야겠다, 마음먹었다. 그것도 나랑 똑같이 세트로.
할머니가 나와 가까워질수록 코를 찌르는 악취가 풍겨서 숨을 편히 쉬지 못할 정도였지만 꾹 참고 나를 애처롭게 쳐다보는 할머니를 향해 물었다.
"배고프세요?"
"네."
아주 작고 힘없는 목소리로 대답하는데, 한 손으로 계산대 앞 테이블을 잡고 겨우 서있는 듯했다.
"햄버거 드실래요?"
"고맙습니다, 고맙습니다!"
우리가 먹을 세트를 주문하고, 할머니더러 계산대 뒤에 보이는 메뉴를 가리키며 원하시는 메뉴를 고르라고 했더니 할머니는 애써 당당히, 그리고 정중히 물었다.
"마담! 내가 메뉴 두 개를 먹어도 될까요?"
그 순간, '아니요 하나만 드세요'라고 할 수도 없어 그러라고 해버렸다.

주문받던 직원도 우리 모습이 당황스러웠던지 멋쩍은 미소와 '어쩔 수 없네'라는 표정을 보내며 계산했다. 주문을 마치고 결국 메뉴 네 개를 시키고 맥도날드에서 계산한 금액은 거의 50유로. 몇 분이 흐른 뒤 할머니와 내가 같이 주문했으니 당연히 햄버거는 같이 나왔고, 나는 우리 메뉴를 들고 왔다. 그런데 할머니는 메뉴가 두 개라 쟁반도 두 개라서 들 수가 없었는지 결국 직원이 할머니의 걸음 속도에 맞춰 함께 걸어오는 모습이 보였다.

설마 내 옆으로 오는 건 아니겠지 했는데, 점점 우리 테이블과 가까워지자 직원은 당연히 그 자리라는 듯 바로 우리 옆 테이블에 들고 있던 쟁반을 내려놓고는 휙 돌아섰다. 곧이어 그 할머니가 자리를 잡고 앉았다.

할머니는 코를 찌르는 악취를 풍기며 앉더니 내게 인사까지 했다.

"마담, 맛있게 드세요."

"네, 맛있게 드세요."

"야! 우리 자리 옮기자. 저 할머니 냄새 때문에 나 도저히 못 먹겠어."

미안하지만 그거 나도 마찬가지였다.

"맛있게 천천히 드세요."

나는 애써 웃으며 할머니에게 인사하고는 후다닥 2층으로 옮겼다. 2층에 자리를 잡고 햄버거를 먹는데 친구가 물었다.

"야! 근데 아까 그 노숙자 할머니, 왜 너한테 맛있게 먹으라고 하는 거야? 그것도 정중하게?"

자초지종을 들은 친구가 나무랐다.

"어휴~ 진짜. 야, 저쪽 메트로 앞 맥도날드는 저런 노인들로 경노당이야. 사람들이 햄버거 사주면 다 먹고서는 집에 먹을 게 없다고 장도 봐달라는 노인도 있단다. 뭐하러 그랬어? 담엔 하지 마! 저 사람들 나라에서 연금 나오잖아. 그리고 아마 너보다 부잘걸? 이런 순진한 거 같으니.'

그렇든 아니든 노인이 배고파서 맥도날드에서 구걸하는데 어떻게 나 몰라라 내 것만 사서 먹으랴! 좀 과한 돈을 쓰긴 했지만 돈보다도 잘한 거라는 생각에는 변함이 없었다.

이런 에피소드 말고도 파리에서 노숙자들과 있던 일은 열 가지도 넘는다. 매번 느끼는 거지만 그들은 구걸하는 노숙자임에도 무언가 선택의 여지가 있을 때는 자기 의견에 한 치의 망설임도 없다. 예를 들면 치즈버거를 먹을지 베이컨토마토를 먹을지. 그런 당당함에 순간 내가 놀랄 뿐이다. 생각해 보면 노숙자도 어려서부터 그런 교육을 받고 자랐을 테니 당연한 반응이겠지만. 그럴 때마다 솔직히 마음 한편이 당황스러웠던 건 분명했다.

많은 노숙자는 저마다 나름의 사연을 안고 거리로 나왔겠지만, 다른 시민과 함께 각자의 방식으로 살아간다는 생각이 들었다. 미관상 눈이 찡그려지는 노숙자라도 말이다. 그리고 그 많은 노숙자 또한 부정할 수 없는 파리의 일부고, 어쩌면 파리라는 도시와 그곳에서 일상을 보내는 파리지앵은 노숙자들이 사회의 병폐나 치부이기 전에 모두가 함께 공존하는 것이 또 다른 가치라고 여기는 것 같았다.

우리가 느끼는 피상적 파리의 여유와 낭만에는 분명 적당히 느리게 살며 자유를 찾아 길거리로 나온 낭만 노숙자도 있지만, 다른 모든 노숙자 역시 파리의 운치라고 나는 말하고 싶다.

걸어도 걸어도 파리

며칠 전부터 불편한 발목 때문에 계속 신경이 쓰였다. 10년 전 하이힐을 신고 걷다 왼쪽 발목을 심하게 접질린 이후로 평소에는 전혀 문제가 없고 무릎을 꿇고 앉을 때 왼쪽 발목이 잘 돌아가지 않아 조금 불편한 정도다. 생활하면서 무릎 꿇고 앉을 일이 없다보니 그냥 한참을 잊고 살았다. 그런데 최근 많이 걸어 다녀서 그런지 그 발목이 영 신경 쓰였다. 그렇다고 병원을 갈 정도도 아니고. 일단 파스를 붙였다.
'발목이 왜 이러지? 너무 많이 걷나? 몇 년 사이 이렇게 발목이 얼얼하고 정강이뼈가 뻐근할 정도로 많이 걸어본 적이 있었나? 단 한 번도 없었다!'
그리고 보면 내 평생 가장 많이 걸었던 시기가 아마도 파리에 살면서인 것 같다. 그야 파리에서는 서울에서처럼 내 차가 없으니 어디든 움직이려면 대중교통을 이용하거나 그냥 걸어야 했다. 평소에는 메트로나 버스를 타고 다녔지만, 가끔씩 시간 여유가 있을 때는 말도 안 되게 먼 거리도 대충 지도를 보고 그냥 걸어 다니곤 했다. 파리였으니까 그냥 그게 좋았다.
서울에서는 바쁘기도 했지만, 걸어 다닌다는 건 아예 부질없는 일이라 여기고 차라리 그 시간에 쉬는 게 낫다고 생각했다. 차로 움직이는 것이 당연한 일상이라 어떤 날은 하루에 채 10분도 걷지 않는 날이 더 많았다. 회사 갈 때도, 친구 만날 때도, 슈퍼마켓이나 병원 등 어디를 가든 차는 늘 나와 한 몸처럼 붙어다녔다.

헌데 파리에서는 차가 없으니 당연히 철저히 뚜벅이로 살아야 했고, 하루아침에 시작된 뚜벅이 생활은 생각처럼 쉽지만은 않았다. 매일 가방을 메고 메트로를 타고 다니면서 오르락내리락 층계를 걷는 것은 기본이고, 갈아타는 구간이 긴 곳은 한참을 걸어야 했다. 그러다 보니 잘 쓰지 않던 근육이 뭉치고 당기고 난리도 아니었다. 게다가 무거운 짐이라도 있는 날에는 어깨고 등이고 결려서 자고 일어나면 흠씬 두들겨 맞은 것처럼 온몸이 뻐근했다.

대중교통으로는 복잡하게 몇 번씩 갈아타거나 걷기에 에매하게 먼 거리, 혹은 장이라도 봐서 짐이 많은 날에는 특히나 자동차를 사고 싶은 생각이 간절했다. 하지만 내가 파리에서 차가 있어야 할 이유를 아무리 찾아봐도 없는데다, 몇 년 공부하고 돌아갈 처지에 차를 산다는 것은 말도 안 되는 일이었다.

'못났다, 못났어. 고작 좀 많이 걷고, 짐 좀 들고 다녔다고 그걸 못 버티고 차 살 생각을 하나? 그래, 파리에서 얼마나 산다고. 그리고 파리에서 얼마나 대단한 일을 한다고. 관두자 관둬.'

그러다 한가득 짐을 들고 걸을 때면 생각이 달라졌다.

'아, 차가 있으면 이 고생 안 해도 되는데. 이러다 골병들지. 내가 산다, 사!'

사줄 사람은 생각도 없는데 혼자 북 치고 장구 치고, 수도 없이 오갔다. 그렇게 짐을 들고 걷는 일상이 4개월 정도 지나서였다. 요령도 생겼고, 몸도 익숙해져 터질 것처럼 아팠던 종아리 알통도 어깨와 등 결림도 의식하지 못할 정도로 무뎌졌다.

'어디건 천천히 걸어서 갈 수 있다는 건 그래도 시간도 마음도 여유가 있기 때문이야. 가끔 시간 제약 없이 유유자적 파리를 맘껏 느끼면서 걸을 수 있는 건, 직장에 메인 것도 아닌데다 그다지 신경 쓰고 고민해야 하는 일도 없는, 몇 년간 보장된 팔자 편한 유학생이기 때문에 가능한 일이지.'

걷다보면 나에게 주어진 그 시간에 감사했다. 그리고 어떤 날은 서울에 있는 사랑하는 남편과 함께 걸었으면 더 좋을 텐데 하는 욕심도 생겼다. 그렇게 무심히 걷다보면 머릿속에는 온갖 먼지 부스러기 같은 상념과 순서 없는 회상과 풀리지 않을 걱정이 앉았다 사라지다를 반복하다가는 살짝 밀어내고 스치듯 또 다른 생각이 들어왔다.

'나의 두 발로 이곳의 땅을 딛고, 두 다리를 움직여 이곳저곳을 직접 걸어 다니면서 마음에 물든 파리의 하늘, 바람, 나무, 꽃, 건축물, 거리, 스치는 사람들, 냄새, 땅이 내 감각을 자극하는 그 찰나의 순간이 온전히 나를 위한 것 같아 차분한 마음에 날개가 돋는다.'

도시에 대한 이미지는 경쟁히듯 빠르게 움식이면서 변화하고, 게다가 화려하고 번잡한 느낌이었다. 그래서 이유도 모른 채 지레 긴장해야 했고, 덩달아 바삐 움직여야 할 것만 같았다. 하지만 파리에 살면서 느낀 파리는 분명 핫한

도시임에도 도시가 주는 편안함과 배려 때문인지 느리게 천천히 흘렀다. 가끔 멍하니 걷다보면 온통 금으로 장식된 동상이며 아름다운 건축물 앞에서 환호하며 앞다퉈 사진을 찍는 관광객에게 괜한 오지랖이 발동하기도 했다.

'웅장하고 아름답지만 강렬하고 쨍하게 대놓고 드러난 화려함만이 파리는 아닌데.'

물론 하나하나의 조형이 웅장하고 화려해서 아름답지만, 가끔은 번쩍번쩍한 동상만 보여 이질감을 느낄 때도 있다. 대부분 관광명소 건축물의 빼어난 자태와 드러나는 화려함 때문에 누구나 매료되어 절로 감탄을 자아낸다. 하지만 도시공간 속에 잔잔히 배어있는 센티함이 그 화려함을 더 빛나게 하는 것은 아닐까?

파리에는 화려함과 센디함이 묘하게 섞여서 감탄과 흥분 그리고 차분함이 함께하는 걸 느낄 수 있다. 감탄과 흥분 상태의 차분함은 파리의 센티함 때문이다. 차분함 후에 편안함이 느껴지지만 어찌 되었건 이 모든 감정의 섞임은 파리라는 도시의 색깔만큼이나 멜랑꼴리하다.

수시로 변하는 날씨 탓도 있겠지만, 도시 중심을 흐르는 센강과 센강을 사이에 두고 길게 마주보는 우아한 자태의 건축물, 그리고 센강 중간중간 솟

아 있는 다리와 화려한 동상이 모여 자아내는 조화가 마치 한 장의 사진처럼 느껴지는 순간, 그대로 보는 이의 마음에 새겨지기 때문인 것 같다.
가끔 센강이 한눈에 내려다보이는 강변을 걷다보면 길게 펼쳐놓은 한 폭의 그림 같은 풍경이 더 진하게 다가와 그대로 강둑에 양팔을 올리고 턱을 괴고 한참을 바라봤다. 날씨가 흐리면 흐린 대로 맑고 푸르면 푸른 대로 부드럽게 흐르는 센강을 중심으로 길게 마주보고 서서 아름다운 자태를 뿜어내는 건축물과 강 위를 유유히 흐르는 바토무슈센강의 유람선의 풍경이야말로 볼 때마다 절로 감탄을 자아내는 명장면이다.
좌우로 길게 펼쳐진 센강을 바라보며 다리를 건너 한참을 걸어 들어가자 예기치 않게 인적 드문 길고 좁은 골목길말을 탄 기사가 불쑥 나와도 전혀 어색하지 않을을 만났다. 그 골목 안 오래된 상점과 카페, 축축하게 젖은 옛날 그대로의 돌바닥이 합쳐져 좀 전의 느낌과는 사뭇 다른 스산한 분위기가 흘러 알 수 없는 우울함이 느껴졌다. 좁고 침침한 골목은 울퉁불퉁 고르지 않은 돌바닥 때문에 자꾸만 시선이 바닥으로 갔다. 그러다 돌바닥을 자세히 들여다보니 아주 오래 전부터 많은 이가 밟고 지나가 퇴화된 흔적이 역력했다.
평일이라 지나는 사람도 몇 없어 조용하고 스산한 골목에서 괜스레 나도 조금은 우울한 기분을 안고 골목을 따라 걸었다. 순간 스토리 없이 뚝뚝 끊기는 옛 생각과 동시에 영화 〈미드나잇 인 파리〉의 뒷골목 장면이 오버랩되면서 근거 없는 향수가 느껴졌다. 그리고 묘하게 푹 가라앉는, 우울해서 차분한 기분이 파리의 또 다른 면을 느끼는 것 같아 그리 나쁘지가 않았다.
예전에 한 기사에서 모든 사람이 그토록 찾고 싶은 도시 중 파리가 단연 1위라는 것을 본 적이 있다. 알 듯 모를 듯 왜 그토록 많은 이가 파리라는 도시에 로망을 갖고 있는지 궁금했다. 그런데 언뜻 서로 같은 듯 다른 유럽의 많은 도시를 여행하고 나서야 형제 같은 유럽의 도시 중 왜 유독 파리만이 낭만의 도시가 되고 많은 사람의 로망이 되어 사랑받는지 조금씩 알 것 같다. 그 유명한 에펠 탑, 샹젤리제, 개선문, 루브르 박물관, 오르세 미술관, 센강, 라파예트, 프랭탕을 보고파서일 수도 있을 것이다. 하지만 내가 파리의 곳곳을 걸으며 더 깊게 느낄 수 있던 건 유명 관광지뿐 아니라 밤은 밤대로 낮은 낮대로 도시를 이루는 소소한 모든 것이 조화를 이뤄 만들어진 이 도시만의 깊은 매력, 그리고 그 매력이 뿜어내는 생명력과 파리지앵의 자유로움이 더해져 이방인에게 낭만과 로망으로 귀결되는 것은 아닌가 싶었다.

거리 곳곳에서 과거와 현재를 쉽게 볼 수 있고, 누구든 충분히 느낄 수 있는 아날로그 감성이 흩뿌려져 있어 분명 파리를 처음 방문한 이방인임에도 순간순간 데자뷰를 느끼게 된다. 이처럼 과거에도 현재에도 미래에도 많은 사람이 찾고 싶은 도시가 파리라는 건 변함없을 것이다. 과거, 아주 오래 전 우리가 알고 있는 많은 거장의 발자취를 비춰보더라도 말이다.

날마다 파리 곳곳을 산책할 정도로 파리를 무척이나 사랑했던 발터 벤야민, 작품 집필과 세기의 사랑을 함께 꽃 피운 장 폴 사르트르와 시몬느 드 보부아르, 전 세계 필독서 〈이방인〉의 알베르 카뮈, 또 생텍쥐페리, 오노레 드 발자크, 어니스트 헤밍웨이, 스콧 피츠제럴드, 앙드레 말로, 파블로 피카소, 피에트 몬드리안, 폴 고갱, 앙리 마티스, 만 레이, 앙드레 드랭 등…. 다 꼽을 수도 없는 예술가와 작가에게도 파리는 값으로 매길 수 없는 영감을 자극했던 곳이다.

창작 영역은 저마다 달랐지만 그들이 머물던 이곳에서 어떤 이는 백수처럼 하염없이 산책을 했고, 어떤 이는 카페에서 쓴 에스프레소를 연거푸 마셨고, 어떤 이는 공원 벤치에 누웠다 앉았다 해가 질 때까지 책을 들고 머리를 쥐어짜냈겠지? 그런 시간이 어떤 이에게는 아주 한가하게 보였겠지만, 정작 그들은 작업에 몰두하면서 파리의 감성을 마음에 담았을 거다. 그렇게 인고

의 시간을 보내며 창작의 고통을 고스란히 꽃 피우면서 말이다. 나는 파리에서 영감을 얻어 창작의 고통을 승화해야 할 일은, 당연히 없다. 단지, 파리를 느끼고 마음에 담을 뿐이다.

가톨릭대학교 랭귀지를 다닐 때 카페 '레 두 마고Les Deux Magots'라는 곳을 지나다녔다. 가톨릭대학교는 파리에서도 번화한 생 제르맹 데 프레Saint-Germain-des-Prés와 룩셈부르크 공원 근처에 있는데, 이 지역을 라탱 지구Quartier latin, 파리의 5구와 6구에 위치해 있으며 소르본을 비롯해 학교가 밀집해 있어 학생지역이라고도 한다라 한다.

이 지역에는 명품 브랜드 상점, 유명한 카페와 고급 레스토랑, 호텔 등이 모여 있어 관광객과 학생들로 거리가 늘 활기 넘친다. 그래서 학교 주변이 핫한 장소로 떠올랐다. 관광객은 물론 다른 지역에서도 쇼핑이나 약속장소로 자주 찾는 곳이고, 나 역시 수업이 끝나면 이 골목 저 골목 다니며 쇼핑도 하고 구경도 했다.

카페 레 두 마고 앞을 여러 번 지나다녔지만 파리의 여느 카페와 별반 다름을 몰랐다. 단지 늘 대라스에 우르르 모여 앉은 사람을 보며 그냥 시내라 손님이 많다고만 생각했다. 어느 날, 프랑스 문화 수업시간에 철학자와 문학가에 대한 이야기를 하던 중 카페 레 두 마고가 나왔다. 분명 어디서 들어본 것 같다는 생각만 했지 그곳이 내가 지나다니던 그 카페인지는 정말 몰랐다. 그런데 선생님이 칠판에 카페 이름을 적으며 학교에서 5분 거리에 있으니 꼭 한 번씩 가보라고 말하는 순간 정신이 번쩍 들었다.

수업 시간 내내 카페와 예술가들에 관한 스토리를 듣는데 그 내용이 유독 쏙쏙 들어오고 사실은 가슴도 두근두근, 당장이라도 가고 싶었다. 수업이 끝나자마자 곧바로 찾은 카페는 어제와 달라진 게 없었을 텐데, 내 마음에는 분명 변화가 있었다. 사실 프랑스 문화 수업을 듣지 않았더라면 몰랐을 텐데 알고 나니 이 카페가 어찌나 대단해 보이던지 놀랍고 경이롭기까지 했다.

그동안 까맣게 모르고 그냥 그렇게 지나다닌 내 모습과 카페의 손님이었을 작가며 예술가의 이름이 마구잡이로 머릿속을 떠다니면서 온갖 생각과 함께 뒤섞였다.

벤야민 / 사르트르 / 보부아르 / 카뮈 / 피츠제럴드 / 생텍쥐페리 / 말로 / 헤밍웨이 / 피카소 / 몬드리안 / 고갱 / 마티스 / 레이 / 드랭….

머릿속을 떠다니는 작가들이 내가 고개를 돌리면 금방이라도 카페 안에서 나를 볼 것 같은 기분까지 들었다. 놀랍고 경이로운 마음이 든 건 맞는데 순간 카페 안에는 대단한 영혼의 숨결이 느껴질 것만 같고 조금 무서웠다. 그래서 결국 혼자서는 카페에 들어가지 못하고 다음에 친구들과 함께를 기약했다. 사실 무서움의 실체가 명확하진 않지만 그래야 좀 덜 무서울 것 같아서였다.

그후로도 카페 앞을 지날 때마다 이상하게 몸이 묵직하게 눌리는 기분이 들면서 성당에 들어갔을 때처럼 괜히 경건한 마음이 들었다. 게다가 이 길과 저 카페 안에는 울트라 초특급 영혼들이 조금은 남아 있는 것 같아서 걸으면서 자꾸만 고개를 돌려 카페 안을 쳐다보곤 했다.

수업이 끝나면 으레 생 제르맹 데 프레를 구경하며 걷다 보니 주변의 웬만한 골목은 저절로 훤히 알게 되었다. 나중에는 점점 구역을 넓혀 다른 길을 찾아 방법을 바꿔가며 조금 더 오래 걸어 다녔다. 처음 간 골목에서 예상치도 않던 예쁘고 소담한 가게를 발견하고는 나만 아는 선물을 받은 기분이 들기도 했다.

동네가 동네다보니 구석구석 멋진 가게가 많아서 감각적이고 아이디어 넘치는 쇼윈도우를 보는 것만으로 내 감각도 덩달아 좋아지는 것 같았다. 이런 것도 내가 파리에서 누릴 수 있는 특별한 공부라 생각했다. 게다가 우리나라에는 아직 대중적으로 알려지지 않은 프랑스의 유명 가방, 시계, 향수, 리빙, 식품 등의 브랜드 매장을 구경하는 재미도 특별했다.

초창기 내가 주로 걸어 다녔던 지역이 생 제르맹 데 프레 주변인데 처음에는 가게에 정신이 팔려 동서남북 방향도 모를 뿐 아니라, 좀더 나아가면 어디가 나오는지조차 관심이 없었다. 그런데 여정도 없이 이리저리 다니다 후에 파리 지도를 보니 파리가 한눈에 들어왔다. 나중에는 지도 없이도 내가 있는 곳에서 그날의 기분과 날씨에 따라 산책 코스를 짤 수 있었다.

'여기서 조금만 더 가면 센강이 나오고, 강을 따라 쭉 올라가면 노트르담이고, 노트르담 뒤쪽을 돌아 다리를 건너 생 루이 섬으로 가면 되겠다. 지금이 3시니까 1시간 정도 걸리겠네.'

'마들렌을 돌아 생토노레 쇼핑 거리를 둘러보고, 튈르리 궁전 Palais des Tuileries 을 한 바퀴 돌고 의자에 앉아 쉬다 집으로 가거나 아님 튈르리 궁전을 가로질러 센강 쪽으로 건너가 오르세 미술관으로 가든가 해야지.'

물론 이런 여정 말고도 박물관을 가거나, 노트르담 계단을 헉헉대고 오르거나, 공원을 걷거나…. 여행 책자에는 없지만 파리를 느끼며 취향에 따라 산책할 수 있는 코스는 얼마든지 만들 수 있다. 그리고 나뿐 아니라 파리에 사는 이방인 모두 파리를 걸으며 향유하는 나름의 방법이 가득할 것이다.

튈르르 정원 의자에 등을 기대고 반 누운 채 앉아, 정면으로 보이는 루브르 박물관 피라미드를 보고, 또 한참을 느리게 움직이는 파란 하늘의 흰 구름을 보면서 이렇게 파리를 걸었던 시간을, 파리의 풍경을, 그리고 마음에 담았던 그때 그 느낌을 세월이 많이 흘러서도 잘 회상하고 싶다고, 생각했다.

CHAPTER 4
파리의 어른 학생 이야기

어른 학생

어렸을 때 엄마가 학생이면 공부만 신경 쓰면 되는데 그게 어렵냐며 차라리 내가 너처럼 학생이었으면 좋겠다고 여러 번 말씀하셨던 기억이 있다. 어린 학생은 엄마 말대로 공부에만 신경 쓰면 되는 걸 그땐 왜 몰랐을까? 그때 엄마 나이가 되고서야 차라리 내가 너처럼 학생이었으면 좋겠다는 말이 무슨 말인지 알 것 같다. 어른 학생도 학생인지라 어린 학생처럼 딱 공부에만 신경 쓰면 좋으련만 누가 시키지도 않은 내 욕심을 채우려다 보니 어른 학생은 공부와 그때 엄마가 안고 있었을 똑같은 고민까지 떠안고 있다. 비행기가 이륙하기 위한 활주로의 최소 규격은 길이 245m, 폭 8m라고 한다. 물론 비행기 기종에 따라 활주로 규격은 다 다르겠지만 어린 학생이 아닌 어른 학생이 되어 인생의 활주로에서 다시 한 번 이륙하려고 할 때에는 선택의 폭은 없어지고 245m의 최소 길이만이 기다리고 있는 기분이다. 다시 날기로 선택했기 때문에 날기는 날아야 하는 게 분명한데 어쩌면 날지도 못하고 그대로 곤두박질쳐서 허공에서 산산이 부서질 수도, 전력질주해서 끝없이 펼쳐진 하늘로 비상할 수도 있음을 너무도 잘 알고 있다. 때문에 어른 학생은 그것이 더 위험 가득한 이륙이라는 것 또한 누구보다 잘 안다. 반면 이 나이쯤 그의 영악한 친구들은 벌써부터 노후대비며 재테크에 한창이지만 아직은 세상살이에 서투른 어른 학생은 몇 십 년 만에 손에 든 학생증을 보면서 상상조차 할 수 없는 예측 불허의 노후대비를 이 학생증과 맞바꾸었을지도 모른다는 생각을 해본다. 남들은 굳이 가려 하지 않는 최소 길이만이 허락된 인생의 활주로에 서서 끝없이 펼쳐진 하늘 위로 멋지게 비상할 수 있다는 용기만을 품고, 으라차차 또 다시 이륙 준비를 하고 있다.

기도드립니다. 부디 도와주세요!

가톨릭대학교에서 어학을 공부하는 동안 매일 아침 성모마리아 동상 앞에서 눈을 감고 머리를 숙여 두 손을 모아 기도를 올렸다.
'기도드립니다. 오늘 하루도 공부에 열중해서 원하는 바 이룰 수 있도록 날마다 가족에게 갖을 일이 가늑하길. 지금 하고 있는 고민들이 먼지처럼 사라지고, 만일 남는다면 지혜롭게 해결될 수 있도록 도와주세요.'
어학공부를 했던 가톨릭대학교는 사립종합대학으로 우리나라 대학처럼 캠퍼스 안에 모든 과가 모여 있는 것이 아니라 여러 단과대학이 주변 여러 건물에 흩어져 있다. 메인 본부만 하더라도 겉으로 봐서는 분명 출입구가 하나같아 보이지만 막상 들어가면 여러 건물이 흩어져 있고 건물도 마당과 정원을 사이에 두고 오밀조밀 서로 연결되어 있고 작은 문도 많다. 학생은 수업에 따라 건물을 찾아가고, 수업이 끝나면 나오는 문 또한 달라서 학교 건물이 있는 그 일대 작은 골목에는 수업에 따라 오가는 학생들이 모여 있는 모습을 쉽게 볼 수 있다. 그 주변을 처음 걷는 사람도 비슷한 또래의 많은 학생이 길가에 주르륵 나와 벽에 기대거나 걸터앉아 담배를 피우는 모습만 보더라도 근처에 대학교가 있음을 알 정도로 학교 주변 거리는 늘 학생으로 붐빈다. 레벨 테스트를 받기 위해 처음 학교를 찾던 날 미처 학교 구조를 이해하지 못해 학교 건물들이 있는 블록을 크게 뱅뱅 돌며 헤맨 걸 나중에야 알았다. 처음에는 학교주소와 시험 칠 강의실만 알면 으레 학교 정문을 통해 들어가서 강의실쯤은 쉽게 찾을 줄 알았다. 그런데 막상 학교 앞에 도착해서는 의외로 작은 가톨릭대학교 정문을 보고는 '여기가 내가 찾는 그곳이 맞나' 라는 의구심이 들었다. 분명 학교 간판이 있고, 학생들이 밖에 모여 있는 것을 봐서는 제대로 찾아온 것 같은데 막상 눈에 들어온 학교 모습은 조금 실망이었다. 파리에서 나름의 명성을 가진 전통 깊은 대학교라는데 언뜻 보니 그냥 오래된 수도원 마당처럼 고즈넉했다.

학교 마당을 중앙에 두고 왼쪽에 복도식으로 쭉 연결된 1층에서 강의실 같은 곳은 찾을 수도 없었고, 위로 건물이 길게 연결되어 있어 어디로 들어가야 하는지조차도 감이 오질 않았다. 정보도 없이 처음 온 막막한 곳에서 이리저리 헤매다 자칫 시험에 늦기라도 할까봐 다시 정문 쪽으로 나가 들어올 때 봤던 서점이나 오피스로 보이는 곳으로 들어가 시험 치를 쪽지를 보여주며 강의실을 물었다.

다행히 여직원은 친절히 내가 찾아가야 할 곳을 약도까지 그려주며 설명해 주었다. 여직원의 설명은 알아들었지만 내용은 이해되지 않았다. 그러나 바쁜 마음에 그냥 종이를 받아들고 사무실을 나왔다. 분명 학교는 여기가 맞고, 시험 치를 강의실은 정문으로 들어와 이 안에 있을 텐데 왜 여직원은 자꾸만 나가서 왼쪽으로 돌고, 또 한 번 왼쪽으로 돌라고 하는지 도저히 이해가 되지 않았다.

시험 치를 시간이 30분밖에 남지 않았기 때문에 그 여직원이 알려준 대로 일단 학교를 다시 나갔다. 그리고 같은 자리를 몇 바퀴 돌며 강의실이 있는

건물을 찾는데도 도저히 찾을 수가 없어 결국에는 그 언저리에 모여 있던 학생들의 도움으로 가까스로 건물 입구를 찾았다. 하지만 작은 문을 통해 들어갔지만 무슨 동인지 쓰여 있지 않아서 헤매긴 마찬가지였다.

반 배정을 위한 필기시험과 오럴 테스트를 마치고 1층으로 내려왔다. 집으로 가려면 내가 들어온 곳으로 나가는 것이 당연한 일이지만 일부 학생들이 내가 들어온 문 반대 방향으로 가는 모습이 보였다. 순간 그 학생들을 따라가면 왠지 길이 또 있을 것 같아 나도 자연스럽게 천천히 걸어갔다. 사실 머리로만 생각하면 반대 방향은 학교 안으로 더 들어가는 느낌이지만, 미리 담배를 꺼내 든 몇몇 학생의 모습에서 뭔지 모르게 또 다른 출구로 가고 있다는 느낌이 강하게 들었다.

앞서 걷던 학생들이 작은 문으로 나갔다. 순간 '저 문으로 따라가야 하나? 이쪽에 출구가 없으면 어쩌지?'라는 생각이 살짝 들긴 했지만, 환한 낮이고 학교 안에서 좀 헤맨들 뭐 큰일 날 것도 없고 해서 앞섰던 학생들을 따라 작은 문으로 들어갔다.

그런데 작은 문을 통과하자마자 내 눈에 들어온 건 놀라움 그 자체였다. 오른쪽에 순백의 성모마리아 동상과 그 앞에 잘 꾸며진 정원과 오솔길이 눈에 들어왔다. 그곳은 아주 오래전에 읽은 소설 속 한 장면 같기도 하고, 언젠가 고전외화에서 본 듯 전혀 낯설지 않았다. 뻥 뚫린 파란 가을하늘 아래 잘 정돈된 정원에는 물기 어린 초록의 푸른 식물과 9월임에도 노랗고 하얀 장미며 이름 모를 보라색 꽃이 피어 있었다. 정원 옆 인도를 따라 좌우로 큰 나무가 길게 펼쳐져 있고, 바닥에는 잔잔히 깔려 있는 조약돌과 가을의 시작을 알리려는지 채 초록이 다 지지 않은 나뭇잎이 떨어져 있었다. 그 모든 조화롭고 평온한 모습은 파리로 유학 와서 이곳 생활을 준비하느라 알게 모르게 긴장했던 내게 묘한 안정감과 동시에 행복을 느끼게 했다.
'어떻게 이런 건물 사이에 이렇게 넓은 정원이 있지? 참 아름답다. 이곳에 앉아서 그냥 쉬고 싶네.'
잠깐 정원에, 그 길에 눈이 팔린 사이에 내가 뒤따라가던 학생들은 언제 가버렸는지 보이지도 않았다. 하지만 어차피 나무 사이로 난 길을 따라가면 어디든 나올 것 같았다. 그 길 끝에서 정원이 끝나고 처음에 정문으로 들어와서 실망했던 수도원 마당 같은 곳이 나왔다. 그리고 다음은 가톨릭대학교 정문이었다.
'뭐야, 이렇게 연결되는 거였어? 그럼 아까 그 여직원은 왜 굳이 밖으로 나가는 방법으로 설명했을까? 하기야 이렇게 길이와 보니 쉽지, 아무것도 모르는 상태에서 설명하기는 좀….'
다시 정문으로 나와서 시험을 친 건물을 찾아갔다. 시험을 보기 전 헤맬 때는 하염없이 굽이굽이 한참을 갔던 것 같은데 막상 길을 알고 가니 건물 입구까지 걸어서 대략 15분 정도였다. 물론 더 가까운 코스도 있긴 하지만.
그러니까 네 개의 큰 블록으로 이루어진 사거리의 서북쪽 한 블록 전체가 가톨릭대학교 메인 본부다. 처음에 갔던 곳이 정문이고 정문을 나와 왼쪽으로 돌고, 또 다시 왼쪽으로 돌면 정문과 대각선 방향쯤에 작은 후문이 있다. 내가 걸어왔던 정원은 정문과 후문 사이의 건물에 있고, 블록 사이사이 다른 강의실이 있는 건물도 있다. 물론 메인 본부 건너편 서남쪽에도 마당이 있는 건물이 있는데 그곳도 같은 학교다.
이처럼 파리에는 초등학교부터 대학교까지 또 학교뿐만 아니라 회사가 있는 건물이나 집도 겉에서 보기에는 입구가 그냥 평범한 대문처럼 보이지만 안으로 들어가면 밖에서는 상상도 못할 만큼의 넓은 정원이나 공간이 중앙에 시원하게 자리한 곳이 많다.

가톨릭대학교는 대학 캠퍼스치고는 작지만, 건축물과 학교 풍경이 오래된 수도원을 연상케 한다. 학교 곳곳에 꽃이 놓인 가톨릭 성인들 동상이며 가끔씩 검은 망토의 사제복을 입은 성직자 학생들을 보기 때문인지 전체적인 느낌은 밝고 온화한 가운데 엄숙한 느낌을 준다. 아주 가끔 비라도 내리는 흐리고 가라앉은 날에 검은 망토의 사제복을 입고 모자까지 쓴 성직자 학생이 조용히 스쳐 지나가면 나도 모르게 자꾸 움베르토 에코의 소설 〈장미의 이름〉이 생각나서 스산한 느낌이 들 때도 있다. 가톨릭학교라 분위기가 차분하다 보니 학교 안에서는 나도 모르게 조용하고 정숙해야 할 것 같았다.
내가 수업을 듣던 메인 강의실은 P동이었다. 처음 레벨 테스트를 봤던 바로 옆 동이라 쉽게 찾아갈 수 있었다. 메트로에서 내려 강의실까지 가는 방법은 두 가지다.

첫째 조금 멀더라도 처음처럼 대학 본부가 있는 정문으로 들어가 마당을 지나 정원을 통과해서 가는 방법
둘째 아예 후문을 향해 단거리 코스로 가는 방법
팁 이것이야말로 최단 코스지만 학생들은 이용할 수 없는 듯 보였다. 후문 가까이에 정문으로 가는 길이 있는데 큰 문 두 개가 양쪽으로 있다. 늘 문이 굳게 닫혀 있어 사람이 다니는 곳처럼 보이지는 않았다. 차가 들어오고 나갈 때만 가끔 열린다. 영락없이 지각이다 싶은데 문이 열려 있다면 절대 지각하지 않는다. 이 문은 학교 안으로 바로 통하기 때문이다.

학교를 처음 찾던 날 만난 놀라운 정원과 나무가 우거진 길과 성모마리아 동상 때문이었는지는 몰라도 그때 느꼈던 마음의 편안함이 자꾸만 내 발길

을 그 길로 이끌었다. 조금 돌아가더라도 사람이 별로 없는 아침시간에 정원을 지나 P동으로 가는 그 길을 나는 좋아했다.

정원을 지나는 길은 정문이 있는 본관과 후문이 있는 별관 사이라서 대부분 아침 수업이 있는 학생들은 메트로에서 내려 곧바로 후문이나 정문으로 가지 나처럼 바쁜 아침에 굳이 정원을 통과하는 사람은 별로 없었다. 그러다 보니 아침시간에 정원을 지나면 학교 이곳저곳을 청소하며 관리하시는 분과 본관과 별관을 오가는 선생님 그리고 간혹 나 같은 학생 몇 명뿐이었다. 계절이 바뀔 때는 정원과 내가 좋아했던 그 길이 가장 먼저 계절을 입고 내게 고스란히 다가왔다. 중년을 바라보는 나이에 공부를 하다 보니 어린 친구들에 비해 뇌는 항상 반쯤 열린 창문 같아서 외우고 돌아서면 금방 잊어먹는 것도 걱정이고, 남편노 사식도 걱정이고, 나이 드신 부모님도 걱정이고, 몇 년 후를 생각하면 과연 잘한 결정인지 걱정이고, 먹고사는 것도 걱정이고, 파리에서 공부를 잘 마칠까 걱정이고, 아플까 걱정이고, 시험도 걱정이고, 아침에 못 일어날까 걱정이고….

이 시시콜콜한 모든 것이 분명 내 안의 근본적인 결여겠지만, 그래도 어린 나이에 유학을 왔더라면 덜했을 텐데, 삶의 무게를 느끼는 나이에 공부하겠다고 왔으니 아무리 내가 원했던 파리라고 해도 매일이 행복하고 좋을 수만은 없었다. 일상에서는 느끼지 못하고 지나갔던 일들도 어쩌다 생각이 머물러 조금 깊이 들어가면 고민이 되고 걱정이 되어 이것도 걸리고 저것도 걸리는 일이 수두룩 뻑뻑했다.

그래서였는지 모르겠다. 그 전날 생각이 생각을 물고, 해결되지 않을 고민들로 뒤척이다 머리가 무거운 채로 학교에 왔다. 물론 내가 가는 길은 빤하니까. 아무 생각 없이 정원을 뚜벅뚜벅 걸어 P동으로 연결된 문 쪽으로 걸어가고 있는데, 성모마리아상을 지날 때쯤 나도 모르게 '매일 이 길을 다니면서 왜 기도를 한 번도 안 했을까?'라는 생각이 들었다.

물론 가톨릭 신자가 아니기 때문에 기도하는 법도 모르는데다, 평소에 종교 자체를 기피하지는 않지만, 회의론자에 가깝고 종교를 가질 만큼 부지런하지도 않았기 때문에 나와 종교는 무관하다고 생각했다. 그런데 불현듯 그저 마인드 콘트롤하는 것처럼 기도가 하고 싶어졌다. 그후로는 아침마다 그냥 기도하며 다녔다. 그런데 기분 탓인지는 모르겠지만 신기하게도 기도를 하지 않고 다닐 때보다 매일 아침 수업 들어가기 전 성모마리아상 앞에서 잠깐 눈을 감고 머리를 숙여 두 손을 모아 기도하는 것만으로도 알 수 없는 위로가 됐다.

한편으로는 종교회의론자였던 내가 '미신이든 종교든 인간이 고민하는 궁극적 문제를 해결해주진 않겠지만, 마음의 안정은 되겠구나'라고 생각하게 되었다. 기도를 할수록 왜 그리도 기도할 게 많은지 내 욕심에 나 스스로도 허망했지만, 알면서도 기도를 하고 나면 마음이 편해지는 건 사실이었다.

니의 맹목적인 기도의 대상이 성모마리아님이라고 생각했다. 그런데 어느 날 우습지만 기도하고 바라본 동상이 어쩌면 성모마리아상이 아닐 수도 있다는 생각을 했다. 가톨릭 신자가 아니어서 그 순백의 온화한 동상이 성모마리아님인지 다른 성인인지 정확히 알 수 없지만 그래도 기도는 계속했다. 만일 그 동상이 성모마리아님이건 예수님이건 부처님이건 그냥 박혀 있는 돌이건 나에게는 별반 차이가 없었을 거다. 하지만 그 정원 끝에서 마음으로 기도하는 행위 자체와 그럼으로써 채워지는 편안함이 좋아서 나는 그렇게 학교를 다녔다.

파리, 달려 달려

벨리브Vélib는 파리 시가 2007년 여름부터 시민을 위해 운영하는 무인자전거 대여시스템이다. 벨리브는 자전거를 뜻하는 벨로Vélo와 자유를 뜻하는 리베르테Liberté의 합성어인데 파리시민이나 파리를 찾는 사람 누구나 자유롭게 이용할 수 있다.

나는 벨리브를 볼 때마다 생각했다. 벨리브의 합성어 뜻도 좋은데, 그 단어의 소리도 참 좋다고. 벨리브라는 단어의 어감이 마치 자전거에 능숙하지 못한 사람도 벨리브를 타면 알아서 부드럽게 굴러갈 것 같은 느낌마저 든다. 어쩌면 이런 생각의 저변에는 자전거의 디자인이 한몫했을 수 있다. 직접 타본 것도 아닌데 오가다 벨리브를 보면 왠지 모르게 '승차감이 엄청 편할 거야' 라는 근거 없는 신뢰를 가지게 했으니까 말이다.

게다가 벨리브의 컬러가 아주 마음에 든다. 대놓고 원색이 아니라 촌스럽지도 않고 빤할 수 있는 브론즈 컬러가 예스러우면서도 쾌쾌해 보이지 않아서이다. 살짝 광택이 도는 골드의 은은한 브론즈 컬러가 볼수록 세련돼 파리 이미지와 정말 잘 어울린다. 그리고 보니 에펠 탑의 컬러도 그 계열의 진한 브론즈인 걸 보면 아마도 파리는 도시의 이미지를 만들어갈 때 소소한 개체 하나도 그 개체로만 보는 것이 아니라 기존의 이미지를 고려하며 잘 계획했을 거라는 확신이 든다.

여러 나라의 주요 도시를 여행하다 보면 도시마다 도시가 입고 있는 이미지가 있다. 그것은 특정한 무엇 하나로 전달되는 것이 아니라 도시의 건축물, 거리의 표지판, 버스정류장 사인, 신호등, 버스나 택시의 컬러, 화장실, 심지어 길거리 쓰레기통 이미지마저도 조화를 이루어 전달된다. 더군다나 파리는 어느 것 하나 단독으로 요란하게 눈에 튀는 것이 없다. 그래서 자칫 하나하나는 심심해 보일 수도 있지만 도시의 작은 요소들이 묘하게 어우러져 파리에 잔잔히 스밀 수 있는 특유의 색을 입힌다.

사람도 마찬가지 아닌가? 대체로 스타일이 좋은 사람을 보면 어떤 하나의 아이템만으로 스타일이 멋스럽다고는 느끼지 못한다. 오히려 전체적 조화가 그 주인공과 잘 어우러져서 세련돼 보이는 경우가 더 많다. 멋쟁이 파리지앵이 우리 눈에 세련되고 멋스러워 보이는 것은 어쩌면 그런 도시 속에서 생활하며 알게 모르게 스며든 스타일일 테고, 그들의 스타일 또한 그런 도시의 콘셉트와 일맥상통한다.

다시 벨리브 이야기를 하자면, 파리에 오기 전 20년 가까이 디자이너로 살아서일 테지만, 빛에 따라 조금씩 반짝이는 벨리브의 컬러나 모양을 보면서 본능적으로 저 자전거를 탔을 때 가장 잘 어울릴 것 같은 메인 타깃을 생각해봤다. 벨리브는 모든 시민이 대상이겠지만 어떤 디자인이든 콘셉트와 메인 타깃은 당연히 고려되어야 하는 것이기 때문에 주고객층이 있을 거라 추측했다. 그런데 거리에서 벨리브를 이용하는 사람들을 볼 때마다 파리 시가 왜 벨리브를 지금 모습으로 디자인했는지 너무나 잘 알 것 같았다.

20대도 60대도, 남자도 여자도, 클래식한 정장 차림도 캐주얼한 차림도 전혀 거슬리지 않고 모두 다 벨리브와 잘 어울릴 뿐만 아니라 벨리브를 타고 다니는 이들은 모두가 파리지앵처럼 이 도시와 자연스럽게 섞이기 때문이다. 묵직한 두 개의 바퀴며 엉덩이를 푹신하게 받쳐줄 것 같은 널찍한 안장까지 자전거의 외형만 보고도 나같이 어설픈 라이더도 벨리브를 타기만 하면 금세 슝슝 달리며 파노라마처럼 길게 펼쳐진 파리의 풍경을 즐길 수 있을 것처럼 안정적으로 생겼다.

여행이 아니라 시간에 쫓기지 않는 생활을 하게 된다면 당장이라도 타리라 예상했던 벨리브는 그러나 생각처럼 쉽게 타지지가 않았다. 파리 생활 초창기에는 길도 잘 모르는데다 골목골목 좁은 도로를 걷다보면 벨리브를 타기도 전에 겁부터 잔뜩 먹을 수밖에 없었다. 도로라고 해야 시내 번화가가 아니고서는 기껏 양방향 4차선 도로가 대부분이고 버스라도 지나가면 좁은 인도에서조차 움찔 피하려는 본능이 생기는 나는 특별히 자전거 전용도로가 이어져 있지 않은 차도에서 그것도 진행하는 차들과 나란히 벨리브를 딜 만큼 강심장은 아니었다.

'겁먹고 어설프게 탔다가는 파리의 풍경이고 뭐고 오히려 가족도 없는 외국에서 객사하기 딱 좋겠네.'

벨리브를 타고 좁은 골목이며 차도를 멋지게 지나가는 파리지앵은 그저 로망이 되었고, 파리 어디서나 300미터 반경 5분 거리에 주르르 서있는 벨리브는 널찍한 안장을 데워줄 사람을 기다리지만 나에게는 그림의 떡이었다. 괜스레 라보른벨리브 정류소에 설치된 대여기 앞을 지날 때면 언제 탈지 모르니까 대여 방법이라도 알아두자며 마치 금방 타고 어디라도 갈 듯 라보른 모니터에 대고 순서대로 작동시켜 보았다.

'그냥 타볼까?'라는 어설픈 용기와 다시 좁은 차도를 보며 내가 자전거를 능숙하게 타지 못하는 탓은 않고, '아니 웃긴 애들이네, 자전거를 정책적으로 운영할 거면 안전하게 자전거 전용도로라도 만들어야지 이런 상황에서 어떻게 타라는 건지'라며 돌아서기를 여러 번.

그럴수록 멋진 슈트 차림으로 퇴근길에 바게트며 간단하게 본 장을 담은 바구니를 앞에 달고 벨리브와 한 몸이 되어 내 앞을 유유히 지나가는 파리지앵의 모습은 나를 더 유혹했다.

'저깟 것, 내가 무릎이 다 까지는 한이 있더라도 언젠가는 꼭 타고 말테다.'
그렇게 시간은 흘렀고, 어느 날 의지와는 별개의 상황으로 드디어 벨리브를 탔다. 그날도 르 꼬르동 블루 친구들과 만나 오페라 Opéra 근처에서 식사를 했다. 늘 그랬듯 식사 후 다음 코스는 평소에 리스트업 해놓은 파티스리 Pâtisserie : 과자, 케이크 제조업 디저트 투어. 우리가 무척 잘 먹기는 해도 식사를 마치고 바로 디저트를 먹기에는 모두가 벅찬 싱횡이라 소화도 시킬 겸 레알까지 걸어가기로 했다. 레알에는 베이킹 도구를 파는 상점이 모여 있어 특별한 이유가 없어도 모두가 동의했다. 그날 가볼 팡 드 수크레 Pain du Sucré가 있는 마레 지구로 가는 방향이기도 했다.

오페라 뒤 골목골목을 걸어서 30분 정도 가면 레알의 베이킹 도구 상점이 나온다. 파리에서 30분 정도 걷는 거야 일상인데다 수다를 떨며 가니 금방 레알에 도착했다. 베이킹 도구도 구경하고 슬슬 마레로 가볼까 하는데, 상점 바로 앞에도 역시나 벨리브가 있었다. 마레까지 또 걷기에는 조금 힘들 것도 같고, 늦은 오후 테라스에서 햇살을 맞으며 디저트를 먹기 위해 메트로를 탈지, 벨리브를 탈지 고민했다.

"자전거 타면 멀지 않으니까 날씨도 좋은데 우리 그냥 벨리브 탈까?"
"그래, 타자. 재밌겠네."
"시내 한복판인데 너무 복잡하지 않겠어? 괜히 사고라도 나면 어째?"
"천천히 가면 되지, 그냥 타자. 날씨 완전 좋잖아."

늘 벨리브를 타보고 싶었지만 파리에서 레알과 마레지구는 유독 오가는 사람도 차도 많아서 아무리 골목으로 간다고 해도 잘 갈 수 있을지 걱정이 앞섰다. 결국 각자 자기가 탈 자전거를 고르고 순서대로 라보른 모니터를 터치해서 탈 준비를 끝냈다. '딸깍' 하고 맨 마지막으로 내가 고른 자전거의 자물쇠도 열렸고 나는 얼떨결에 벨리브에 올라탔다. 너무나 오랜만에 타보는 자전거지만 핸들을 잡고 바퀴를 돌리자 어설프지만 비틀비틀 균형을 잡으며 천천히 움직였다. 파리 와서 그렇게 타봐야지 했던 벨리브를 처음 내 손으로 끌고 앞으로 나아갔을 때 가장 먼저 받은 충격은 생각지도 않던 의외의 무게였다. 벨리브는 23kg으로 타고다닐 때는 비교적 안정적이지만, 도로 상황에 따라 들어 옮긴 후에 타야 하는 경우도 있다 보니 사실 나처럼 어설픈 라이더는 끌고 다니는 것만으로도 진땀을 뺄 정도다.

우리는 모두 네 명이었는데, 잘 타는 사람 두 명, 그저 그렇게 타는 사람이 두 명이었다. 잘 타는 사람들이 앞으로 먼저 나가고 우리가 그 뒤를 따랐다. 레알에서 미레까지는 자전거로 20분 정도면 갈 수 있는 그리 멀지 않은 곳이다. 하지만 물리적 거리와 내가 느끼는 심리적 거리에는 엄청난 차이가 있었다. 골목에서는 걸어 다니는 사람을 피하기 위해 가다 서다를 반복해야 했고, 차가 달리는 도로에서는 옆으로 지나가는 차와 혹시나 그대로 부딪히지 않을까 조마조마하며 타다보니 파리의 풍경이 파노라마처럼 스르륵 펼쳐질 거라던 내 기대는 그저 공상일 뿐이었다. 무거운 자전거를 끌고 가다 서다를 반복하며 힘겨워하는 나와는 다르게 벨리브를 타면서 파리의 풍경을 파노라마처럼 유유자적 즐기는 이들이 정말 대단해 보였다.

엄청 긴장한 상태로 마레 초입까지 가서는 눈에 보이는 벨리브 보관소에 그대로 자전거를 반납해버렸다. 고작 30분 내외의 거리를 자전거와 얼마나 씨름했던지 팔근육이며 허벅지가 어리어리할 정도였다. 물론 그날 내가 상상

했던 것처럼 벨리브를 타며 파리의 그림 같은 풍경을 즐기지는 못했지만, 그날의 햇살과 볼에 닿았던 바람의 느낌은 기분 좋게 기억된다.

파리에서 벨리브를 이용하는 방법이 자칫 복잡하고 어려울 것 같아도 한 번만 이용해보면 의외로 간단하다. 게다가 요즘은 스마트폰을 열고 구글 검색창에 '벨리브'라고만 적어도 친절한 블로거들이 사용법을 아주 상세히 기록해놓았기 때문에 파리 여행 중에 한번쯤 벨리브를 이용할 계획이라면 하나도 겁낼 필요 없다.

첫째, 벨리브 대여소에 가서 튼실한 자전거를 고르고 번호를 외운다.
둘째, 대여소 옆에 세워진 라보른이라는 기계 앞에 선다.
셋째, 라보른에 쓰여 있는 알 수 없는 글을 보고 겁먹지 말고, 그냥 스마트폰을 켜서 구글 검색창에 '벨리브'라고 적는다.
넷째, 블로그를 하나 선택해서 먼저 후루룩 읽어보고, 그 순서대로 진행한다.
넷째, 비자나 마스터 카드150유로의 보증금이 있긴 하지만, 단지 자전거 도난을 막기 위해 있는 것이니 걱정할 필요는 없다를 준비하고 순서대로 진행하면 끝이다.

벨리브를 대여하는 방법도 간단하지만 가격 또한 아주 착하다. 이용료는 몇 가지가 있는데, 하루는 1.70유로, 일주일은 5유로, 1년은 29유로다. 하지만 30분만 이용할 경우에는 무료, 무료, 무료! 때문에 찾기 쉬운 벨리브 대여소에 가서 30분마다 반납하고 갈아탄다면 하루 종일 무료로 이용할 수 있다는 말이다. 단, 30분 이후부터는 1유로씩 추가되니 만일 갈아타는 것도 귀찮고 아예 30분 이상 탈 것 같으면 1.70유로인 하루 단위로 이용하는 편이 낫다. 자동차와 나란히 라이딩할 수 있을 정도로 무서움이 없는 라이더라면 파리의 멋진 풍경과 햇살, 그리고 바람과 도시 내음이 달리는 내내 함께할 거다.

봄의 탐스러움이 한껏 넘실대던 어느 날, 발코니에 앉아 커피를 마시면서 하늘을 봤다. 파란 하늘에 흰 구름 떠다니는 거며, 살살 부는 따스한 봄바람 때문에 도저히 집에 박혀 하루를 보낼 수는 없다고 생각했다. 바로 민선이에게 전화했다.

"민선아, 난데. 너 오늘 바쁘니? 야, 날씨 너무 좋다. 억울해서 집에 도저히 못 있겠어. 우리 오늘 불로뉴로 라이딩 가자!"

그렇게 우리는 시내에서 못 다한 라이딩을 제대로 즐기기 위해 서로의 집에서 멀지 않은 16구 불로뉴 숲에 가기로 했다. 파리에는 규모가 엄청난 자연 숲이 두 개 있다. 파리 면적이 서울의 1/6 정도로 작긴 하지만 공원과는 차원이 다른 말 그대로 숲이 있는데, 하나는 동쪽에 있는 뱅센느 숲이고, 다른 하나는 서쪽에 있는 불로뉴 숲이다. 불로뉴 숲은 여의도 면적의 3배가량 되는 곳이다. 끝을 알 수 없는 산책로와 자전거길, 폭포, 배를 탈 수 있는 호수, 넓게 펼쳐진 잔디밭, 고급 레스토랑이 있어서 힐링이 필요할 때면 마음껏 산책하며 쉴 수 있는, 그야말로 도시 속 거대한 자연 숲이다.

이번에야말로 자동차도 사람도 많지 않은 숲에서 재대로 자전거를 타며 즐겨보겠다고 옷차림은 최대한 가볍게, 가방은 크로스백만 멘 채 신나게 나섰다. 메트로 2호선 포트 도핀 역Porte Dauphine에서 만나 2분 거리에 있는 벨리브 대여소로 갔다. 작정하고 아예 1일 이용권을 끊고 곧장 자전거에 몸을 싣고 불로뉴 숲으로 들어갔다.

멀리 펼쳐진 숲에는 평일 낮이라 그런지 사람이 많지 않았다. 숲이 워낙 넓어 봄바람을 가르며 자전거 핸들이 흘러가는 대로 전진하고 또 전진했다. 걸림돌 없이 쭉쭉 달리면서 만나는 울창한 숲길에서, 끝이 보이지 않는 산책로에서 저절로 가슴이 뻥 뚫릴 만큼 힐링되었다. 도시에서는 엄두도 못 낼 속도도 내보고, 울창한 나무 사이로 들어오는 쨍한 봄 햇살이 너무나 아름다워 그대로 멈춰 서서는 하늘만큼 길고 높게 서 있는 나무 터널과 흐르는 시냇물을 배경으로 사진도 찍으며 미친 듯 즐거워했다.

숲을 빠져나와 호수 주위를 돌 때는 한낮 일광욕을 즐기며 배를 타는 사람들, 잔디밭에서 뛰노는 아이들, 피크닉 음식을 먹는 사람들, 윗옷을 벗고 조깅하는 사람들이 보였다. 자전거 페달을 밟으며 그들을 유유히 스치듯 보는 느낌이 마치 영화 속 장면을 파노라마처럼 스르륵 펼쳐놓은 것만 같았다.

'파리의 도시 풍경을 이렇게 보고, 느껴야 하는데…'

두 시간 넘게 숲길 이곳저곳을 다니는데 연신 감탄이 쏟아졌다. 익히 와봐서 알고는 있었지만, 산책으로는 다 충족될 수 없던 넓은 숲을 자전거로 돌다 보니 도시 안에 이렇게 거대한 숲이 잘 조성되어 있는 것에 더욱 놀라지 않을 수 없었다. 끝없이 펼쳐진 우거진 나무 사이로 들어가면 사이사이에 여러 갈림길이 나오고, 마음 내키는 곳으로 들어가 한참을 달리면 또 다른 갈림길이 나오고…. 마치 〈헨젤과 그레텔〉처럼 들어왔던 길로 다시 돌아갈 수 없을 정도로 숲은 끝이 없었다.

지칠 만큼 한참을 달리다 숲속 작은 카페^{매점 같은}에 자전거를 세우고 물과 간단한 간식을 먹으며 쉬었다. 크게 숨을 마시고 내뱉으며 고개를 젖혀 하늘을 보니 나무로 빽빽이 가려진 하늘, 그 사이로 들어오는 쨍한 햇살 그리고 새들의 지저귐까지 조용하다 못해 고요했다. 그 시간 그곳의 풍경은 마치 진공상태로 시간이 그대로 멈춘 것처럼 평온해 보였다.

이렇게 광활한 불로뉴 숲은 원래 왕실 소유의 숲^{귀족들의 사냥터}이었는데 1852년 나폴레옹 3세가 이 숲을 파리 시에 양도하면서 도시 숲으로 재조성한 것이라 한다. 어떤 이유에서건 그 옛날 귀족만의 놀이터에서 누구라도 힐링할 수 있는 도시 속 휴식 공간이 되었으니 그저 감사할 따름이다.

파리 시가 운영하는 벨리브며, 도심 속 곳곳의 공원, 불로뉴 숲과 뱅센느 숲을 다니며 풍경보다 더한 행복감을 느낄 때마다 드는 생각. 도시에 살면서 누구나 삶을 배려받을 수 있는 이러한 공공시설이야말로 진정 도시와 시민이 함께 공유하는 가치가 아닐까?

Tip 벨리브를 탈 때 가방이나 짐을 절대로 앞바구니에 그냥 올려두면 안 된다. 파리에는 오토바이 날치기도 많을뿐더러 사람이 많은 횡단보도를 자전거를 끌고 건널 때 눈 깜짝할 사이에 가방을 들고 달아나는 소매치기도 많기 때문에 항상 조심해야 한다. 부득이하게 바구니에 가방을 넣어야 한다면 끈으로라도 잘 묶어야 한다.

안되는 게 어딨니?

"다음 달에 아버지랑 언니 온다는데 걱정이네."
"왜?"
"아니, 11시간을 비행기 타고 딸년 보러 오시는데 관광이라도 시켜드려야 하잖아."
"그러게. 아버지 때문에라도 너 관광 가이드를 써야겠다."
"그치? 젊은 사람이야 걸어 다니면 된다지만, 아버지 연세에는 많이 무리지?"
"나는 급 무리라는 거에 한 표세."
"내 말이. 진짜 걱정이야…. 렌트할까?"
"헐! 미쳤어? 운전한다고? 파리가 얼마나 복잡한데 운전이냐? 말도 안 돼."
"야, 너도 하잖아?"
"미친년, 너하고 나하고 같냐? 난 20년 넘게 여기서 살았고."
"그니까 안 된다 이 말이지?"
"암, 괜스레 일 만들지 말고, 가이드 써. 내가 알아봐줄게."
"아, 머리 아파. 좀 생각해봐야겠어."

파리로 온 그해 겨울 한국에서 친정아버지, 언니, 조카가 파리에 온다고 했다. 내가 크리스마스와 새해를 한국에서 보내기 위해 한국으로 가기로 했는데, 학교 수업이며 다음해에 입학할 르 꼬르동 블루 준비 등 바뀐 일정으로 계획이 취소되었다. 처음으로 가족과 떨어져서 크리스마스와 새해를 맞는 것이 아버지와 언니 입장에서는 안쓰러웠던지 내가 한국에 가지 못하게 되었다는 소식을 듣자마자 득달같이 파리 행을 결정했단다.

가족이 파리로 온다는 것만으로도 고맙고 기뻤지만, 연세 드신 아버지가 딸 년 보겠다고 오시는 걸음을 생각하니 더 뭉클했다. 하지만 기쁘고 뭉클함은 살짝 덮어둔 채 우리 집에 있는 동안 어떻게 다 같이 움직일지가 더 큰 걱정이었다. 친구 연옥이 말대로 그냥 속 편하게 가이드를 예약해야 할지 아니면 차를 렌트해야 할지 하루에도 열두 번씩 마음이 바뀌었다. 최소 일주일 동안 가이드를 예약한다면 그 비용 또한 만만치 않을뿐더러 아무리 차로 다닌다 해도 매일 오전부터 움직이는 일정은 아버지에게 무리일 것이다. 그렇다고 운전도 해본 적 없는 내가 혼자도 아니고 가족까지 태워서 길도 모르고 복잡한 파리와 근교를 잘 다닐 수 있을지도 걱정이었다. 이렇게 생각하면 이게 맞고, 저렇게 생각하면 저게 맞는 것 같아 고민만 하다 시간은 흘러 뭐가 됐건 결정하고 예약을 해야 했다. 머릿속을 떠나지 않던 고민으로 갈피를 잡지 못하는데 불현듯 칸트의 말이 떠올랐다.

'철학이란 사고 속에서 스스로가 방향을 찾아나가는 노력이다.'

이 말은 내 스스로 사고하고 판단하라는 것일 테니 '내가 걱정하면 뭐해. 내가 하고 싶은 대로 하는 거지 뭐.' 용기가 생겼다.

단순하게 아버지가 좀 더 편하게 다닐 수 있는 게 뭔지 생각해보니 답이 나왔다. 내 마음은 이미 렌트로 기울어져 있었지만, 닥치지도 않은 근거 없는 두려움 때문에 머뭇거렸던 것이다. 그렇다면 내가 가지고 있는 두려움만 해결하면 고민할 것도 없다.
'뭐가 무섭지?'
'프랑스 교통법도 모르고, 복잡한 파리 교통도 그렇고, 길도 모르니까.'
'그럼 모르는 것만 알면 안 두려운 건가?'
'그렇지.'
'그런 것들을 제대로 알려면 운전연습을 해야겠네.'
'그래, 그럼 며칠만이라도 운전연습학원을 다녀야겠다.'
우왕좌왕 들끓던 고민은 이렇게 일단락되었고, 운전면허학원만 알아보고 예약하면 문제될 게 없었다.
다음날 친구 연옥이와 경애를 만나 자초지정을 설명하면서 파리 운전면허학원에서도 며칠 연수해주는 프로그램이 있는지 물었다.
"야, 너 진짜 렌트하게?"
"어."
"진짜 못 말린다, 못 말려."
"그래서 나 운전연수학원 좀 알아봐주라. 근데 며칠만 할 수 있나?"
"있긴 할 텐데 파리에는 아직도 오토 차가 많질 않아서. 김쌤한테 부탁하면 될 듯한데. 야, 근데 다시 생각해봐. 네가 서울에서 아무리 오래 운전하고 다녔어도 파리에서 운전이 쉽겠냐? 주차문제도 그렇고…. 걱정이다."
"뭐가 걱정이야. 그러니까 연수받고 하면 되지. 길에 차가 이렇게 많은데 쟤들은 되고, 나는 왜 안 돼, 하면 되지. 걱정은 하고나서 하자고"
"암튼 한경희 못 말린다, 못 말려."
친구들은 내 상황은 이해했지만, 혹시나 하는 우려와 걱정으로 석연치 않아 했다. 그렇게 김 선생님의 도움으로 오토 에콜레 auto école, 파리에 있는 동네 운전면허학원 를 이틀 8시간 등록했다. 운전연습시간은 해가 있는 오후부터 해가 진

뒤까지 연습할 수 있도록 하루에 4시간으로 정했다. 그래야 가족들과 다닐 때 낮과 밤 시간 모두 안전하게 다닐 수 있을 테니 말이다.

운전석에 앉아 핸들을 잡고 보조석에 앉은 선생님의 지시대로 차도로 바로 진입했다. 긴장한 상태로 운전하며 도로 교통법에 대한 설명을 프랑스어로 듣는 동안 내가 알아들을 수 있던 건 고작 단어 몇 마디뿐이었다.

'우회전 하세요, 좌회전 하세요, 여기서는 저 선 끝까지 가서 멈추세요. 특히 오른쪽에서 나오는 차를 조심하세요.'

겉으로는 의연해 보였지만 속으로 잔뜩 긴장하고 있으니 옆에서 아무리 천천히 설명을 잘해줘도 내 귀에는 들리지 않았다. 그렇게 한 시간 정도 도로에서 보내고 나서야 조금씩 긴장이 풀리면서 겨우 선생님 말에 단답형으로 대답할 수 있었다.

내가 운전연습을 하면서 보니 프랑스 교통법이 한국 교통법과 조금씩 다른 거야 당연한 거지만, 문제는 우리와 다른 도로 상황이었다. 파리에는 골목골목 작은 일방통행이 수없이 많은데다 우리나라에서는 흔치 않은 원형교차로 롱푸앙Rond Point이 많다. 롱푸앙에 진입한 차가 360도로 돌면서 순차적으로 빠져나갈 수 있도록 중간 중간 길이 있다. 겨우 숨 좀 쉬며 직진으로 도로를 달리다 앞에 보이는 롱푸앙으로 진입하라는 선생님 말이 들릴 때면 나도 모르게 순간적으로 확 긴장됐다. 선생님은 내가 롱푸앙에 진입하기 전 몇 번째 출구로 나가야 하는지 말해줬다. 롱푸앙에 진입할 때는 가장 안쪽 차선으로 진입한 후 360도를 돌며 재빨리 우측 차선으로 변경해서 나가야 하는데, 다른 상황에서는 무조건 우측 차량이 우선인 반면 롱푸앙에서만큼은 내 왼쪽 편에 있는 차가 우선이라 그 차들이 나갈 수 있도록 무조건 천천히 속도를 낮추고 비켜줘야 한다. 말은 그런데 왜 내가 우측으로 진입할 때는 차들이 속도를 내며 휙휙 돌아가는 건지…. 묻지도 못하고 식은땀만 흘린 채 재빨리 우측으로 들어가느라 정신이 없다.

게다가 도로마다 'STOP' 표시가 있는 곳에서는 차건 사람이건 아무것도 없어도 부조건 라인 앞에 서야 한다며 몇 번씩이나 잔소리를 듣기도 했다. 그렇게 이틀 동안 우여곡절을 경험하며 파리 시내를 돌고 나서야 아주 조금 운전에 대한 두려움을 떨쳐낼 수 있었다.

렌트할 차는 미리 예약했고, 가족이 도착하는 날 오후 3시에 차를 찾기로 했으니 샤를드골 공항까지 시간은 충분할 거라 예상했다. 게다가 저녁 6시 40분에 도착이니 내가 차를 찾아 안전운전을 하며 아주 천천히 간다고 해도 커피 한잔 마실 시간은 남겠다 싶었다. 그런데 웬걸 계산과는 달리 렌트카 회사에 오후 3시에 가서 내가 핸들을 잡기까지 2시간 가까이 걸렸으니 여간 초조한 게 아니었다. 서류에 사인하고 무슨 설명을 그리도 많이 하는지 그냥 예약 확인하고 차를 주면 좋으련만 아무리 프랑스 애들이라도 그렇지 딸랑 두 명이 세월아 네월아 일하는 모습이 나의 분노게이지를 계속 달궜다.

"당신이 예약한 차는 시트로엥인데 차가 없으니 푸조로 바꿔도 되나요?"

내가 예약한 차가 없다는 그때부터 다시 차를 골라야 했고, 그에 따른 설명이 줄줄이 이어졌다.

"그냥 같은 조건으로 푸조로 할께요."

"만약에 이럴 경우 얼마를 더 내면…."

"고맙지만 그건 안 할게요."

끝없이 설명과 옵션을 제시하며 선택하라는데 조금 더 늦어지면 공항으로 가는 외곽순환도로가 막힐 게 틀림없기 때문에 못내 웃으며 빨리 가야 함을 내비쳤다. 겨우 키를 건네받고 '이제는 차만 받아서 가면 되겠지'라고 생각했다. 차를 건네줄 직원을 따라 그것도 5분가량 걸어서 창고같이 생긴 지하 주차장으로 갔다. 물론 간단한 설명이야 있겠지 했지만, 그 직원은 아예 간단한 운전시범까지 보이면서 차에 대해 이것저것 설명하는데, 20분가량 듣는데 도저히 참을 수가 없었다.
"미안한데 나 5분 후에는 여기서 출발해야 해요. 외곽순환도로 타고 샤를드골에 늦어도 6시까지는 가야 하거든요"
직원도 조금 늦으면 막히는 걸 뻔히 알기 때문에 설명을 대충 마치고 조심을 당부했다.
외곽순환도로로 진입하면서 살짝 겁이 나긴 했지만, 마음속으로 '여기는 프랑스가 아니라 내가 수없이 다니던 서울의 강변도로라고 생각하자'를 되뇌었다. 그러다 한 20분쯤 지나자 막히기 시작하는 도로 상황 때문에 겁은커녕 오히려 여기가 프랑스라는 것도 잊은 채 늦을까 노심초사했다.
차를 빌린 건 다시 생삭해도 잘한 일이었다. 파리의 겨울은 비도 많이 오고, 관광하기에는 그리 좋은 날씨가 아니어서 오전에 비가 많이 올 때는 집에 있다가 날씨가 좋아지면 움직이곤 했다. 나갔다가도 중간에 잠깐씩 와서 쉬고 다시 저녁에 레스토랑에 가기도 했다. 게다가 장을 한껏 봐도 차에 싣고 편히 올 수 있어서 관광가이드를 선택했더라면 할 수 없었을 소소한 일마저 수월했다.
에펠 탑, 몽마르트르, 라파예트, 루브르 박물관, 오르세 미술관, 샹젤리제, 오페라, 마레, 베르사이유 궁전까지 내비게이션의 안내를 따라 10일 동안 차를 몰고 파리 곳곳을 다녔다. 프랑스어를 모르는 가족도 내비게이션에서 나오는 '우회전하세요, 좌회전하세요'를 알아듣고 내게 알려줄 정도였다.
"경희야! 뚜네 아도뜨, 뚜네 아도뜨."
한번은 저녁식사를 하고 밤늦게 샹젤리제 거리를 지나 개선문을 돌아 집으로 오는중이었다. 그날따라 앞이 잘 보이지 않을 만큼 억수같이 비가 내렸다. 나는 초긴장 상태로 내비게이션의 목소리를 더 주의해서 들었고, 곧 내가 싫어하는 개선문을 도는 거대 롱푸앙을 지나야 하는 상황이 되었다. 비는 미친 듯이 내리고, 차선도 신호등도 없는 개선문 롱푸앙에는 차들이 얽히고설켜 자칫 잘못하다가는 빠져나가야 할 곳도 못 찾을 뿐 아니라 사고라도 날까 초긴장 상태였다. 가족은 그런 내 마음을 알 리 없으니 즐거운 마음에 연신 웃으며 이야기꽃을 피웠다. 순간 나도 모르게 소리를 질렀다.
"아, 조용히 좀 해! 뭐라 그러는지 하나도 안 들리잖아!"
말을 뱉은 순간 순식간에 조용해지는 침묵에 속으로 급 후회했다. 가족이 파리에 있는 동안, 특히 아버지에게 좋은 추억만 만들어 드리고 많이 웃으며 즐겁게 해드리겠다고 마음먹고는 벌써 몇 번째인지. 집으로 가는 길이니 급할 것도 없고, 어차피 파리에서는 길을 잘못 들어도 서울처럼 한참 돌 일이 없는데도 말이다.
한참 말없이 가다 집 근처 길로 접어들자 내비게이션 소리를 줄였다. 그런데 아버지가 내비게이션의 작은 소리를 들으셨는지 한말씀 하셨다.
리듬까지 싣인 억양으로 노래하듯 말씀하시는 모습이 너무 웃겨서 차 안의 가족 모두가 제각각 이상한 발음을 소리 내며 이게 맞다, 아니다 이거다 하며 한참을 웃었다. 원래 'Tournerez à droite우회전하시오'이지만 어쨌건 아버지는 파리를 다니시는 동안 'Tournerez à droite우회전하시오, Tournerez à gauche좌회전 하시오.' 라는 말이 재밌다며 아버지가 들었던 대로 외우기까지 하셨다. 뭐가 됐건 차를 타고 다니면서 가족을 즐겁게 해주었어야 하는데 오히려 재치 있고 박학다식하신 우리 아버지는 파리에서도 한국에서도 우리를 많이 웃게 해주셨다.
파리에서의 운전이 적잖은 긴장감과 주차문제로 스트레스를 주긴 했지만, 한낮의 센강을 아주 가까이에서 느끼고서울 잠수교를 지날 때 한강이 아주 가까이에 있는 느낌처럼 볼 수 있던 경험과 밤에 에펠 탑의 야경과 12월의 화려하고 예쁜 샹젤리제 불빛을 가족과 즐겼던 시간은 또 다른 감동이었다.

쉬운 일도 신중히 하고,
곤란한 일도 겁내지 말고 해보아야 한다.
첫 고비를 두려워하기 때문에 능히 할 만한 일을 어렵다고 해서 하지 않는다.
-〈채근담〉

파리에서 운전하며 깨달은 건, 채근담의 한 구절처럼 무슨 일이든 해보지도 않고 늘 두려움이 앞서서 내가 할 수 있었을지도 모르는 일도 참 많이 지나쳤다는 것이다. 근거 없이 덜컥 들었던 두려움이 나도 모르는 내 능력을 방해한 건 아닐까 싶지만, 지금부터라도 살아갈 세상 앞에서는 '일단 해보고, 아니면 말지 뭐!'라는 객기라도 부려서 용기를 내야겠다.
우리 다 같이 용기 냅시다.
"일단 해보고, 아니면 말지 뭐!"

Tip 파리에서 운전을 하거나 보조석에 앉는 경우, 가방을 보조석이나 무릎에 올려두는 일은 위험하다. 창문이 닫혔어도 오토바이 날치기는 유리창을 부수고 가방을 낚아채 쏜살같이 사라진다. 때문에 가방은 항상 바닥에 놓는 것이 좋다.

그래서 귀족 스포츠

하고 싶었던 일을 끝내 하지 못하고 지나쳤지만, 그대로 포기했던 게 아니라 나만 아는 미련으로 내 안 어딘가에 붙어 있음을 잘 안다. 거창하지 않은 내 미련 가운데 하나가 테니스였다. 아주 예전부터 몇 번을 배우려고 알아보았는데 요기니 헬스처럼 동네 아무 곳에서나 쉽게 할 수 있는 운동이 아닌지 좀처럼 기회가 생기지 않았다. 그러다 보니 매번 자연스럽게 뒤로 밀렸고, 꼭 테니스가 아니어도 하고 싶고 배울 수 있는 운동이 주위에 널렸기 때문에 다른 운동이 테니스의 자리를 채웠다.

귀족 스포츠라고 불렸던 탓인지 테니스의 이미지는 괜스레 멋져 보였다. 물론 프랑스와 영국에서 19세기 후반부터 왕족의 사랑을 받은 스포츠니까 근원적 유래로 보아도 귀족적 이미지가 클 수밖에 없다.

파리에는 동네마다 시립 테니스장이 한두 곳씩 있다. 파리에 거주하는 사람이라면 누구나 인터넷이나 전화로 혹은 방문해서 예약할 수 있다. 단, 예약 후 이용할 때 라켓과 공은 가져가야 한다. 테니스장을 지나칠 때마다 '파리에 있는 동안 다른 건 몰라도 테니스만큼은 꼭 배우고 가야지'라고 생각했다. 이런 생각이 든 순간부터 그곳은 나와는 별 개의 곳이 아니었다. 곧 나도 저 안에서 이글거리는 햇살을 받으며 멋지게 테니스를 즐기는 그림을 상상하며 즐거워했다.

'목마른 놈이 우물 찾는다'고 주차해 놓은 승용차창에 꽂힌 테니스 강습 광고지가 왜 내게만 유독 잘 보이던지 테니스를 배우겠다고 결심한 순간부터 보이는 족족 집으로 가져와서 자세히 비교하며 분석했다. 고민 끝에 개인강습을 신청했다. 여러 명이 함께하는 그룹강습도 있지만, 속성으로 빨리 배우고 싶은 마음에 비싸지만 개인강습을 선택했다. 하루 두 시간씩 일주일에 두 번 한 달을 신청했다. 장소는 코트 이용 여건에 따라 집 근처에서 할 수도 있고, 예약이 많아 이용할 수 없을 때는 여건이 되는 코트를 코치가 대여해서 코트 대여료는 1시간에 15유로다 수업할 수도 있다. 나를 가르치는 코치는 나 말고도 수강생이 많아서 아예 코트가 많은 몽파르나스 역 테니스장을 임대해서 시간별로 수업했다.

테니스를 배우기 시작한 무렵에는 어학공부만 하던 때라 일주일에 두 번쯤은 무리 없을 거라 생각했다. 학교 수업을 마치고 집에서 잠깐 쉬었다가 라켓, 운동복, 운동화, 물, 수건 등을 챙겨 메트로를 타고 신나게 몽파르나스 역으로 갔다. 몽파르나스 역은 파리의 일곱 개 대형 철도역 중 하나로 투르, 보르도, 낭트와 같은 프랑스 서쪽, 남서쪽 지방으로 갈 수 있는 곳이다. 역사 근처에는 파리의 전경을 한눈에 볼 수 있는 초고층 빌딩 몽파르나스 타워와 라파예트 백화점이 있다. 역 안에는 여러 라인의 메트로와 시외로 가는 열차가 복잡하게 연결되어 있어서 그곳을 지나 테니스장까지 찾아가는 초행길은 좀처럼 쉽지 않았다. 복잡함의 끝이라 할 만큼 길이 얽혀 있고, 빌딩이 빼곡한데다 많은 사람으로 붐빈다.

첫날 강습을 받기 위해 이리저리 헤매다 가까스로 코트에 도착했을 때 헉,

하고 놀라지 않을 수 없었다. 도심 속에, 그것도 기차역 위에 끝없이 펼쳐진 딴 세상은 미처 상상도 못했던 드넓은 자연 풍경이었다. 기차역 내부를 통해 위로 올라가서 다시 에스컬레이터를 타고 또 한 층을 올라가면 밖으로 이어지는 계단이 나온다. 계단을 오르며 계단 옆 뚫린 공간으로 아득히 먼 아래로 철로가 보였다. 철로를 보는 순간 눈으로 보고도 믿기지 않을 만큼 놀랐다. 내가 서있는 곳이 건물과 역사의 지붕이자 땅인 것을 보면 건물과 역사는 인공지반으로 조성되었다는 것이다.

그저 신기해 먼발치로 철로를 내려다보고 뻥 뚫린 하늘 올려다보기를 반복하며 몇 개의 계단을 올라가 밖으로 나오자 엄청난 규모의 드넓은 공원과 여러 개의 코트장이 한눈에 펼쳐졌다. 그곳은 하늘만 있는 딴 세상 같아서 복잡하게 얽혀 있는 아래 세상과는 너무나 대조적이었다. 가보지도 않은 천당의 평화로움과 지옥의 울부짖음을 짧은 순간에 다 본 느낌마저 들었.

"레브, 이제 시작한다!"

테니스장은 다행히 초입에 나란히 붙어 있어서 내가 강습 받을 코트를 쉽게 찾을 수 있었다. 코치와 간단하게 인사하고 바로 수업에 들어갔다. 코치는 라켓 잡는 법과 자세, 공을 칠 때의 스텝를 알려주더니 당황스럽게도 바로 공이 가득 담긴 하얀 바구니와 라켓을 들고 네트 쪽으로 성큼성큼 걸어갔다.

'헐, 내가 말을 잘못 알아들었나? 나한테 공을 보내려는 건가? 설마?'

갑자기 머릿속이 복잡해졌다. 코치는 내 쪽으로 몸을 돌리고 외쳤다.

자세와 라켓은 좀 전에 알려준 대로 잡고는 있었지만, 순간 공을 칠 때 스텝이 왼발이 먼저인지 오른발이 먼저인지 헷갈렸다. 분명 '원, 투, 쓰리 뻥공이 라켓에 닿는 순간'이라고 알려줬는데 말이다. 기억을 더듬어 고민할 틈도 없이 공은 정확히 내 앞으로 날아왔고, 뻥기만 하면 칠 수 있도록 친절히 보내준 공이었는데도 맞추질 못했다. 코치가 저 멀리서 어정쩡한 내 자세를 봤는지 다시 천천히 스텝 시범을 보이면서 큰 소리로 박자까지 세어주고 나서야 이해할 수 있었다.
'원, 투, 쓰리 빵! 원, 투, 쓰리 빵! 원, 투, 쓰리 빵! 원, 투, 쓰리 빵! 원, 투, 쓰리 빵! 원, 투, 쓰리 빵! 원, 투, 쓰리 빵! 원, 투, 쓰리 빵… 완전 재밌다!'
날아오는 공만 생각하며 몰입해서 치다보니 바구니 가득 들어있던 공이 어느새 바닥 여기저기에 흩어져 있었다. 바구니의 공이 다 떨어지면 코치와 함께 일일이 주워 바구니에 담고 치기를 반복했다. 공을 칠 때는 그 재미에 빠져 시간이 빨리 지나갔지만, 바구니가 다 비워진 후 공을 줍기 위해 이리저리 뛰어다닐 때는 흐물흐물 다리가 풀리고 지쳐서 한여름 더위가 더 덥게 느껴졌다. 줄곧 하지 않던 운동을 아주 오랜만에 한 탓에 한동안은 다리 알통과 어깻죽지가 뻐근했다. 파스까지 붙여가면서도 운동으로 뭉친 근육은 묘하게 기분 좋았다.
두번째 주, 새로운 수업에서는 코치가 건너편 네트에서 서브를 했다. 좌우 방향을 바꿔가며 코너에서 치는 연습을 하다 보니 주로 사용하는 오른쪽은 멀쩡한데 꼭 왼쪽으로 칠 때 공이 코트 밖으로 넘어갔다. 그러면 내가 코트 밖으로 나가서 공을 주워야 했는데, 공을 줍다 보니 철로 바닥으로 떨어진 공이 한두 개가 아니었다. 혹시나 저 공 때문에 기차 사고가 나지 않을까 내심 걱정했는데, 나중에 알고 보니 공이 떨어진 철로는 다행히 지금은 사용하지 않는 길이라고 했다.
수업을 받다 보면 막상 공을 칠 때보다 사방으로 흩어진 공을 주우러 다니는 것이 더 심한 운동 같았다. 나름 덜 고생하겠다고 한 번에 최대한 많은 공을 모으려다가 오히려 잡고 있던 공마저 놓치기 일쑤였다. 날씨도 더웠지만 땀으로 흠뻑 젖을 정도의 엄청난 운동량이었다. 그래도 테니스를 배우는 두 시간이 빨리 지나갈 정도로 무척이나 흥미롭고 재밌었다. 코치는 내가 남들이 한 달 동안 배울 진도를 두 주 만에 마쳤다고 칭찬했다. 덧붙여 다음 시간에는 서브를 연습하고 마지막 주에는 다른 사람과 플레이할 거라는 말에 테니스에 대한 열정이 더 불끈해졌다.

그런데 그 수업을 끝으로 파리에서 나와 테니스의 인연이 끝날 줄은 미처 몰랐다. 그날 밤부터 이유도 모른 채 고열에 시달리며 열꽃을 피우기 시작했고, 상태가 점점 심각해져 다음날 응급실에 가서 수두라는 것을 알았다. 다른 계절도 아닌 한여름에 테니스를 배우면서 갑자기 운동량이 많아졌고, 소홀한 식사로 테니스를 배우기 전에 이미 몸무게도 확 빠진 상태였다. 더 위에 심한 운동에 이미 떨어진 기초체력으로 학교 수업까지…!
그렇게 내 몸의 면역 상태가 바닥인 걸 전혀 모르고 있다가 결국은 수두에 걸린 채 끔찍한 두 주를 정신 나간 상태로 견뎌야 했다. 병이 낫고서는 격한 테니스를 다시 할 엄두가 나지 않았다. 그렇게 여름이 갔고, 서늘한 가을이 왔지만 파리의 멜랑꼴리한 가을은 테니스가 아닌 산책으로 나를 유혹했다.
파리에서는 매년 5월에서 6월 초에 두 주간 프랑스 오픈 테니스 대회 롤랑 가로스Roland Garros가 열린다. 워낙 인기가 많은 대회라 텔레비전에서 계속 중계한다. 어느 날 무심코 텔레비전 채널을 돌리다 우연히 근육질의 멋진 테니스 선수들이 플레이하는 모습을 보았다. 물론 그 유명한 롤랑 가로스라는 것은 알고 있었다. 처음에는 선수들 외모에만 눈이 가서 텔레비전 자막의 스코어나 중계에는 관심이 없었다. 내 눈에 들어오는 건 오직 그들의 탄탄한 몸매와 포즈뿐.
'아~ 나도 계속 배웠어야 했는데, 그노메 수두 때문에.'
볼수록 역동적이고 멋진 선수 모습에 테니스에 대한 미련이 슬그머니 마음속을 굴러다녔다. 하지만 그때는 르 코르동 블루 수업 일정이 들쑥날쑥해서 어찌해볼 수가 없었다. 처음 테니스를 배울 때만 해도 프랑스에 있는 동안 잘 배워서 평생 즐겨야지 기대했는데, 이노메 고급진 귀족 스포츠는 나하고는 인연이 없었나 보다.
한참 넋을 놓고 텔레비전을 보며 스코어를 나타내는 자막을 보고 뜨문뜨문 들리는 중계를 듣는데 불현 떠오른 우스운 생각 하나.
'뭐야, 그러고 보니 나는 테니스 경기 룰도 모르고 한 달 동안 공만 쳤잖아.'

나는 르 코르동 블루인

눅눅했던 겨울이 조금씩 끝나가고 있다. 며칠만 있으면 봄을 알리는 3월이다. 봄과 함께 파리에 온 나의 궁극적 목표에 첫발을 디디는 날이 시작된다. 르 코르동 블루 입학을 앞두고 오리엔테이션 때 받아온 서류를 체크하는데, 열 손가락의 매니큐어가 눈에 들어왔다. 며칠 전부터 '지워야지 지워야지' 하면서도 뭔가 아쉬운 마음이 들어 쉽게 지우지 못하고 '오늘까지만 두고, 내일 꼭 지우자'며 은근히 미련을 버리지 못했다.

그러다 저녁 무렵 마음먹고 쭈그리고 앉아 열 손가락의 매니큐어를 싹 다 지우고, 손톱을 손가락 끝까지 바짝 잘랐다. 손등의 푸르딩딩한 혈관이 유난히 울퉁불퉁 튀어나와 보이고 손가락 마디마디 주름은 왜 더 도드라져 보이는지, 볼품이라고는 하나도 없어 보였다. 음식 만드는 사람의 기본적 자세가 위생과 청결이겠지만, 늘 예쁘게 다듬고 가꾸던 손톱을 인정사정없이 바짝 자르니 조금은 쓰라렸다. 평소에 화장은 안 해도 어색하지 않게 잘 다녔지만, 손질하지 않은 맨손은 게을러 보이기도 하고, 마치 입어야 할 옷을 다 입지 않은 것 같아 몹시 어색했다.

'어쩌겠어 당연한 걸. 휴~ 이젠 반지도 못 끼겠네.'
맨손톱과 반지 없는 손가락 마디를 만지면서 조금씩 체념해갔다. 그렇게 짧게 자른 손톱을 물끄러미 보며 앞으로 내 인생 2막이 시작됨을 받아들였다. 집에서 르 코르동 블루까지는 걸어서 20분이면 갈 수 있다. 첫 수업을 시작하는 날 유니폼과 신발, 도구, 레시피북, 스케줄표 등 한가득 챙겨 조금 일찍 갔다. 걸어가는 내내 '이젠 정말 시작이구나!' 이곳에 오기 위해 준비했던 많은 순간이 퍼즐 조각처럼 두서없이 머릿속을 맴돌았다. 학교 안 아담한 아틀리에는 분주히 움직이는 학생들 때문인지 생동감이 느껴졌다. 게다가 천장 유리로 쨍하게 들어오는 강한 햇살에 르 코르동 블루의 블루 컬러와 화이트 컬러가 더 선명하게 들어왔다.

디저트를 배우고 싶어 파리의 르 코르동 블루에 입학했지만, 학생이라면 누구나 입어야 하는 학교 유니폼이 정말 싫었다. 아주 예전부터 교복이나 군복 등 집단의 구성원임을 표시하기 위한 복장 자체가 딱딱하고 강압적이라고 느꼈기 때문이다. 강압적 규율을 정당화시키는 것 같기도 하고, 소속 집단 앞에 개인이 굴복되는 것 같기도 해서 그냥 싫었다. 하지만 싫어도 입어야 하는 게 너무나 당연한 일이라 어쩔 수 없이 유니폼을 다림질한 후 입어보았다. 거울에 비친 유니폼을 입은 내 모습을 보고 있자니 그 촌스러움에 혼자였음에도 어찌나 민망하던지.

'얼마든지 예쁘게 만들 수 있는데 왜 유니폼은 항상 이따위로 촌스러워야만 하는지… 이래야 권위적으로 보이나?'

윗옷은 뻣뻣한 허연 면 보자기를 뒤집어쓴 것처럼 몸과 팔을 덮은 박스 형태로 툭 떨어지면서 푸석푸석 겉돌고, 바지는 잔 체크 패턴의 일자 배바지로, 호랑이 담배 피던 시절에도 입지 않았을 것처럼 심했다. 게다가 실루엣이 거친 윗옷과 바지에 비해 모자는 얌통머리 없이 딸랑 손바닥만 해서 머리카락과 이마만 살짝 가린다. 그런 유니폼을 입은 내 모습은 내가 유니폼을 입은 게 아니라 유니폼이 나를 뒤집어 쓴 꼴 같았다. 그렇지 않아도 허리춤까지 올려 입은 배바지로 짧아 보이는 다리가 허벅지까지 내려오는 허연 윗옷 때
문에 더 짤막해 보여 등신의 비례가 우습기 짝이 없었다. 또 투박한 신발까지 신으면 영 마음에 들지 않는 셰프 패션이 완성된다. 셰프 패션을 고스란히 뒤집어쓴 내 모습은 패션 테러 그 자체였다. 그나마 윗옷과 어울리는 앞치마는 불행 중 다행이었다.

학교에 도착해 유니폼으로 갈아입고 아틀리에로 나와 수업을 기다렸다. 똑같은 유니폼을 입고 모여 있는 학생들을 보니 개개인에 대한 느낌보다 여기가 그냥 르 코르동 블루 요리학교라는 큰 이미지로 다가왔다. 크게 심호흡하고는 지금은 어색하고 불편한 이 옷이 내 몸에 편하게 감기는 때쯤이면 나도 조금은 성장해 있겠구나, 싶었다.

매일 들쑥날쑥한 일정표를 쫓아 정신없이 수업하며 조금씩 학교생활에 익숙해지면서 내 유니폼과 앞치마에 더해진 초콜릿 얼룩과 버터 기름때가 학교에서의 노고를 말해주었다. 유니폼이 나를 입었던 처음과 달리 조금씩 내가 유니폼을 입고 있음을 느꼈다. 르 코르동 블루에서는 셰프나 학생이나 윗옷은 똑같은 유니폼을 입는다. 하지만 학생보다 유독 셰프에게 유니폼이 착 감기는 것 같고, 더 잘 어울리면서 근사해 보이기까지 했던 것은 어쩌면 그들이 그 옷을 입고 흘렸을 땀의 양과 비례할 거라는 생각에 괜스레 겸허해졌다.

파리 르 코르동 블루 수업은 매일매일 체크하지 않으면 헷갈릴 정도로 들쑥날쑥했다. 월요일부터 토요일까지 오전 8시 30분부터 저녁 9시까지 네

타임으로 구성되었고, 학생은 각자 속한 그룹의 시간표의 요일과 시간에 맞춰 수업을 들어야 했다. 나는 어떤 요일은 아침부터 저녁까지 풀로 수업이 있기도 하고, 어떤 날은 이 빠진 것처럼 중간에 타임이 비기도 하고, 또 오전이나 저녁 타임만 있을 때도 있었다. 수업은 먼저 셰프가 시범Démonstration을 보여주고 다음 수업에 학생들이 실습Practice하는 방식이다. 그래서 수업일정표를 제대로 체크하지 못하면 큰일 난다. 규율이 엄격한 요리학교에서 수업에 늦거나 결석하면 그대로 점수에 반영될 뿐만 아니라 세 번 결석처리가 되면 진급할 수가 없다. 그렇기 때문에 늘 수업일정표에 형광펜으로 밑줄까지 그어가며 확인하고 또 확인했다.

셰프의 시범 수업은 두 그룹이 함께한다. 강의실 구조는 셰프의 시범이 어디서나 잘 보이도록 계단식이고, 밀려 있는 학생도 자세히 볼 수 있도록 양쪽 상단에 모니터가 설치되어 있다. 그날 배울 레시피를 펼쳐놓고 셰프의 설명과 만드는 과정을 따라가다 보면 정신을 못 차릴 정도로 시간이 빨리 지나간다. 디저트는 재료의 배합과 농도 등의 작은 요소만 달라져도 결과물이 완전히 다르다. 그렇기 때문에 수업 초기에는 더 정신을 못 차렸다. 내 나라 말도 아닌 언어로 설명을 듣고 만드는 순서와 과정은 물론이고 셰프의 손놀림을 보면서 동시에 메모하고 테크닉까지도 염탐해야 했으니 말이다.

특히 평소 내가 디저트를 좋아하고 관심이 많긴 했지만, 한국에서는 아직 디저트 문화가 형성되지 않아서 디저트를 폭넓게 먹어보지 못했기 때문에 이름부터 재료까지 모두 생소했다. 그에 비해 서양아이들은 디저트에 관심이 있었으니 르 코르동 블루까지 와서 공부하겠지만 이름이나 재료 등 생소할 것이 없었다. 수업을 들으며 생소한 재료를 접할 때마다 공연히 억울한 마음에 울컥했지만 어쩌겠는가.

한식을 직접 만들지는 못하더라도 익히 이름 정도는 알고 있는 것처럼, 굳이 레시피를 보지 않아도 머리가 기억하는 맛을 통해 들어간 재료가 된장인지 고추장인지 아는 건 쉬운 일이다. 비유하자면 생소한 디저트 이름과 재료는 고추장과 된장이 뭔지도 모르는 서양인이 고추장과 된장을 달리 사용해서 음식을 만드는 과정을 배우는 것과 같다. 혹 고추장과 된장을 안다 하더라도 그 맛을 몸이 기억하기까지는 수십 번 먹어보고 경험해야 한다. 게다가 각각의 재료가 다른 재료와 만나면 종합적인 맛 또한 달라지기 때문에 나는 그저 디저트를 매일 먹고, 또 먹어볼 수밖에 없었다. 수업 내내 달고 기름진 냄새를 맡고 매번 시식을 해야 하니 수업을 마치고 집으로 돌아올 즈음이면 머릿속은 온통 매운, 그것도 잔인하게 매운 비빔냉면 생각뿐이었다. 식사 후 진한 커피와 달달하고 적당히 느끼한 디저트는 삶의 기쁨이고 입안의 행복이지만, 매일매일 빈속에, 어떨 때는 잠도 덜 깬 아침부터 먹어야 할 때는 정말 멀미가 날 것 같았다.

실습 수업에 들어가기 전에 셰프의 시범 수업 때의 메모와 기억을 더듬어 머릿속으로 몇 번씩 재현해보고 수업에 들어가고는 했다. 실습 수업은 12명 정도가 한 그룹이다. 수업마다 셰프들은 학생들의 수행 과정과 결과에 점수를 매긴다. 과정별초급, 중급, 고급과정로는 평소 점수와 과정이 끝날 때 마지막 평가시험, 이론시험 점수를 합산해서 다음 과정으로의 진급 여부를 정한다. 평가시험은 열 개 정도의 레시피를 주고 무작위로 제비뽑기를 해서 치르기 때문에 경쟁상대가 없어 서로 신경전은 없다. 하지만 평소에는 모두가 똑같은 디저트를 만들고 모두가 보는 중에 점수를 매기기 때문에 서로 신경을 곤두세우고 있음을 느낀다.

초창기만 해도 '유급만 되지 말고 한 번에 디플롬Diplôme, 졸업증서, 자격증을 따면 되지'라고 생각했다. 그런데 순서를 매기는 성적 앞에서는 무작정 유연할 수 없었다. 셰프가 모두 남자다 보니 몇몇 푸릇푸릇한 여학생들의 애교 앞에서 평소 점수가 객관성을 갖기는 쉽지 않아 보였다. 어떤 셰프는 객관성 따위는 아랑곳하지 않고 눈에 뻔히 보일 정도로 자기 멋대로 점수를 매기며 '내가 이렇게 잘 줬다'는 식의 음흉한 미소를 보내는 모습 앞에서는 정말 울화가 치밀었다. 그렇다고 '내가 쟤들처럼 셰프에게 팔짱 끼고 웃음까지 팔아야 해? 그리고 저 셰프들은 그걸 빌미로 자연스럽게 스킨쉽을 하고…. 말자 말어. 어차피 난 쟤들처럼 어리고 예쁘지도 않고, 그러고 싶은 마음도 없고. 유급만 안 되게 열심히 하면 되지 뭐.'
그럼에도 이 억울함은 뭔지. 한국 동기끼리 이런 이야기가 나올 때마다 열변을 토하며 변치 않을 허공에 대고 불합리함에 대해 욕을 욕을 하고는 했다.
"우리 인정하자, 걔들이 어리고 예쁜 건."
더도 덜도 아닌 딱 중간 정도의 점수를 받고 초급 과정을 마쳤다. 유급만 안 하면 되는 거라고 마음먹었건만 기분이 썩 좋지는 않았다. 본능적으로 다음 과정부터는 작전을 바꿔야겠다는 생각이 밀려왔다. 수업시간에 애교까지는 아니더라도 셰프와 눈이 마주치거나 말을 할 때는 상냥한 미소 정도는 보내리라고 말이다.
나는 동양인이라 외국 애들이 10살 혹은 심지어 15살까지도 어리게 보는 듯했다. 믿거나 말거나 사실이다. 어찌 되었건 내 미소가 몇몇 셰프에게 제대로 먹혔는지 실력보다 점수가 아주 잘 나왔다. '이런 거였어?'라는 묘한 씁쓸함과 허무함이 교차하면서도 반면 그리 나쁘지는 않았다. 그렇게 몇몇 셰프와 보이지 않는 친분이 생기니 당연히 내 이름도 기억하고, 수업시간에 괜한 친절도 따라왔다. 예를 들면, 소스를 만들 때 셰프가 직접 해준다던가, 지나가며 어깨에 은근 손을 올리며 특별히 하나 더 가르쳐준다던가 하는 식의 태도 말이다.
한번은 수업이 끝나고 학생이 하나둘 자기 물건을 챙겨 강의실을 나가는데 셰프가 내게 말을 걸더니 손을 잡고는 놓지를 않는 거다. 내가 아무리 잡아 빼려 해도 손등까지 만지면서…. 강의실을 빠져나오는데 심장이 계속 벌렁거렸다. 표면적으로야 자연스럽게 웃으며 손잡고 장난치는 것처럼 보였겠지만, 나는 분명 내 손등을 만지던 그 셰프의 손에서 질척거리던 감정을 고스란히 느꼈다.

'아~ 미친놈! 뭐야! 이런 식으로 수작을 거나? 나한테 뭘 원해. 참내.'

모든 셰프가 그렇지는 않지만, 학교를 다니며 셰프의 여색에 관한 무성한 소문을 익히 들었던지라 그 소문이 이런 식으로 시작되는구나 싶었다. 집으로 걸어오는 내내 내가 행동거지를 잘못했는지를 생각해보았다. 하지만 아무리 생각해도 그럴 정도는 아니었다.

'내 미소와 친절이 그렇게 치명적이진 않잖아?'

그 사건 후로 복도를 오가면서도 지레 그 셰프 근처는 알아서 피해 다녔고, 다행스럽게도 문제의 셰프와 내 수업시간이 겹칠 일이 별로 없었다.

시간은 흘러 졸업을 앞두었다. 학교를 다니는 동안은 당장 해야 할 일과 학생이라는 든든한 소속감이 잡념을 달래줬지만, 힘들었어도 좋은 세월 보내고 곧 졸업을 한다니까 앞으로 내 인생의 2막을 어떻게 잘 맞아야 할지 걱정이 밀려왔다. 동시에 파리 르 코르동 블루에서 공부하며 보냈던 시간이 파노라마처럼 펼쳐졌다. 과정이 끝날 때마다 고급 레스토랑과 5성급 호텔에서의 식사 체험, 전 유럽으로 유통되고 모든 식재료가 모이는 유럽 최대 도매시장 방문, 그리고 학교 아틀리에에서 나눈 와인과 치즈에 관한 이야기…. 그동안 접했던 수많은 디저트와 다양한 체험이야말로 다른 문화에 대한 큰 경험이 되어주었다.

파리 르 코르동 블루의 마지막을 장식한 생토노레에서의 성대한 졸업식에서 모든 과정을 무사히 마친 학생의 이름을 한 명씩 호명하고는 디플롬과

매달, 그리고 셰프의 상징인 긴 셰프 모자를 수여했다. 함께 1년 가까이 수업한 셰프와 학생이 모두 모여 단체사진을 찍으며 셰프 모자를 던질 때, 그때야 비로소 나는 내가 파리 르 코르동 블루 인임이 자랑스러웠다.

최악의 막노동판, 파리

대체 누가 노동이 신성하다고 했는가? 대체 누가!
만날 수만 있다면 당장이라도 만나서 하루 종일 쌍욕이라도 퍼부으며 싸우고 싶은 심정이었다. 스타쥬는 그저 격한 노동일 뿐이었다, 이른 새벽 메트로 안에서 축 처진 어깨와 반쯤 감긴 눈으로 창밖을 맥없이 응시하던, 삶의 고달픔에 지친 난민 노동자에게서 노동의 신성함이라고는 전혀 느낄 수 없었다. 되려 '노동이 신성하다'는 유혹적인 말은 단지 자본가의 논리와 권력이라고 밖에는 생각되지 않았다.
르 코르동 블루 졸업 후 프랑스에서 스타쥬를 원하는 학생은 학교 추천으로 일할 기회를 받는다. 마지막 고급 과정을 마치기 전에 셰프와 미팅하면서 스타쥬에 관해 두 번 상담한다. 처음은 학생이 미리 제출한 희망 매장 리스트를 놓고 셰프의 질문에 답하는 식으로 프랑스어 구사능력을 보는 정도고, 두번째는 성적과 프랑스어 구사능력을 판단하고, 학생이 희망하는 곳 중 어디로 정해졌는지 통보한다. 시작 시점은 서로 협의하고, 스타쥬 기간은 보통 두 달로 정해져 있다.

이때만 해도 학생들은 대부분 각자가 제출한 1순위 파티스리에서 일하기를 고대한다. 파리에는 유명한 파티스리가 수없이 많지만, 그 중 많은 학생이 선호하는 1순위 파티스리는 단연 피에르 에르메Pierre Hermé다. 피에르 에르메는 세계 최고의 파티시에고 디저트를 배우는 학생에게는 선망의 대상이 될 만큼 명성이 대단하다. 나 역시 피에르 에르메는 르 코르동 블루에 입학하기 전부터 동경의 대상이었고, 프랑스에서는 물론이고 전 세계를 통틀어도 그보다 나은 파티시에는 없다고 생각할 만큼 존경한다. 그런데 그런 곳에서 스타쥬를 하게 되었으니 나는 참 복이 많은 사람이라고 생각했다. 많은 학생이 원하지만 원한다고 모두 할 수 있는 것은 아니라 더더욱 감사했다.

학교를 졸업하고 1년 중 파티스리가 가장 바쁘다는 12월과 1월에 피에르 에르메에서 스타쥬를 하게 되었다. 집에서 걸어서 30분, 메트로를 타면 15분 정도 걸리는 파스퇴르 역 근처에 있다. 그곳에는 메인 직영점과 파리의 모든 매장으로 나가는 디저트의 기초 및 완성 작업을 하는 라보Labo, 작업장가 갖춰져 있다. 직원은 30명 정도인데 라보에서 일하는 파티시에만도 20명에 가깝다. 나 말고도 다른 학교에서 온 스타쥬 생 두세 명이 함께 일했다. 스타쥬 생은 정해진 스케줄에 따라 두 달 동안 일주일 간격으로 파트를 돌며 디저트가 만들어지는 과정을 배운다. 하지만 우리는 말 그대로 스타쥬 생이고, 그때는 1년 중 가장 바쁜 12월 노엘Noël, 크리스마스과 1월 갈레트* 데 루아 Galette des Rois, 주현절였기 때문에 정해진 스케줄은 그저 스케줄일 뿐이었다.

* 매년 1월 6일 주현절에 즐겨 먹는 프랑스 전통과자다. 버터와 아몬드 크림, 설탕, 달걀 등을 넣고 밀가루와 버터를 섞은 반죽의 결이 살아있게 만든 둥그런 파이다. 갈레트 안에는 2~3cm가량의 다양한 캐릭터 도자기 인형Feve을 넣어 만드는데, 그 인형은 행운을 상징한다. 하지만 요즘은 종교적 의미보다는 신년에 지인들과 음식을 나누어 먹으며 즐거움을 함께하는 의미가 더 크다. 바삭한 파이 조각과 와인을 함께 나누면서 인형이 당첨된 사람에게 갈레트를 살 때 함께 주는 금장식의 종이 왕관을 씌우고, 1년 동안 행운이 가득할 것을 축하한다. 주로 어른들은 파이를 자르면서 인형의 행운이 아이들에게 가도록 살짝 눈감아 주기도 한다.

스타쥬를 하는 두 달 동안 새벽 4시 30분이면 어김없이 알람이 울렸다. 아무리 늦어도 5시 50분에는 도착해야 작업복으로 갈아입고 일을 시작할 수 있기 때문이다. 계약서상에는 아침 6시부터 오후 2시까지 일하는 것으로 되어 있지만, 당연하게도 그 시간이 지켜진 적은 없었다. 게다가 그렇게 꿈에도 그리던 피에르 에르메에서의 스타쥬는 내 평생 단 한 번도 겪어보지 못한 격한 노동이었다. 첫날의 그 당혹감.

'설마 두 달 동안 이런 일만 하지는 않겠지.'

불안한 기대를 산산이 부수고 정말 두 달 동안 같은 일이 벌어졌다.

"레브, 냉장고 창고에 가서 레몬 한 박스 들고와."

"네, 셰프."

이 정도 쯤이야 알아듣고 재빨리 찾아왔다.

"그거 물로 깨끗이 씻어서 수프리메supprimer 하는 거 알지? 다 해서 저기 담아서 스티커에 날짜 쓰고 냉장고에…."

"네, 셰프."

대답은 했지만 수프리메를 어쩌라는 건지 순간 당황스러웠다. 뭘 어떻게 해야 할지 내색도 못하고 어리바리 서서 레몬 껍질을 벗기면서도 맞는지 불안했다. 불행 중 다행으로 옆에 있던 어린 셰프와 같이 하라고 했는지 앳된 셰프가 내게 친절하게 시범을 보여줬다. 먼저 한 박스의 레몬 껍질을 다 벗기고, 겉껍질을 벗긴 레몬을 한 손에 올려놓고 과도로 레몬의 살만 발라냈다. 그리고 발라낸 레몬 속 씨까지 깨끗이 제거하는 것. 이것이 수프리메였다. 첫날부터 몇 시간을 꼼짝없이 서서 한 박스의 레몬을 다 작업하고도 두 박스를 더 했다. 아무리 일회용 비닐장갑을 낀들 손톱 사이로 레몬의 시큼한 액이 자꾸 스며들어 무척 따가웠고, 조그마한 레몬을 움켜잡고 열 시간을 같은 동작만 반복하다 보니 손가락 마디마디가 저렸다.

스타쥬 첫날부터 레몬 세 박스 씩 바르는 일만 했는데도 퇴근시간이 훌쩍 지났기 때문에 곧 퇴근이려니 생각했다. 그런데 갑자기 직원들이 하나둘 작은 양동이를 들더니 청소를 시작했다.
"레브, 넌 저 냉장고 여기서부터 저기까지 닦아."
"네, 셰프."
여자 셰프가 내게도 세제와 면걸레가 든 하얀 양동이를 휙 건넸다. 받은 양동이를 옆에 두고, 서랍에서 일회용 장갑을 꺼내 끼는데 외침이 들려왔다.
"레브, 그냥 하면 되잖아! 이렇게 하라고!"
내게 양동이를 건네준 여자 셰프는 내가 일회용 장갑을, 그것도 두 장씩이나 끼는 모습이 영 마음에 들지 않았는지 아주 짜증스럽게 맨손으로 양동이에 손을 푹 담그며 걸레를 잡아 냉장고를 박박 닦는 시범을 보였다.
'헐, 저 비눗물에 맨손을 담가서 저렇게 하라는 건가? 아휴…. 해야지 어쩌겠어.'
"조심해!"
청소를 하던 몇몇 남자 직원이 라보에 있던 모든 작업 테이블을 하나씩 밀며 내가 청소하던 냉장고 옆 냉장방으로 옮기고 있었다. 순간 라보 안의 작업대며 모든 기자재가 한순간 어디론가 치워졌고 휑한 타일 바닥이 그대로 드러났다. '작업 위치를 바꾸려나?'라고 생각하며 냉장고를 닦는데 그렇게 우르르 쾅쾅 격하게 움직이며 모두가 바닥과 벽, 냉장고와 오븐까지 미친 듯 청소했다. 알고 보니 하루에 두 번, 낮과 밤에 하는 기본적인 청소였다.
퇴근 후 집으로 돌아오면서 '오늘만 이런 일을 한 거겠지. 내일은 뭐라도 배울 거야'라며 하루의 고된 노동에 대해 스스로 위로했다. 하지만 일주일이 지나고, 보름이 지나고, 한 달이 다 되도록 첫날 내가 했던 일은 오히려 편한 일이었다.

스타쥬 동안 일과 출퇴근 말고는 그 어떤 것도 할 수 없을 만큼 육체적으로 지쳤다. 그러다 보니 알람 소리에 겨우 일어나 집을 나와 나 말고는 아무도 없는 어두운 골목의 젖은 아스팔트 위를 무겁게 걸으며 자고 싶은 욕망과 이른 새벽의 피로 그리고 나를 기다리고 있을 끔찍한 노동과 싸웠다.
이틀에 한 번꼴로 두세 박스의 레몬 씨를 발라야 하고, 수시로 미로처럼 생긴 지하에 내려가 20kg짜리 밀가루 푸대를 들고 좁은 계단을 오를 때는 눈앞이 하얗게 보일 정도였다.
'이게 뭔 개고생이냐고. 스타쥬가 이런 거였으면 굳이 내가 왜 했나 몰라.'
나중에 나보다 한참 어린 꼬마 셰프가 40kg짜리 설탕을 가져오라고 했을 때는 그전의 밀가루가 얼마나 껌이었는지 오히려 감사하기까지 했다. 그렇게 스타쥬 생들은 스케줄대로 파트를 옮기며 일했지만, 막상 했던 일은 거의 다 그냥 노동이라는 생각뿐이었다. 굳이 디저트를 공부한 스타쥬 생이 아니어도 누구든 할 수 있는 그런 막노동 말이다.
나는 말도 잘 통하지 않는 그곳에서 매일 반복되는 일을 하며, 어떤 누구도 설명 없이 시키는 노동 앞에 몸과 마음이 지칠 대로 지쳐갔다. 일을 하면서도 머리로는 하루에도 열두 번씩 그냥 그만둘까를 고민하며 하루하루를 버텼다. 내가 일하는 곳이 그렇게 꿈에 그리던 피에르 에르메임에도 더이상 그곳이 피에르 에르메라고 생각할 수 없었다. 내가 인식하는 내 모습은 서툰 언어로 닥치고 일만 할 수밖에 없는 힘없는 외국인노동자와 하나도 다를 게 없었다. 피에르 에르메에서 일하고 싶은 스타쥬 생은 나 말고도 한없이 많기 때문에 내가 그만둔다고 해도 그들은 아무 상관없었다. 오히려 일일이 설명하며 일을 시키는 것을 거추장스러워하는 셰프도 있었다. 20대의 젊고 혈기 넘치는 남자 셰프들의 은어 섞인 빠른 말을 내가 다 알아들을 수도 없었지만, 그들도 내게 일을 시키느라 생긴 답답한 짜증을 교묘하게 일이라는 명목으로 표현했다.

가장 바쁜 노엘이 다가오자 피에르 에르메 전 직원은 24시간 3교대 근무를 하며 미친 듯이 일했다. 모두가 엄청난 양의 뷔슈 드 노엘Buche de Noël, 통나무 모양의 크리스마스 케이크을 만들어야 했다. 라보에 있는 전 직원은 테이블에 하루에도 몇백 개씩 뷔슈 드 노엘을 펼쳐놓고 공장 기계가 돌아가듯 순서대로 라인 작업에 매달렸다. 평소보다 더 예민해진 리더 셰프들은 작은 실수라도 일어날까 라보를 쩌렁쩌렁 울리도록 고함을 쳤고, 덩달아 아래 셰프들까지 날카로워져 스타쥬 생들도 눈치 보며 실수하지 않으려고 몸을 사렸다.

하루는 출근하자 마자 셰프 옆에서 작업 테이블 가득 올려진 뷔슈 드 노엘의 데코레이션 작업인 초콜릿 꼽는 작업을 한 시간가량 하고 있었다. 그런데 갑자기 셰프가 고개도 들지 않고 바쁜 손을 움직이면서 동시에 말했다.

"레브, 너 저기 가서 설거지 도와."

"네, 쉐프."

대답은 했지만 왜 설거지를 도우라는 건지 이해할 수 없었다. 개수대에는 설거지기계도 있고, 설거지만 담당하는 직원도 있기 때문이었다. 셰프의 지시에 따라 들어가 보니 개수대 안이며 바닥에 산처럼 쌓인 도구와 물이 넘쳐나는 바닥, 둥둥 떠있는 기름과 시커먼 초콜릿이 세제와 물과 뒤섞여 넘치는 개수대를 보는 순간 당장 앞치마를 벗고 도망치고 싶었다.

맨손으로 씽크대에 손을 넣고 설거지 담당직원과 나란히 서서 줄지 않는 설거지를 하면서 그동안 꾹꾹 참았던 내 자존감이 순간 와르르 무너져버렸다.

'아, 이건 진짜 아니다. 내가 도대체 여기서 뭐하는 거니?'

몇 시간이나 설거지를 하니 옆에서 일하는 설거지 담당직원과 내가 뭐가 다른지 하나도 모르겠고, 물로 첨벙첨벙한 바닥을 밟고 맨손으로 개수대에서 설거지하는 내 모습이 유체이탈이라도 된 듯 다른 사람 같았다. 얼굴은 점점 굳을 대로 굳어가고, 누군가 '어머~ 네가 왜 설거지를 해?' 라고 말이라도 걸었다면 금방이라도 울음보가 터질 정도로 비참했다.

설거지하는 내내 뜨거운 물을 써서 더 벌게진 손을 보며 옷을 갈아입고는 한 걸음도 걷기 싫어 곧장 택시를 타고 집으로 돌아왔다. 집에 도착하자 마자 옷도 갈아입지 않고 이불을 뒤집어쓰고 펑펑 울었다. 물로 첨벙거렸던 바닥과 기름때 가득한 개수대 안, 나와 나란히 서서 설거지하던 흑인 직원의 모습이 겹쳐지면서 비참함과 더러운 기분에 그냥 속절없이 무너졌다. 그렇게 한참을 울고 나서 좀 진정이 되었다 싶어 남편과 통화하는데, 저 밑바닥에 있던 설움이 다 가시지 않았는지 다시 울먹불며 통화했.

"경희야, 그냥 그만둬. 니가 그렇게 힘들고 비참하게 느끼면서까지 거기서 해야 될 이유는 없잖아. 아무리 피에르 에르메인 뭐해. 네가 여태껏 그런 일을 안 해봤으니까 마음이 더 힘들지. 그냥 그만둬라. 그만큼 했으면 됐어. 그런데 프랑스도 그 정도야?"

스타쥬 내내 남편과 통화하면서 '그래, 내가 당장 때려치운다'고 매번 말은 했지만, '그래도 시작한 거 끝은 봐야지'라며 참고 잘 다녔다. 전화를 끊고 달력을 보니 12월도 다 가고 있었다. 스타쥬 기간이 앞으로 한 달 정도 남았는데 이제 와서 멈출 수도 없고, 더욱 오기가 나서 멈추고 싶지도 않았다.

스타쥬 동안의 노동은 그때까지 겪어본 적도 본 적도 없었기 때문에 일을 할수록 부정적인 마음이 커지면서 내가 마치 밑바닥 하류인생처럼 느껴졌다. 매일의 격한 노동에 자존감은 바닥에 내팽개쳐졌고, 성숙하지 못한 몹쓸 인간을 만나면서 받은 영혼의 상처는 나 혼자 위로해야 했다.

스타쥬가 끝날 때쯤 알게 되었지만, 스타쥬 동안 내가 했던 노동은 디저트를 만들기 위해서는 꼭 필요한 일이었다. 당시 일을 시키는 누구라도 왜 이 일을 해야 하는지 설명해주었다면 그래도 좀 덜 힘들었을 것이다. 그때 설명 없는 지시로 했던 일은 그저 노동일 뿐이라고 생각된 일이 더 많았기 때문이다.

피에르 에르메에서 일하면서 몇몇 직원과 친해졌을 때, 저임금도 참고 묵묵히 일하는 직원을 보면서 '만일 한국에서 저렇게 일을 시켰다가는 노동청에 고발해도 12번은 더 했을 거다' 라는 생각이 들었다. 제아무리 프랑스라고 해도 요리나 파티스리 같은 업종은 우리가 상상할 수조차 없이 열악할 근무 환경일 뿐 아니라, 층층시하 지랄 같은 셰프의 성질머리에 좀처럼 버티기가 어려워 보였다.

다른 곳도 아닌 그 유명한 피에르 에르메에서도 채 일주일도 버티지 못하고 속속 그만두는 스타쥬 생과 달리 그곳의 많은 직원은 몇 년씩 일하며 제2의 피에르 에르메가 되겠다는 큰 꿈을 꾸고 있었다. 나는 나보다도 한참 어린, 볼이 발그스름한 앳된 직원들을 볼 때마다 그들이 갓 고등학교를 졸업하고, 아니 기술고등학교를 다니면서부터 시작했을 이 일을 몇 년씩이나 해왔다는 것이 엄마 같은 마음에서 참으로 대견하고 안쓰러웠다. 스타쥬 동안 모처럼 쉬는 날이면 학교 친구들을 만났는데 이야기를 나눠보니 어디나 다 비슷한 상황 같았다. 무성한 이야기를 듣다보면 내 경우가 어떤 면에서는 오히려 더 합리적이기도 했다.

하루하루를 견디며 작업 환경을 조금씩 이해하고 스타쥬도 끝이 보이기 시작할 때 쯤 '인간은 환경의 동물'이라는 말이 실감 났다. 그토록 자존감이 떨어져 우울했던 내 마음이 노동 앞에서 더이상 우울해지지 않는 것만 보아도 그랬다. 하지만 누군가가 '한 달 더 할래?' 라고 묻는다면 절대 '아니오!'라고 말할 것이다. 내 인생에서 두 번 다시 그런 노동과 자존감 결핍을 느끼는 일은 어떻게 해서든 피하고 싶을 만큼 진저리가 났으니까.

가장 바빴던 12월과 1월을 누구보다 치열하게 고생하며 스타쥬를 마치고 내 손에는 세계적으로 유명한 파티스리 피에르 에르메에서 일한 수료증이 쥐어졌다.

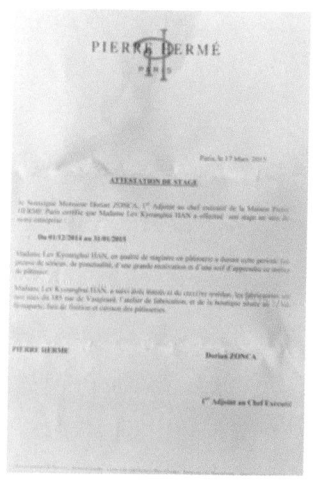

모든 여성을 천사로 만드는 그것

프랑스어 중에 C'est beau쎄보, C'est bon쎄봉이라는 말이 있다. 일상에서 자주 사용하는 말로 C'est beau는 아름답다, 예쁘다, C'est bon은 맛있다, 좋다는 뜻이다. 파리에서 지내면서 자주 쓰던 말이다. 큰 의미를 두지 않고 쓰던 이 말들이 선명한 문장으로 단단히 각인된 것은 디저트를 배우면서였다. 르 코르동 블루에서 이론수업을 듣고 있을 때였다. 이론수업도 디저트를 배우면서 알아야 할 재료에 관한 기초지식에 대한 내용이라 조금은 지루했고, 직접 만들어야 하는 실습시간과 달리 앉아서 듣기만 하니 긴장이 덜했다. 의자에 등을 잔뜩 기대고 졸음과 수업을 넘나들고 있었다. 수업 내내 반 건성으로 흘려듣던 내 귀에 쏙 박힌 한 문장 때문에 정신이 번쩍 들었다. 그것은 셰프가 학생들에게 던진 질문에 대한 답변이었는데 질문은 대충 이런 류의 내용이었다.

- 디저트가 무엇이라고 생각하는가?
- 그래서 디저트는 먹는 이에게 행복을 주는가?
- 디저트를 만들 때 가장 기본은 무엇인가?

셰프는 길게 설명하며 디저트를 배우기 시작하는 우리에게 디저트를 만드는 사람으로서 절대 잊지 말아야 할 것은 'C'est beau, C'est bon'이라고 몇 번이나 강조했다.  다른 내용은 다 슬렁슬렁 넘어갔지만 그 문장이 가슴에 깊이 박혔다. 디저트를 정의할 때 이보다 군더더기 없이 뛰어난 문장은 없다고 생각했다. 디저트가 가져야 할 미덕은 셰프의 말처럼 이래야 하지 않겠는가!

'아~ 예쁘다, 음~맛있어!'

디저트를 업으로 삼을 사람으로서 이 간결하고 명확한 문장을 잊지 말아야겠다고 다짐하며 되뇌었다.

마카롱, 에끌레르, 슈케트, 타르트, 파리 브레스트, 오페라, 생토노레, 밀푀유, 바바로아, 몽블랑, 마들렌느, 수플레, 크렘 브륄레, 프레지에, 퐁당 쇼콜라, 다쿠아즈….

이보다 더 많지만, 모두 프랑스 디저트 이름이다. 미식 천국 프랑스에서 꼭 맛봐야 할 음식을 꼽할 때도 달팽이 요리, 바게트와 함께 디저트는 빠지지 않고 거론된다. 특히 파리는 디저트 천국인 만큼 유명한 파티스리가 많다. 그도 그럴 것이 프랑스사람에게 디저트는 사치가 아니라 일상의 한 부분이다. 정통 프랑스 정찬은 전체요리로 시작해서 마지막 디저트까지를 식사로 본다. 디저트라는 말이 프랑스어 데세르비르Desservir, 식사 후에 식탁을 치우다에서 유래한 것만 보아도 프랑스인에게 식사의 끝은 디저트다. 전체 식사 코스를 화려한 쇼에 비유하면 디저트는 그 쇼의 클라이맥스를 장식할 중요한 피날레인 셈이다.

하지만 요즘은 미슐랭처럼 고급 레스토랑이 아닌 일반 레스토랑 메뉴는 전체요리부터가 아닌 다소 간소화되어 앙트레Entrée, 전식, 플라Plat, 메인요리, 디저트Dessert, 후식 세 단계로 구성된 경우가 일반적이다. 더 줄여서 선택할 수 있게 세트메뉴 형태로 이 셋을 묶어서 구성하는 경우도 많다. 나도 주로 메인요리와 디저트를 선택하곤 했다. 레스토랑에서 식사 후 나오는 디
저트는 파티스리에서 판매하는 것과는 조금 다르지만 주로 소르베, 크레프, 요거트, 풍당 쇼콜라, 타르트 등 어찌 되었건 식사 후 달콤한 디저트는 습관이 되어버렸다. 한식을 먹은 후에도 커피와 함께 달달한 걸로 마무리해야 완결의 느낌이 들었다.

프랑스에서는 디저트를 두고 '천사의 웃음Le sourir de l'ange'이라고도 한다. 그 말을 처음 들었을 때는 별 의미 없이 '그렇구나. 내가 몰랐던 걸 또 알았네' 정도로 무심했다. 그런데 파리에서 디저트를 공부하며 다양한 종류의 디저트를 먹고 접할 때마다 왜 이들은 디저트를 '천사의 웃음'이라고 했는지 절로 동감했다. 몇 가지 디저트만 알았을 때는 모두 달기만 하고, 많이 먹으면 살찔 것 같은 두려운 존재라고만 생각했다. 그러다 보니 매번 맛의 조화를 느끼기보다는 그저 맛만 보는 정도였다. '아, 달다! 어 시네? 느끼해….' 그런데 파리에서 살다보니 디저트를 접할 기회도 많고, 디저트를 공부하면서 종류마다 재료의 궁합에 따라 맛이 확연히 다름을 알게 되었다. 심지어 같은 이름의 디저트도 파티스리의 질에 따라 맛의 차이는 천차만별이었다. 디저트를 맛볼수록 점점 맛을 알아가면서 내 혀는 맛의 조화와 균형에 예민해졌다.

유명 파티스리의 살롱 드 떼차와 함께 디저트를 먹을 수 있는 곳에서 건드리기도 아까울 만큼 예쁜 디저트를 앞에 놓고 무너지지 않게 살포시 떠서 입안에 넣는 순간 입안 가득 느껴지는 달콤한 행복감에 저

절로 입꼬리가 올라가는 경험은 파리에서는 흔한 일이다. 그러니 디저트를 '천사의 웃음'이라는 말에 어떻게 이의를 가질 수 있겠는가? 나도 모르게 먹는 순간 그렇게 웃고 있는데.

디저트를 만드는 학생이면서 소비자였던 르 코르동 블루 친구들과 많은 파티스리를 투어하듯 다니며 디저트를 맛보았다. 그때마다 셰프의 그 문장이 디저트에 대한 명쾌한 정답이었음을 더욱 알게 되었다.

그럼에도 우리는 소비자 입장보다는 만드는 사람의 입장이 더 컸기 때문에 탐구정신이 넘쳤다. 유명한 파티스리며 고급 호텔의 디저트를 더 많이 맛보기 위해 시간이 날 때마다 뭉쳐 다니면서 '여기는 이렇게 했네, 저기는 저렇게 했네'라며 비교하고 탐구했다.

먼저 디저트의 모양과 컬러, 사이즈를 세심히 관찰하고는 예쁜 디저트를 인정사정없이 해체했다. 그러면서 재료 하나하나의 맛을 분석하고 맛보고, 한꺼번에 떠서 입안에 머금으며 전체적인 맛의 균형을 음미하면서 서로의 의견을 나누었다. 혼자서 파리의 그 많은 파티스리의 엄청난 종류의 디저트를 다 맛본다는 것은 경제적으로도 부담이었기 때문에 혼자 다니기보다는 더욱 몰려다니면서 더 많은 디저트 체험과 추억을 공유했다. 돌이켜보면 그 시간은 디저트를 공부했던 우리가 파리에서 누릴 수 있던 또 다른 큰 공부이자 잊지 못할 소중한 추억이 되었다.

학교를 다니며 디저트라는 전문 분야를 공부할수록 파티스리는 과학에 가깝다는 생각이 들었다. 과정을 모르고 먹을 때야 그저 '예쁘고 맛있네' 하지만, 공부를 하다 보니 디저트야말로 정확한 레시피를 따라야 하고, 재료의 배합 순서며 크림이나 초콜릿을 다루는 테크닉, 오븐의 온도 등이 제대로 지켜지지 않으면 결과물과 맛이 완전히 달라지기 때문이다. 작

은 오차가 디저트의 질을 바꿔놓는 경험을 통해 반드시 숙지해야 할 것들을 확인했다.

디저트를 '입안의 작은 사치'라고 표현한 기사를 봤다. 5000원짜리 밥을 먹고 그보다 비싼 디저트를 먹으니 그런 말이 나온 게 아닌가 싶다. 그렇게 조그마한 디저트가 비싼 이유는 다양한 재료와 만드는 과정 하나하나의 디테일과 숙련된 기술, 파티시에의 예술감각이 융합된 결과물이기 때문이다. 게다가 우리나라에서 디저트는 꼭 먹지 않아도 무관한 기호식품과 같으니 '사치'라고 생각할 수도 있다.

몇 해 전 파리로 디저트를 배우러 가기 전만 해도 한국에서 디저트는 카페에서 먹는 케이크 정도로만 여겨져서 아쉬웠다. 다행히 요즘 들어 그때와는 사뭇 다르게 디저트 문화가 확산되고 있어 디저트를 하는 사람으로서 정말 반갑다.

아직도 우리 식생활과 서양 디저트 궁합이 아주 딱 맞는다고는 할 수 없지만, 그 자체로 예쁘고 달콤한 디저트가 많은 여성에게 달달한 유혹인 것은 분명하다. 폭풍 수다에 차 한 잔과 함께 즐길 수 있는 예쁘고 달콤한 디저트는 행복이고 작은 쾌락이니 말이다. 게다가 그 달콤함을 맛보는 순간 우리 여성은 모조리 천사가 될 테니까.

Epilogue
절대의 율동에 몸을 맡겨라

되돌아보면 내 삶은 파리를 가기 전과 후로 나눌 수 있다. 파리를 가기 전에는 엉덩이가 뜨끈해질 정도로 하루 종일 컴퓨터 앞에 앉아 일했고, 파리에서 돌아온 후로는 어쩜 그와 정반대로 종일 서서 발바닥에 불이 나도록 움직이며 일을 하는지.

지인들은 간혹 묻는다. 어떤 삶이 더 행복하냐고. 사실 이거다 저거다, 하고 딱 선을 그어 말하기는 정말 곤란하다. 일을 하는 순간에는 그저 코앞에 닥친 책임감이나 의무감이 앞서 행복 따위는 떠올릴 수조차 없기 때문이다. 그러다 혼자만의 시간과 마주하면 불쑥 '그래도 나는 행복한 삶을 살고 있구나' 싶다. 디저트를 만드는 일은 보기와는 다르게 무척이나 고된 노동이다. 그럼에도 불구하고 마음 한켠에 묘한 풍요로움이 있으니 행복하다. 그렇다고 모든 매일매일이 그런 것은 아니다. 만족하며 감사하는 삶 속에도 알 수 없는 두려움과 불안은 항상 존재한다.

'내가 지금하고 있는 이 일을 잘할 수 있을까'라는 두려움이 아니라,
'내가 이 나이에 선택해서 하려는 일이 정말 나의 일일까?'라는 두려움.

그런 두려움이 살짝 밀려들 때마다 '후~' 한숨 한 번 내쉬고 내가 좋아하는 자유로운 영혼의 소유자 조르바를 상상한다.

나는 언덕에서 내려와 시원한 자갈 위에 누웠다. 바람이 잔잔하게 불어 바다에는 잔주름이 일었다. 갈매기 두 마리가 그 물결 위에 몸을 잔뜩 부풀린 채 떠서 파도의 율동을 즐기고 있었다.
나는 물에다 배를 대고 있는 갈매기의 상쾌한 기분을 상상할 수 있었다. 나는 갈매기를 바라보면서 생각했다.

'옳거니, 바로 저것이지. 절대의 율동을 찾아 절대의 신뢰를 따르는 것이야.'
―〈그리스인 조르바〉